KB214146

경허 선시 연구

경허 선시 연구

초판 1쇄 | 2014년 12월 22일

지은이 | 박규리
펴낸이 | 김성희
펴낸곳 | 아침단청

출판등록 | 2011년 3월 28일(제2011-15호)
주소 | 서울시 서초구 서초중앙로29길 26 (반포동) 2층
전화번호 | 02-466-1278
팩스번호 | 02-466-1301
전자우편 | thedancheong@gmail.com

ISBN : 979-11-86194-00-3 03220

잘못 만들어진 책은 구입처나 본사에서 교환해 드립니다.

경허 선시
연구

| 박규리 지음 |

아침단청

　시인으로서 불현듯 산사에 들어가 선禪과 선시禪詩에 마음을 빼앗겨 이 길에 들어선 지도 어느덧 이십여 년이 흘렀다.

　본격적으로 경허 선시에 천착하기 전에 「마조의 평상심 연구」로 석사학위를 받은 것은 혹여 시인으로서 선시를 '선禪'이 아닌, '시詩'의 입장에서만 바라보는 오류를 범하지나 않을까 하는 염려 때문이었다.

　언젠가부터 우리 문단에서는 불교 색체가 강하거나 혹은 선적禪的 취향이 다분한 시류에 대해 '선시'로 규정하는 일들이 있다.

　물론 이러한 문제는 비단 요즘 들어 발생한 문제라고만은 할 수 없다. 사실 중국 당대의 그 요의가 엄혹하고 서슬 푸르던 선이 송대에 이르러 많이 퇴색되면서, 이를테면 그 경계가 모호한 선적 취흥이나 선리禪理가 담긴 시류들이 당시에도 송대 학자들에 의해 선시로 규정되기도 하였다.

　그리고 이러한 문제점은 이후 선가禪家의 명안종사들에 의해 바로 잡히지 못한 채, 선시는 '선'의 영역보다는 '시문학'의 한 영역으로 자연스레 인식되어 왔던 것이다. 더욱이나 근현대 중국학자들에 의해 그러한 전통은 더욱 공고해 지면서 한국선시의 정의나 갈래 역시 그들이 정의해 놓은 선시의 개념과 분류법에 거의 전적으로 의지해오다시피한 것이 사실인 것이다.

한 마디로 선시는 그 시작詩作의 의의와 궁극의 목적까지 일반 시와는 본질적으로 다르다. 곧 선시는 철저히 '선적 방편 내지 도구'에 속하는 것으로서, 선시로서의 존립근거는 오직 그 작시자의 '오도悟道' 즉 '깨달음'의 유무에 있다.

이러한 선시본질에 관한 문제점에 오래 천착하며 나름 고심한 결과 내놓은 첫 번째 결과물이 바로 본 논문이다. 필자가 특별히 경허선사에 주목한 것은 그의 선시가 공전의 빼어난 선시라는 점도 있지만, 선말근초라는 현대의 입구에서 가지는 '근현대적 선시의 전범'으로서의 가치 역시 지대하다고 보았기 때문이다.

특히 국한문 혼용 내지 순수 한글로 보여준 오도시와 전법시 등은 이후 근현대 한국선사들의 선시에도 지대한 영양을 미친 것으로 본다. 이에 과연 선시의 본질이 무엇인지, 나아가 현대선시의 개념은 또한 어떻게 정립되어야 하는지, 그 최소한의 기준 내지 변별성에 대한 진지한 사유와 고찰이 바로 경허 선시를 통해 가능하리라 기대한다.

사실 선시를 분석한다는 자체가 언어도단이다. 그럼에도 불구하고 감히 선시를 가늠하고 어쩔 수 없이 사족을 붙인다는 것에 두려움이 크다. 그러나 경허 선시에서 발현되는 선사상적禪思想的 요체를 밝혀 이를 통해 일반의 시 혹은 불교시와는 근본적으로 다른 선시만의 변별성이 바르게 정립될 때, 이른바 '선의 꽃'으로서의 선시는 앞으로 더욱 그 향기를 드날리며 미래핵심사상의 활구로 자리할 수 있으리라 보는 것이다.

이 책은 필자의 박사논문을 정리한 것이다. 이 부족한 논문을 쓰는데 많은 분들의 도움이 있었다. 그중에서도 특별히 스승 신경림 선생님, 정희성 선생님, 지도교수 종호스님 그리고 도의스님께는 도대체 무슨 말로 감사를 올려야 할지 그저 아득할 뿐이다.

속세와 청산 어디가 옳으냐고? 봄 성터 그 어딘엔들 꽃 아니 피랴!
(世與靑山何者是 春城無處不開花)

갑오년 시월에
박규리 씀

I

연구의 목적과
방법론

연구의 목적 및 의의

경허성우鏡虛惺牛(1846-1912, 이하 경허)선사는 조선조 숭유억불의 배불정책 속에서 꺼져가던 선문가풍을 다시 일으켜 구한말 우리나라의 선맥을 되살린 근대선의 중흥조다.

경허는 대오大悟를 이룬 뒤 정혜쌍수와 간화선 수행을 위주로 한 수선결사를 통해 종문의 선풍을 크게 진작시켰는가 하면, 홀연히 선문을 떠나 비승비속의 대자유인으로 일생을 자재하였다. 철저한 무착과 무애로 일관한 경허는 그 자유로움과 기개가 이전 선사들과는 비교될 수 없을 만큼 활발발하였는데, 이러한 선관禪觀은 선시에서도 그대로 드러나고 있다. 1934년 중앙선원 발행『경허집鏡虛集』에 의하면 경허는 법어, 서문, 기문, 서간 등에 비해 특별히 주옥같은 선시를 다수 남겼는데, 이를 통해 그의 선사상이 선시에 얼마나 집약되고 투영되었는지를 유추해볼 수 있다.

경허의 선시는 한 마디로 시이되 시가 아닌 법어法語요, 오묘한 선지禪旨의 드러남이다. 1938년『경허집』서序에서 만해가 밝힌 바와 같이 "문장마다 선이요 구절마다 법이어서, 그 법칙이 어떠한 것을 논할 것도 없이 실로 일대의 기이한 글이요, 싯구"가 경허의 선시다. 만해의 지적처럼 경허 선시 궁극의 지향은 "문자를 전하려는 데에 있지 않고 그 법어를 전하는"[1]데에 있는 것이다.

한 마디로 경허의 선시는 그의 선사상과 분리하여 생각할 수 없다. 다시 말해 그의 선사상을 얼마나 제대로 요해하고 갈파하는지에 따라 경허 선시의 독법은 달라질 수 있으며, 행간에 숨은 엄혹한 선적禪的 비의秘意와 오도의 경계는 더욱 더 올곧게 그 선시학적 빛을 발할 수 있으리라는 것이다.

경허 선시와 선사상의 요체는 정혜쌍수와 간화선에 입각한 수행과 깨달음, 그리고 이를 통해 발현된 진속불이眞俗不二의 도道와 수처작주隨處作主·즉사이진卽事而眞의 대자유인의 삶에 기반 한다. 이러한 경허선사상의 총체적인 이해를 바탕으로 선시의 묘의妙意를 올곧게 밝히는 작업이야말로 경허 선시연구에 있어 무엇보다 중요한 과제가 될 것이다.

본격적으로 경허 선시를 분석하기에 앞서 이에 대한 전제작업으로 선시일반의 형성배경과 형태에 관해 살펴보았다. 그리고 선시의 개념 및 변별성에 대한 구체적 고찰로써 '선시구분의 문제, 선시주제의 문제, 선시어禪詩語의 문제' 세 가지를 소주제로 도출하여 이에 대한 나름의 의견을 피력하였다. 이는 아직까지 학계에서 완전히 정립되지 못한 선시 일반개념에 대한 나름의 문제제기와

---

1 鏡虛 著, 釋明正 譯, 『鏡虛集』, 通度寺 極樂禪院, 1990. p. 2.

그에 대한 의견개진으로써, 경허의 선시를 보다 '선禪'의 입장에서 접근하려는 노력이라 할 수 있다.

개진한 정의와 분류를 바탕으로 경허의 선시를 '견성오도見性悟道의 개오시開悟詩', '무문일법無文一法의 전법시傳法詩', '조사활구祖師活句의 화두시話頭詩', '초연초절超然超脫의 격외시格外詩'의 네 가지로 구분하여 이에 대한 선시학적 고찰을 시도하였다. 특별히 경허 선시에서 두드러지는 선시학적 특징과 표현양상으로 '고준담백高峻淡白한 직관과 적조寂照', '심층적深層的 아이러니와 역설', '중도회통적中道會通的 어울림과 무위無爲의 미美'를 도출할 수 있었는데, 이를 통해 경허의 선과 선시가 서로 얼마나 밀접한 상관관계를 맺고 있는지에 대해서도 밝힐 수 있을 것이다.

본 연구는 이른바 문학의 입장이 아닌 선사상을 위주로 한 선시 연구라는데 그 변별적 의의가 있다. 특별히 선시를 도가道家나 유가儒家적 한시처럼 바라보고 접근하려는 경향을 무엇보다 경계하였는데, 애매모호한 문학적 독법과 일부 선리禪理를 왜곡한 한시적 해석 등으로 선시의 본질이 더욱 호도되고 있다고 보기 때문이다.

이에 본 연구가 일부 선시독법의 오류를 조금이나마 바로 잡는 데 기여할 수 있기를 바라며, 나아가 선과 문학의 균형 잡힌 이해에 바탕 한 선시학사의 체계적인 정립에 일익을 담당하길 기대한다.

연구방법 및 범위

경허의 사상을 살펴볼 수 있는 1차 자료로는 1931년 경허鏡虛 저, 한암漢岩 육필본『경허집鏡虛集』과[1] 활자본으로는 1943년 중앙선원

---

1 전해지고 있는 경허 관련 最古의 활자본은 1943년 3월 31일 中央禪院 (禪學院)에서 간행된『鏡虛集』이다. 그러나 1982년 金敏榮선생이 소장하던 한암 육필본『鏡虛集』이 1982년 대한전통불교연구원에서 漢岩重遠 撰, 延南居士 譯, 「先師鏡虛和尙行狀」으로 간행되면서 세간에 주목을 끌기 시작했다. 한암 필사본은 1931년 3월 15일, 한암 56세에 오대산 상원사에서 필사된 것이다. 이 한암 육필본『鏡虛集』에는 한암이 직접 지은 「선사경허화상행장」이 서두에 배치되어 있으나, 선학원판『鏡虛集』에는 한암의 「행장」 대신 한용운의 서문이 배치되어 있는 등 순서상으로 다른 특징을 보인다. 한암 육필본『鏡虛集』은 한 권이지만 선학원 판은 卷之一(111쪽)과 卷之二(112쪽), 두 권으로 구성되어 있다. 책 크기는 대략 가로 18.6cm, 세로 26.2cm, 판면은 가로 약 15.1cm, 세로 22.4cm 정도이다. 한 쪽 당 12행, 1행 당 약 20여 字가 들어 있다. 한암 육필본은 별도의 종이가 아닌 금전출납부 같은 장부 종이에 쓰여져 있다. 한암이 "경오년(1930) 겨울에 만공사형의 부탁으로 짓게 되었다(庚吾年 滿空師兄 囑余

中央禪院 판본의 송동욱宋東旭 저, 한용운韓龍雲 서序의『경허집鏡虛集
』, 1970년 다시 영인 발행된 대동불교연구소 편찬의『경허당법어
록鏡虛堂法語錄』,[2] 1992년 6월 동국대학교 한국불교전서편찬위원회

述先師行狀)"고 밝히고 있는 점과, "선사의 詩文과 記文 若干篇을 부록으
로 붙여서 모든 선승들이 읽기를 바라는 마음에서 초록 인쇄하여 세상
에 내놓는다(又 以禪師之詩詠與記文若干篇 付同行者禪和 抄錄印刷行于世)"고 한
자서를 볼 때, 한암 친필의『鏡虛集』은 출판을 예정으로 집필된 것으로
보인다. 현재 한암 친필『鏡虛集』은 월정사 성보박물관에 보관되어 있다
(오대산 월정사,『漢岩禪師 肉筆本 鏡虛集 影印本』, 대한불교 조계종 제4교구본사 오
대성지 월정사, 2009. pp. 1-7. 참조). 한암 육필본「선사경허화상행장」의 발견
으로 선사 경허의 행장을 보다 사실적 토대 위에서 면밀하게 고찰할 수
있게 되었다.

2 1912년 경허 입적 후 일 년 뒤, 수덕사의 제자들에게 경허의 열반 소식
이 알려지게 되었다. 혜월과 만공이 난덕산에서 다비하였다. 이후 만공
은 각처의 흩어져 있던 경허의 유고를 수집하기 시작하여 1935년 수집
한 유고를 만해 한용운에게 교열을 부탁하였다. 1942년 봄 김영운과 윤
등암 등이 경허가 만년에 은거했던 갑산 강계, 만주 등에까지 가서 유고
를 수집한 뒤 1942년 중앙선원 판본의『鏡虛集』을 발간하여 그해 9월에
비매품으로 배포하였다. 다음 해 1943년 중앙선원에서 宋東旭 著, 韓龍
雲 序,『鏡虛集』이 간행되었다.『鏡虛集』의 표제는 남전한규가 제자하였
다.『鏡虛集』은「열반송」,「경허선사초상」,「경허선사필적」과 한용운의「
序」와「약보」및「목록」, 본문이 개제되어 있으며, 法語, 序文, 記文, 書簡,
行狀, 影贊, 詩, 歌의 순으로 배열되어 있다. 이 중 법어「중노릇 하는 법」
1편과「參禪曲」,「可歌可吟」,「법문곡」및「金剛山遊山歌」의 歌 4편이 국
한문 혼용 및 순한글로 쓰여 졌고 나머지는 모두 한문으로 지어졌다. 분

편찬, 『한국불교전서韓國佛敎全書』 제11책 「경허집鏡虛集」이 있다. 그리고 국역본으로 1981년 인물연구소人物研究所 간행, 김진성金眞性 역의 『경허법어鏡虛法語』, 1982년 대한전통불교연구실출판부 간행, 한암중원漢岩重遠 찬, 연남거사延南居士 편의 『선사경허화상행장先師鏡虛和尙行狀』, 1990년 극락선원極樂禪院에서 편찬한 경허鏡虛 저, 석명정釋明正 역의 『경허집鏡虛集』[3] 등이 있다.[4] 그 외 경허의 선사상

량은 한적본의 면수로는 60면, 오늘날의 면수로 120면에 이른다. 이 『鏡虛集』은 1970년 대동불교연구원에서 『鏡虛堂法語錄』이란 제목으로 바뀌어 영인본으로 간행되었다.

3 1981년 처음으로 번역된 『鏡虛法語』는 『鏡虛集』에 미처 수록되지 못했던 자료를 보충하여, 만해의 序와 '약보', 그리고 한암이 찬술한 경허의 '행장'과 함께 법어와 만행 일화 38편, 「金剛山遊山歌」를 비롯한 선시 40여 수를 새로 발굴하여 人物研究所에서 증보 발행하였다. 이후 1990년 極樂禪院에서 釋明正 역의 『鏡虛集』이 발행되었다.

4 그 외 1990년 弘法院에서 간행한 眞惺圓潭 譯의 『鏡虛禪師法語 진흙소의 울음』은 『鏡虛法語』의 번역문을 좀 더 현대적으로 다듬은 것으로 '경허선사의 일화, 경허선사의 법어, 경허선사의 선시'의 세 테마로 분류하여 422면으로 재배열하였으나, 경허의 법어 일부와 선시 아흔 수 가까이를 수록하지 않았다. 이후 석명정의 『무심: 경허스님의 마음의 큰 법어』(고요아침, 2002)와 선시 80여 수를 뽑아 석명정, 정성욱이 엮은 『마음꽃』(고요아침, 2002), 1999년 한중광의 『경허, 부처의 거울 중생의 거울』(한길사, 2001)과 일지의 『삼수갑산으로 떠난 부처: 새로운 경허읽기』(민족사, 2001), 현담의 『경허선사 일대기』(도서출판 禪, 2010) 등의 단행본들이 있으나, 주로 일반인들에게 다가가기 쉽도록 제작된 것으로써 본격적인 연

과 생애에 관해서는 그 위상에 맞는 훌륭한 석학들의 선행연구와
다수의 논문이 있다.[5]

구를 위한 사료가치는 크지 않은 것으로 사려 된다.

5 서경수, 「鏡虛研究」 2, 『석림』 4, 동국대 석림회, 1970; 석지현, 「鏡虛와
滿空의 사이」, 『월간중앙』, 中央日報社 出版局, 1973; 성타, 「鏡虛의 禪思
想」, 『朴吉眞博士華甲紀念 韓國佛教思想史』, 원광대원불교불교사상연구
소, 1975; 이달춘, 「朝鮮後期 禪門의 法統考-鏡虛의 法脈系譜를 중심으
로」, 『韓國佛教學』 22, 한국불교학회, 1977; 목정배, 「日帝時代의 韓國佛
教」, 『釋林』 16, 동국대학교 석림회, 1982; 고익진, 「鏡虛堂 惺牛의 兜率
易行과 그 時代的 意義」, 『韓國彌勒思想研究』, 불교문화연구소편, 1987;
최병헌, 「朝鮮時代 佛教法統設의 問題」, 『韓國史論』 19, 국사편찬위원회,
1988; 성타, 「鏡虛時代의 禪과 結社」, 『震山韓基斗博士華甲紀念, 韓國宗
教思想의 再照明』, 원광대학교 출판국, 1993; 김지견, 「경허선사散考」, 『
禪武學術論集』 5, 國際禪武學會, 1995; 한중광, 「鏡虛의 禪思想: 頓漸觀
을 중심으로」, 『백련불교논집』 5·6, 백련불교문화재단, 1996; 이흥우, 『경
허선사: 空性의 피안길』, 민족사, 1996; 성타, 「鏡虛禪師의 禪世界」, 『韓
國佛教學』 22, 한국불교학회, 1997; 김경집, 「鏡虛의 禪教觀 研究」, 『한국
사상사학』 9, 한국사상사학회, 1997; 김지견, 「경허선사 再考」, 『德崇禪學
』 창간호, 한국불교선학연구원 무불선원, 1999; 최병헌, 「近代 禪宗의 復
興과 鏡虛의 修禪結社」, 『德崇禪學』 창간호, 한국불교선학연구원 무불
선원, 2000; 김영태, 「鏡虛의 韓國佛教史的 위치」, 『德崇禪學』 창간호, 한
국불교선학연구원 무불선원, 2000; 최동호, 「鏡虛의 禪的 系譜와 話頭의
詩的 解釋」, 『德崇禪學』 창간호, 한국불교선학연구원무불선원, 2000; 이
덕진, 「경허의 법화와 행리, 그 빛과 어둠의 이중주」, 『불교평론』 10, 불
교평론사, 2002; 최종진, 「鏡虛惺牛의 禪淨觀에 對한 研究」, 『한국종교

그러나 이상 경허 관련 1차 자료들은 모두 1943년 중앙선원 판본의『경허집』과 내용상 큰 차이를 보이지 않으며, 2차 자료들 역시 법어法語, 서문序文, 기문記文, 서간書簡, 행장行狀, 영찬影贊, 시詩, 가歌를 나름의 형식으로 보완, 삭제 배치하여 국역한 차이만 있다.

포괄적인 불교문학에 대한 본격적인 연구는 1968년 김잉석金芿石의「불타佛陀와 불교문학佛敎文學」[6]에서 시작되어, 김운학金雲學의『불교문학佛敎文學의 이해理論』[7]에서 불교문학이라는 용어에 대한 정의가 시도되었다. 선시에 관한 연구는 1975년 석지현의『선시禪詩』[8], 1983년 인권환의『고려시대高麗時代 불교시佛敎詩의 연구研究: 선시禪詩를 중심中心으로』,[9] 이종찬의『한국韓國의 선시禪詩—고려편

사연구』11, 한국종교사학회, 2003; 박재현, 「구한말 한국 선불교의 간화선에 대한 한 이해: 송경허의 선사상을 중심으로」,『철학』89, 한국철학회, 2006; 태진,『경허와 만공의 禪思想』, 서울, 민족사, 2007; 박재현, 「송경허의 선사상을 통해 본 간화선 수행의 입각점과 지향점」,『동방학』15, 한서대 동양고전연구소, 2008; 고영섭, 「鏡虛惺牛의 佛事와 結社」,『한국불교학』, 한국불교학회, 2008; 대한불교조계종 교육원 불학연구소 편,『경허·만공의 선풍과 법맥』, 서울, 조계종 출판사, 2009.

6 金芿石, 「佛陀와 佛敎文學」,『東國思想』, 東國大學校哲學會, 1968, pp. 5-54.

7 金雲學,『佛敎文學의 理論』, 一志社, 1981. pp. 11-86.

8 석지현,『禪詩』, 玄岩社, 1975.

9 인권환,『高麗時代 佛敎詩의 研究: 禪詩를 中心으로』, 高大民族文化硏究

20 | 경허 선시 연구

高麗篇』,[10] 그리고 1988년『한국불교문학연구韓國佛敎文學硏究』(上·下)
에서 김잉석, 홍기삼, 이종찬, 인권환[11] 등이 불교문학 및 선시의 정
의와 분류 등을 제시하고, 석지현이『선시감상사전禪詩鑑賞事典』[12]
을 간행함으로써 활발하게 진행되어 왔다. 그러나 이렇듯 훌륭한
성과물에도 불구하고 경허 선시만을 본격적으로 연구한 논문은
현재까지 전무하다 할 수 있다.

  이에 본 고에서는 경허의 선시를 중심으로 작품론적 고찰을 진
행하고자 한다. 이를 위해 경허 선시 전반의 작품들을 그 특수성에
입각하여 분류하고 그 각각에서 드러나는 선시학적 특징과 표현
양상에 주목할 것이다.

  경허의 선시는 그의 선사상을 떠나 생각할 수 없다. 따라서 본격
적인 선시고찰을 진행하기 전에 먼저 경허선의 핵심을 밝혀 경허
의 선관이 선시에서 구체적으로 어떻게 현현되고 활용되는지를
살펴볼 것이다. 이를 통해 '선사상이 바로 선시의 핵심'임을 증명하

    所出版部, 1983.

10 이종찬,『韓國의 禪詩-高麗篇』, 二友出版社, 1985.

11 김잉석,「佛陀와 佛敎文學」,『韓國佛敎文學硏究(上)』, 東國大學校出版部,
    1988; 홍기삼,「韓國佛敎文學論」,『韓國佛敎文學硏究(上)』, 東國大學校出
    版部, 1988; 이종찬,「韓國文學에 있어서 佛敎文學의 위치」,『韓國佛敎文
    學硏究(上)』, 東國大學校出版部, 1988; 인권환,「韓國禪詩의 形成과 展開
    」,『韓國佛敎文學硏究(下)』, 東國大學校出版部, 1988.

12 석지현,『禪詩鑑賞事典』, 민족사, 1997.

는 동시에, 선시가 한 선사의 선사상과 어떻게 직접적인 연관성을 지닐 수 있는지에 대한 그 원리적 근거를 제시할 수 있을 것이다.[13]

본고의 전개방향은 다음과 같다.

먼저 제Ⅱ장에서 선시의 기원과 전승 및 선시일반의 개념과 변별성 등을 고찰한 후 문제제기를 통한 나름의 대안을 제시할 것이다. 제Ⅲ장에서는 경허의 행장 및 시대적 상황을 숙지하여 경허선의 성립배경을 간략할 것이다. 제Ⅳ장에서는 '정혜쌍수定慧雙修와 간화선看話禪 수행', '반야공관般若空觀에 입각한 진속불이眞俗不二의 도', '즉사이진卽事而眞으로서의 무사인無事人의 삶'을 경허선의 핵심적 요체로 도출할 것이다. 제Ⅱ장에서는 도출된 경허선의 핵심 선관禪觀을 바탕으로 경허의 선시를 '견성개오見性悟道의 개오시開悟詩', '무문일법無文一法의 전법시傳法詩', '조사활구祖師活句의 화두시話頭詩', '초연초절超然超脫의 격외시格外詩'의 네 가지로 세분하여, 경허의 선관이 그의 선시에서 어떻게 직접적으로 활용되고 있는지에

---

13 본 논문에서는 경허와 관련된 1차 자료로 1931년 경허 著, 한암 필사본『鏡虛集』과 1943년 中央禪院 판본의 宋東旭 著, 韓龍雲 序의『鏡虛集』, 1992년 동국대학교 출판부『韓國佛教全書 11: 朝鮮時代』「鏡虛集」에 수록된 내용을 저본으로 하였고, 번역본으로는 1995년 漢岩大宗師法語集編纂委員會에서 편찬한『定本漢岩一鉢錄: 上卷(法語篇)』과 1981년에 人物研究所 간행, 金眞性 역의『鏡虛法語』, 1990년 極樂禪院에서 편찬한 鏡虛 저, 釋明正 역의『鏡虛集』, 1975년 발행 석지현의『禪詩』를 주로 참고하였다.

대해 규명할 것이다. 나아가 제Ⅵ장에서는 경허 선시의 선시학적
표현양상과 특징을 '고준담백高峻淡白한 직관과 적조寂照', '심층적深
層的 아이러니와 역설', '중도회통적中道會通的 어울림과 무위無爲의
미美'의 세 가지로 도출하여, 경허선사상에 입각한 시적 아름다움
과 그 선미학적 의의에 관한 담론을 진행할 것이다.

II

선시의 형성배경과
전개양상

선시의 기원과 전승

선시를 한 마디로 정의하기는 어렵다. 그러나 선시를 게송偈頌
의 한 형식에서 전승되었다고 할 때, 일반적으로 그 기원은 불전佛
典의 형태에 있으며 레토릭rhetoric 등 선시의 상징적 요소 역시 붓다
의 영산회상에서부터 시작되었다고 본다.[1] 불전은 크게 붓다 교설

---

1   현재 학계에서의 선시일반의 기원과 전승에 관한 견해는 대략 다음과
    같다. 印權煥은 「韓國禪詩의 形成과 展開」(『韓國佛敎文學硏究(下)』, 東國大
    學校 出版部, 1988, pp. 3-7)에서 '선시의 기원과 영역'을 설명하며 넓게
    는 불교시의 기원을 멀리 불전의 형태에서부터 찾을 수 있다고 하였다.
    불전은 그 양식과 성질상 十二分敎로 나누는데, 그 중 기야(geya, 祇夜)와
    가타(gāthā, 迦陀, 伽他)는 모두 시적인 형식을 말한다. 이처럼 梵語原典에
    서부터 불전에 있었던 이들 운문들이 중국에 와서 한역되면서 한시 형
    태를 지니게 되었고, 이를 바탕으로 佛敎韻文文學이 발전되었다고 보
    았다. 權奇浩도 『禪詩의 世界-文學과 이데올로기』(1991, 경북대출판부,
    p. 27)에서 선시의 기원은 불전의 형태에서부터 찾을 수 있으며 馬鳴의
    『不所行贊』과 같이 전체가 시문체로 되어 있는 것을 비롯하여, 대부분
    의 불전에는 시적인 운문이 삽입되어 불교시의 원류를 이루었다고 하였

의 기술형식과 내용에 따라 경·율·론 3장과 9부경, 혹은 12부경으로 분류한다. 그런 의미에서 3장 12부경은 불설과 불전 문학 형식의 전부라고도 할 수 있다.

12부경 중 풍송諷頌으로 번역되는 가타伽陀는 처음부터 끝까지 시적詩的 형식으로 설해진 불전을 말하며, 기야祇夜는 산문의 교설을 부연하거나 요약, 강조하기 위해 문장의 중간에 시적으로 읊어진 것을 말한다. 이들은 대체로 4언, 5언, 7언의 시형식을 지니며, 이들이 합쳐져 4구 혹은 7언절구를 이룰 때 이를 일송一頌이라 한다.

이처럼 범어원전에서부터 있었던 불전의 운문들이 이후 중국으로 유입되어 한역되면서 그때부터 한시적 형태를 띠게 되었는데 이를 바탕으로 불교운문문학이 발전되었다. 이들 불전의 운문이 개인적인 창작으로 전화될 때 송頌이나 찬讚으로 발전되어 갔고 불교시, 선시의 창작으로 나아가게 되었다.[2] 특히 산문 없이 오로지 가타 형식으로 지어진 운문적 특징은 특히 초기경전에서 두드러지는데, 이는 운문이 보다 암송하기 쉬운 형태였기 때문으로 보인

다. 李鐘燦(『한국의 선시』, 이우출판사, 1985, p. 150)은 선시의 특징을 석가 제세 시에서 부터 찾고 있다. 인류 역사상 가장 오묘했던 상징과 가장 정확한 표현은 석가모니의 꽃 한 송이인 영산회상에서의 염화였고, 이에 대한 가섭의 미소는 가장 의미심장한 상상이었다는 것이다. 바로 이렇게 석가모니의 영산회상에서부터 시작된 상징과 상상이 선시의 특징으로써 여기서부터 불교문학의 특질을 이해하여야 한다는 입장을 보였다.

2 印權煥, 「韓國禪詩의 形成과 展開」, 같은 책, pp. 5-6 참조.

다. 다른 한편으로는 붓다의 언설 자체가 다분히 운문적이며 시적
詩的이었다는 의미도 될 것이다.

　게송의 형태로 된 대표적인 초기 경전은『장로게長老偈』,『장로
니게長老尼偈』,『법구경法句經』,『경집經集』 등을 꼽을 수 있으며, 대
승경전 초기본인『화엄경십만송華嚴經十萬頌』,『금강경삼백송金剛經
三百頌』,『팔천송소품반야경八千頌小品般若經』,『만오천송대품반야경
萬五千頌大品般若經』 등도 모두 게송의 형태로 되어 있다. 대승경전에
서는 붓다의 일생을 서사시의 형태로 기록한 마명의『불소행찬佛
所行讚』과『손타리난타孫陁利難陀』, 마지리제타의『사백찬四百讚』과
『일백오십찬불송一百五十讚佛頌』, 그리고 4세기경에 아리야수라가
쓴『본생반론』과 11세기경 극설문트라가 쓴『비유집譬喩集』 등이
있다.[3] 이렇듯 게송문학의 형태를 가진 초기경전들은 순수한 운문
의 형태에서 점차 산문의 형식으로 변화하게 된다. 그러나 초기경
전의 운문적 특징은 이후 대승경전에서도 산문형식 사이에서 송
이나 찬가 등으로 살아 현재까지도 전승되고 있다.

1) 중국 선시의 전통

고전적 인도 불전게송의 형식에서 선시창작으로 발전한 역사는

3　金雲學, 앞의 책, p. 70 참조.

인도불교가 중국으로 건너와 선종이 형성됨과 더불어 시작되었다. 선禪이란 인도에서 발생한 정신집중의 명상법으로써, 정견正見과 정사유正思惟를 바탕으로 십이연기와 사성제 등을 통해 일체의 고통에서 해방되는 수행법을 말한다. 그러나 인도의 선이 중국으로 전래된 이후 선은 이전과는 다른 새로운 사상으로 재탄생하기에 이른다.

이른바 보리달마의 도래 이후, 달마는 "기존의 명상적 인도선의 연장 곧 인도선의 계승이 아니라 이를 바탕한 현실주의적인 새로운 가르침"[4]을 전개하면서 중국선은 새로운 전환점을 맞게 된다. 물론 달마 이전에도 이미 중국에는 선사상이 홍포되어 있었으나 이때까지의 사상이나 행법이 주로 대소승경전에서 설하는 교의에 의거한 것이라면, 달마의 선은 붓다의 교설을 강조하면서도 모든 것을 그 근원에서부터 출발하여 통일된 관점에서 회통적으로 파악하려는 중국적인 사고형태를 수용한 새로운 가르침과 수행체계를 창출했다는 점에서 차이가 있다.

달마로부터 전승된 여러 선사들 중 초기 선종사의 그 사상적 토대를 확고히 제공한 선사는 육조혜능六祖慧能(638-713)이라 할 수 있다. 혜능은 『육조단경六祖壇經』에서 정혜불이定慧不二, 심성일원心性一元, 무념위종無念爲宗, 무상위체無相爲體, 무주위본無住爲本 등 이전에 비해 진일보한 사상을 강조하면서 중국선사상을 보다 구체적

---

4 종호, 『臨濟禪 硏究』, 경서원, 1996. p. 60.

으로 전개하였다. 이후 선종은 마조도일馬祖道一(709-788)과 석두희
천石頭希遷(716-790) 등 그 문하들에 의해 사상적·종파적 정립을 이
루게 된다. 이 시기에 '불입문자不立文字 교외별전敎外別傳 직지인
심直指人心 견성성불見性成佛'을 기치로 하는 사상이 확립되기에 이
른다.[5]

　이후 평상의 삶 그 자체를 깨우친 상태로 보는 즉신성불卽身成佛
과 본각사상本覺思想이 전면으로 드러나면서 마조는 평상심의 도
道(平常心是道)란 '무조작無造作, 무시비無是非, 무취사無取捨, 무단상無
斷常, 무범성無聖凡'[6] 이라는 혁신적인 선사상을 개진하기에 이른다.

5　禪宗 즉 조사선의 기원은 菩提達磨(520년 전후), 六祖慧能 혹은 馬祖道一
　로부터 보는 다양한 견해가 있다. 조사선은 祖佛 개념의 活祖를 도입한
　활발발한 禪旨와 定慧雙修 · 頓悟頓修 등의 선사상과 수행 원리를 강조
　하였다. 물론 이러한 사상적 전환은 달마로부터 육조에 이르기까지 지
　속적으로 이어져왔지만, 선종으로서의 완전한 성립은 주로 마조와 그
　문하들로부터 형성되었다고 보는 견해가 일반적이다. 마조와 그 문하
　들의 활동이 중국 선사상사에 미친 영향은 지대하였는데 이 시기 '不立
　文字 敎外別傳 直指人心 見性成佛'을 기치로 하는 변별적 사상이 전면
　적으로 대두되면서 보다 보편적인 인간의 삶 그 자체에 목적을 둔 선종
　의 선사상이 실천적으로 전개되었기 때문이다. 이는 기존의 사상과는
　완전히 다른 새로운 성격의 선사상으로서 新興宗敎的 성격을 띤 신불
　교운동이라 할 수 있다(종호, 『臨濟禪 硏究』, 경서원, 1996, pp. 71-72 참조).
6　『江西馬祖道一禪師語錄』(『新纂大日本續藏經』 권69, p. 3a). "若欲直會其道 平
　常心是道 何謂平常心 無造作 無是非 無取捨 無斷常 無凡無聖.

평상심이란 일체의 단견과 분별을 떠나 유무단상의 변사邊邪를 여읜 각覺의 상태로 '지금 이 순간, 나의 마음이 바로 부처(卽心是佛)'이며, 동시에 '알지 못하는 그 마음조차도 부처의 마음'이라는 불이不二의 반야공관이 온전히 체득된 경지를 말한다. 이렇듯 마조는 투철한 불이에의 계합과 본각사상을 통해 인간 자체에 대한 대긍정을 중시하는 인본주의적 중국선의 토대를 제공하였다. 이와 같은 마조의 선사상은 이후 선종 사상사에 있어 중추적이며 핵심적인 선개념으로 작용하는데, 바로 이러한 혁신적 선사상이 이전 인도의 게송형태와는 변별되는 선시창작의 사상적 밑거름이 되고 있는 것이다.

따라서 선시의 본격적인 부흥기는 육조혜능의 남종선과 신수神秀(606?-706?)의 북종선으로 분파될 당시 선가에서 오도悟道의 경계를 표현하는 전법시傳法詩·시계詩偈를 사용하면서 시작되어 이후 위앙종·임제종·조동종·운문종·법안종의 5파로 나뉘고 다시 임제와 조동의 2종으로 분파될 때까지로 본다. 이 시기에 선시문학의 토대가 확고하게 굳혀지는데 특히 당에서 근체시가 성행될 당시 불전의 게송이 근체시의 압운과 격조를 따르게 되면서 일반 시문학과 유사한 형태를 띠게 되었다. 그 결과 선시는 일반 시 문학에서 중요한 위치를 확보하게 되고 그로 인해 서로 간에 더 많은 영향을 주고받게 된다.

중요한 것은 기본적으로 선시의 형성 및 발전 시기는 선종의 발달시기와 때를 같이 했다는 것이며, 선시창작의 왕성기 역시 최고

선승들의 출현과 무관치 않는 특징을 보인다는 것이다.

대표적으로 중국에서의 게송의 등장은 5-6세기 부대사傅大士의『대승찬大乘讚』과 보지공寶志公의『십이시송十二時頌』그리고 승예僧叡의『신심명信心銘』등에서 찾을 수 있다. 이들 게송에는 각 선승들의 선사상이 집약적으로 녹아있는데, 이 시기 게송이야말로 선의 도구적 역할에 충실하였다 할 수 있다. 먼저 부대사는『대승찬』에서 선종의 핵심사상이라 일컬어지는 돈오사상頓悟思想과 일심一心사상을 전면에 드러내며, 제법의 본질이란 언어사량을 초월한 부사의不思義의 경계임을 밝혔다. 보지공 화상의 작품에서도 소승적 계율관을 배척하는 철저한 대승선관을 보이고 있는데 특히 마조가 후대에 강조한 즉심시불卽心是佛 등과 유사한 선사상이 이미 발견되고 있다는 것은 주목할 점이다.

『오등회원五燈會元』에 전하는 대표적인 초기 선문학집으로는 한산寒山의『한산자시집寒山子詩集』과 선월관휴禪月貫休(832-912)의『선월집禪月集』이 있다.

『전등록』과『조당집』에 수록된 어록들 중에 게송을 전하는 주요 선사로는, 장사경잠長沙景岑(?-868), 향엄지한香嚴智閑(?-898), 석두희천石頭希遷(700-790), 단하천연丹霞天然(739-824), 삼평의충三平義忠(781-872), 협산선회夾山善會(805-881), 동산양개洞山良价(807-869), 설봉의존雪峰義存(822-908), 용아거둔龍牙居遁(835-923), 조산본적曹山本寂(840-901), 동안상찰同安常察(?-961), 운문문언雲門文偃(885-958), 취암영참翠嚴令參(867-928), 현사사비玄沙師備(835-908), 경청도부鏡淸道怤(868-937), 청양문익淸

凉文益(885-958) 등을 꼽을 수 있다.

선종은 송대에 이르러 또 다른 국면에 따른 새로운 양상을 보이게 된다. 송대선의 특징을 요약하자면, 당대의 활발발한 조사선지祖師禪志가 쇠퇴하였다는 것과 선교통합의 경향, 그리고 당시 사회상과 맞물린 유학화·도학화를 통한 선의 문자화(文字禪) 경향이라 할 수 있다. 송대의 선은 특별히 수많은 공안과 어록이 경쟁적으로 출현하면서 이른바 문자화의 길을 걷게 되는데, 선의禪意, 선경禪境, 선미禪味 등에 치우친 문자선文字禪은 당시 어록語錄과 등록燈錄, 공안公案에 대한 염송과 평창을 다는 유행에 일조하는 한편 송대 명리학에 조건을 제공하기도 하였다.

북송대의 공안선公安禪을 발전시킨 대표적 선사로는 분양선소汾陽善昭(947-1024)와 설두중현雪竇重顯(980-1052)을 들 수 있다. 분양선소는 『송고백칙頌古百則』, 『공안대별백칙公案代別百則』, 『힐문백칙詰問百則』 등에서 대별大別(大語別語), 송고頌古, 염고拈古, 평창評唱 등 공안에 대한 통일된 해석형식을 제시하였다. 설두중현은 『전등록傳燈錄』, 『운문광록雲門廣錄』, 『조주록趙州錄』 등에서 뽑은 문답 백 칙에 다시 운문으로 짧은 설명을 덧붙여 놓은 『송고백칙』을 편찬하면서 공안선의 일대 부흥기를 이끈다. 그러나 선문禪門에서 보자면 초기 선의 기상과 선기禪機는 많이 훼손되어 그야말로 조사선의 본질과 요의는 찾기 어려운 상황이었지만, 세속의 사상가들은 『송고백칙』을 '선가의 종문 제일서'라 평하며 여기에 실린 선시 백수를 선시의 귀감으로 삼았다.

북송말기에 이르면 설두중현의 『송고백칙』의 본칙과 송頌에 다시 평창, 착어 등을 덧붙인 원오극근圓悟克勤(1063-1135)의 『벽암록碧巖錄』이 출간되면서 그야말로 문자선의 최극성기에 이르게 된다. 그러나 『벽암록』을 중국 일반문인들의 시화론사詩話論史에서는 선문학의 기준으로 평가하였다. 원오는 『벽암록』 제1측의 평창에서 '송고頌古야말로 선의 요로繞路다'라고 하였는데, 이를 계기로 고칙의 의미를 해석하려는 이른바 송고시가 더욱 유행하게 되었다. 이렇게 극심한 문자선의 경향을 띠게 되면서 송대선은 사대부와 문인들의 언어유희의 도구로 전락하기에 이른다.

이러한 송대 문자화의 경향은 결과적으로 '이심전심'의 '불립문자'를 표방하던 선종 초기 조사선과는 많은 사상적 차이를 지니게 되었는데, 이에 대혜종고大慧宗杲(1089-1163)는 지나치게 '문답, 송고, 평창' 등에 경도되어 선 본연의 공부가 크게 변질된 것을 한탄하여 이러한 폐해를 극복하고자 간화선을 제창하게 된다.

그런가 하면 유불도 삼교의 일치를 설명하는 명교계숭明敎契嵩(1007-1072)의 『심진문집鐔津文集』과 「보교편輔敎篇」은 영명연수永明延壽(904-975)의 『종경록宗鏡錄』과 함께 선승들의 선문학 창작에 많은 영향을 주었으며, 각범혜홍覺範惠洪(1071-1128)도 『선림승보전禪林僧寶傳』, 『임간록林間錄』, 『석문문자선石門文字禪』, 『냉제야화冷齊夜話』 등의 시화를 지어 문자선의 병폐를 극복하고자 하였다. 이후 천동 정각天童正覺(1091-1157)의 『백칙송고百則頌古』, 무문혜개無門慧開(1183-1260)의 『무문관無門關』, 곽암선사廓庵禪師의 『십우도송十牛圖頌』(1150

전후)등이 나오며 선시의 일대장관을 이룬다.

송말 원초대 문학성이 뛰어난 문집으로는 경수거간敬叟居簡(1164-1246)의『북간문집北磵文集』, 장수선진藏叟善珍(1194-1277)의『장수적고藏叟摘藁』, 물초대관物初大觀(1201-1268)의『물초등어物初賸語』, 소은대소笑隱大訴(1284-1344)의『포실집蒲室集』등을 꼽을 수 있다.

한편 중국 일반 문인들이 언급한 시승詩僧들의 선문학관이 다뤄진 시화집으로는 오진吳津의『관림시화觀林詩話』와 허의許顗의『언주시화彦周詩話』, 엄우嚴羽가 편찬한『창랑시화滄浪詩話』등이 있다. 송대 위경지魏慶之는『시인옥설詩人玉屑』에서 각범覺範(1071~1128) 등 14명의 선승들을 소개하며 그들의 시문을 전하였는데,『시인옥설』은 이후 한국, 일본에도 소개되어 많은 영향을 끼쳤다. 이후 원대 장정자蔣正子의『산방수필山房隨筆』과 청대 여악厲鶚이 편찬한『송시기사宋詩紀事』가 있다. 여악은『송시기사』에서 영명연수永明延壽(904-975)와 설보중현 등 많은 선승들의 선시를 세속문학의 귀감이라 평하며 소개하였다.

살펴본 바와 같이 송대에는 당대의 첨예하고 활발발한 선지가 쇠퇴하면서 공안선·문자선이 크게 유행하였음을 알 수 있다. 이렇게 유자와의 교류를 통해 선시의 본질은 점점 퇴색되어 선시와 일반시의 시적 표현을 동일시하려는 '시선일치詩禪一致, 시선일미詩禪一味'적 사고관과 유희삼매의 선문학관이 중국 선시문학의 전통으로 자리 잡게 되고 이후 이러한 전통은 우리나라에도 영향을 끼치게 된다.

2) 한국 선시의 형성과정

우리나라에 선법이 전래된 시기는 신라 말 고려 초, 당에서 유학한 구법승들에 의해 중국의 선법이 전파되기 시작하면서다. 이들은 대부분 혜능 제자들에 의한 조사선법을 받아왔는데, 한국의 구산선문九山禪門이 그것이다. 고려대의 선종은 천태종의 출현으로 다소 위축되었다. 이후 12세기에 원응학일圓應學一(1052-1144)와 묵암탄연黙庵坦然(1070-1159), 거사 이자현(1061-1125) 등이 선종의 부흥을 위해 활약하였다. 이 시기 고려의 선사들이 북송의 선사들과 교류하면서 선문학을 도입하였으며 공안선公案禪이라는 새로운 선풍이 자리 잡게 되었다.

한국선시의 본격적인 형성은 고려 중엽 보조지눌普照知訥(1158-1210)로부터 시작된 간화선 중흥을 배경으로, 그의 제자 무의자혜심無衣子慧諶(1187-1234)으로부터 시작되었다고 할 수 있다. 물론 보조 이전에도 선승들이 존재하였으나 그때까지만 해도 선종이 사상적으로나 체계적으로 온전한 통일을 이루지 못한 관계로 선시 또한 크게 발흥하지 못했던 것으로 보인다. 무엇보다 현재 그 시기의 선시가 전해지지 않아 이에 관한 논의는 어렵다. "다만 신라시대에 원측圓測이나 원효元曉의 게송류 그리고 의상義湘의 「화엄일승법계도華嚴一乘法界圖」와 같은 데서 불교시의 모습을 찾을 수 있으며,"[7]

---

7 李鍾燦, 「韓國文學에 있어서 佛敎文學의 位置」, 『개교 80주년 기념 韓國

고려 전기 의천義天의 불교시가 전하나 이들만으로 본격적인 선시를 말하기는 어려운 실정이다. 6세기 후반 이후 원효, 의상 등에 의해 단순한 게송 수준의 초기 불교시는 있었으나 이를 본격적인 한국 선시로 보기엔 어렵다.

그런 의미에서 우리나라 선시의 발흥은 1226년 진각국사 혜심에 의해 중국 선가문학을 총망라한 『선문염송禪門拈頌』30권[8] 이 편찬되면서 시작되었다고 본다. 혜심은 우리나라 최초의 공안 모음집이라 할 수 있는 『선문염송』을 편찬함으로써 수행자들이 화두선으로 공부할 수 있는 실질적인 길을 처음으로 열어 놓았다. 그리고 선의 지침서로써 「구자무불성화간병론」을 편찬하여 고려에 간화선의 뿌리를 내리게 하였다. 특히 그의 시집 『무의자시집無衣子詩集』[9]은 구체적인 선사상과 선수행관을 곧바로 선시로 드러낸

佛敎文學學術會議發表要旨」, 동국대학교 한국문학연구소, 1986, p. 4.

8 『禪門拈頌』은 혜심이 1226년 제자 眞訓 등과 함께 1125칙의 古話에 그에 대한 강령의 요지나 견해를 拈이나 評으로 덧붙인 공안집이다. 초간본은 1232년 몽고병란 중에 소실되었으나, 1244년 다시 대장도감, 남해분사에서 347칙을 더하여 1472칙이 수록 개판되었다.

9 『무의자시집』에는 타인의 시 3수를 제외하고 총 205제 259수의 시가 수록되어 있다. 5언과 7언의 근체시와 고시를 비롯하여, 6언시, 장단구, 회문시, 詞, 충시 등 다양한 시체로 구성되어 있는 특징이 있다. 『무의자시집』에서 드러나는 혜심 선의 요체는 看話一門에 있으며, 이를 통해 깨달음에 단박에 이를 것을 강조하고 있다. 특히 시 전반에서 간화선적 直切

것으로써, 우리나라 선가의 시집으로는 가장 오래된 것이라 할 수 있다.

혜심 이후 간화선이 우리나라에 확고히 정착하게 된 것은 고려 말 태고보우太古普雨(1301-1381), 나옹혜근懶翁惠勤(1302-1376), 백운경한白雲景閑(1299-1375) 등에 의해서다. 이런 선사들에 의해 선사상이 확고하게 자리를 잡으면서 한국선시도 함께 부흥하기에 이른다. 이 시기 선시에는 각 선사들의 변별적인 선사상이 선시에 고스란히 투영되고 있음을 살필 수 있다. 『태고화상어록太古和尚語錄』에서 보우는 「태고암가太古庵歌」, 「산중자락가山中自樂歌」, 「백운암가白雲庵歌」 등에서 조사공안을 직접적인 시어로 구사하며 간화화두법을 시설하였는가 하면 백여 수의 시 중에서 호號나 법명을 넣은 시를 다수 남기고 있다. 나옹 역시 『나옹집懶翁集』에서 주객일여主客一如의 선사상을 기반으로 참선납자들을 제접하는 내용의 선시를 다수 남겼다. 백운경한의 『백운화상어록白雲和尚語錄』에도 무념無念과 무심無心을 강조한 무념진종無念眞宗, 무상진종無上眞宗의 선관을 바탕 한 125수의 선시가 수록되어 있다.

불교국이었던 고려의 승려는 대부분 지식계급이었기에 문승文僧 또한 적지 않았다. 이러한 문승들은 당대 일류 문인석학들과 교류하며 고려시단을 더욱 풍요롭게 한 것으로 보인다. 이와 같은 점

의 道와 無碍智, 自性空寂의 깨달음의 세계가 매우 뛰어나게 형상화 되었다.

은 이규보李奎報(1168-1241), 이인로李仁老(1152-1120), 최자崔滋(1188-1260), 이제현李齊賢(1287-1367) 등의 시화집詩話集에서, 그리고 선초 서거정 徐居正(1420-1488)의 『동문선東文選』과 『동인시화東人詩話』, 이후 홍만 종洪萬宗(1643-1725)의 『소화시평小華詩評』에서까지 수많은 선승들에 대해 거론하고 있는데서 알 수 있다.

이처럼 본격적인 시승詩僧과 거사시인은 물론 불교적 시를 남긴 일반시인들까지 헤아린다면 『동문선』 수록 23인의 시승을 포함하 여 그 이름이 나타나는 경우만을 감안하여도 100여명을 상회한다. 그러나 이들을 모두 불교시인으로 논하기에는 자료상의 문제가 있다. 대부분이 문집을 전하지 않는데다 그 생애를 알 수 없는 경 우가 대다수이며, 다만 시 한두 편과 시에 관련된 일화 속에 이름 만을 전하는 경우가 허다한 관계로 체계적인 논의는 불가능하다.[10]

이렇듯 고려 중엽에 형성된 한국선시는 선불교의 발전과 더불 어 조선시대까지 그 맥을 이어갔다. 그러나 조선 성종, 연산군 때 의 극심한 불교탄압으로 대부분의 불교종파가 산간으로 도피하거 나 지하로 숨게 되면서 선종 또한 어려운 지경에 놓이게 된다. 물 론 그러한 상황 속에서도 몇몇 뛰어난 선승들에 의해 겨우 그 명맥 은 유지되었다고는 하나 근본적으로 선승들이 사라지면서 선시 또한 고려대와는 극명한 차이를 보이게 된다. 이런 상황에서 조선 조의 선승들은 어쩔 수 없이 유가문인들과의 교류를 통해 유교적

---

10 印權煥, 『韓國佛教文學研究』, 같은 책, p. 60 참조.

경향에 경도되어 갔는데, 그로인해 선시 본연의 활연한 기운과 선지禪旨는 아주 퇴색되기에 이른다.

이런 속에서 조선중기 이후 불교한시를 묶은 시문집 간행이 유행하면서 이러한 류의 불교시문집들이 다수 출현하였다. 그러나 이러한 시문집의 발간은 승려 자신의 깨달음을 증명해보이기 위해서라기보다는, 대개는 유교중심의 사회에서 유가들과의 친밀한 관계를 유지하기 위한 사회적 노력의 수단으로 이용되었던 것으로 보인다. 조선중기 이후 100여편이 넘는 승려들의 시문집들 중 많은 부분 진정한 오도의 체험 없이 선시적禪詩的 이미지나 취의取義만을 모방한 작품들이 상당 부분 발견된다는 점에서 그러한 실태를 가늠할 수 있다. 이러한 류의 시들은 대개 직접적인 깨달음의 내용이나 오도의 경계 없이, 마치 유자儒者들의 한시처럼 일상사의 잡다한 내용이나 주로 세속적 감상과 회고 등을 읊은 산거시, 자연시, 생활시, 일상시류 등이 대부분이다.

이상 선시의 기원과 전승은 붓다의 영산회상에서부터 비롯되어 중국조사들의 선시전통으로 이어져 우리나라에 전래되었다. 인도 초기경전은 매우 운문적이었으나 점차 산문의 형식으로 변화하였다. 그러나 이러한 초기경전의 운문적 특징은 이후 대승경전에서도 산문형식 사이에 송이나 찬으로 살아 현재까지도 전승되고 있다. 중국 선시의 본격적인 부흥기는 육조와 마조 이후 선종이 5가 7종으로 분파될 때까지로 보며, 당시 최고의 선승들의 출현과 함께 선시의 토대가 확고하게 굳혀졌음을 알 수 있었다. 한국선시의 본격적인 형성은 고려중엽 무의자 혜심으로부터 비롯되었다. 이는 보조지눌로부터 시작된 간화선 중흥을 그 배경으로 하고 있다는 점에서 한국에서도 마찬가지로 선사상과 선시는 불가분의 관계임을 유추할 수 있다. 본질적으로 선시는 애초에 선법禪法을 전하는 선적도구로 오도한 선사들에 의해 지어졌으며, 그런 의미에서 선 사상이야말로 바로 선시창작의 주요한 핵심적 토대라 할 수 있다.

선시의 개념 및 변별성

   그동안 이루어져 온 논의에도 불구하고 아직 학계에서 선시에 관한 정의와 구분은 세부적으로 확정되지 못한 상태이다. 이러한 상황에서 현재 선시를 불교시의 하위개념에 속하는 하나의 양식으로 매김하거나 혹은 시문학의 한 갈래로 규정하여 문학의 입장에서 규명하고 해석하려는 경향이 있다.

   그렇다면 중국 선종사에서 선과 시의 조우는 어떻게 일어나게 된 것일까. 선과 시의 첫 만남은 먼저 '선가에서 시의 형식을 빌어 선禪을 나타내면서 시작' 되었다. 신수와 혜능이 선의 요의를 시형식으로 밝힌 사례가 그것이다.[1] 선사들은 오도 이후 깨달음의 내용

---

1 오조 홍인이 법을 전승하게 위해 제자들에게 각자 깨달은 바의 경지를 게송으로 바치라 하자, 신수는 "몸은 보리수요/ 마음은 밝은 거울과 같으니/ 항상 부지런히 닦아서/ 티끌이 끼지 않도록 하라(身是菩提樹 心如明鏡臺 時時動拂拭 勿使惹塵埃)"고 하였다. 이에 육조혜능은 "보리는 본래 나무가 아니요/ 명경도 본래 거울이 아니다/ 본래 한 물건도 없거늘/ 어디서 먼지가 일어나리오(菩提本無樹 明鏡亦非台 本來無一物 何處惹塵埃)"라 하였

을 시[게송]로 읊거나 도道의 경지를 선시로 자연스럽게 드러내 보여주는 경우가 많았다. 그런가 하면 수행자들을 제접할 때에도 법문이나 화두처럼 선문답을 선시로 대신 하는 경우도 다반사였다.

이렇듯 선시는 선종의 발달과 더불어 시작되었으며, 선가에서 선시는 '선' 혹은 '깨달음'을 전하는 무엇보다 중요한 표현도구 중 하나로 확고히 자리 잡게 된 것이다. 곧 선사들은 시에 오도의 체험이나 경지를 표현하는 한편, 시인들은 선의 이치와 묘리를 받아들여 시 창작에 적극적으로 응용하게 된 것이다.

그러나 전술한 바와 같이 송대에 들자 엄혹하던 당대의 조사선지祖師禪指와 서슬 푸른 선기는 사라지면서, 선시 역시 그 활발발한 기운과 가풍을 잃은 채 유학자들에 의해 선도 시도 아닌 시류로 전락하기에 이른다. 그렇게 선시는 송대유학자들과 교류하면서 그들의 시류를 대폭 수용하고 흉내 내는 과정에서 선시 본연의 역할과 목적을 점점 더 상실하게 된 것이다. 그런 상황에서 남송 말기 선과 시를 비교하는 것으로 시작된 시선詩禪간의 논의는 얼마 지나지 않아 '시선일치론詩禪一致論'으로까지 진전되게 된다.[2]

남송 말기 후세에 많은 영향을 끼친 시론가로 엄우嚴羽(1197?-

다. 게송을 본 홍인은 깨달음이 혜능에게 있음을 알아차리고 의발을 그에게 전하였다고 한다. 그러나 『傳燈錄』 권3 「홍인대사」 장과 『六祖壇經』에 실려 있는 이 부분에 대한 사실성에 대해서는 의문시 되고 있다.

2 김운학, 앞의 책, p. 81.

1253?)를 꼽을 수 있다. 엄우는 저서『창랑시화滄浪詩話』에서 성당盛
唐시기의 시를 법法으로 삼아야 한다고 하며, 소위 선도禪道란 '묘
오妙悟'에 있다고 주창하였다.『창랑시화』「시변時辯」에서는 논시
論詩의 종지를 '식識'에 두고 '선禪'과 '오悟'를 내포하는 '식識'이 있어
야 '묘오妙悟'를 얻을 수 있으며 '묘오'가 있어야만 '선도禪道'에 통달
할 수 있다고 하며, 이를 일러 "향상일로向上一路, 직절근원直截根源,
돈문頓門, 단도직입單刀直入"[3]이라 하였다. 곧 "선의 도는 오직 묘오
에 달려 있으며, 시의 도道 역시 묘오에서 벗어나지 않는다"[4]는 것
으로, 시를 짓는 일이나 깨달음에 이르는 길은 다르지 않다는 것이
다. 그리하여 "선을 배우는 사람은 반드시 최상승으로 들어가야"[5]
된다고 하며, '묘오'란 '제일의第一義의 최상승선의 깨달음'을 의미
한다고 하였다. 결국 엄우의 시론은 '선'의 이치로서 '시'를 밝히는
데 있다. 그러나 이후 "시를 논하는 것은 선을 논하는 것과 같다"[6]
는 시선일여론이 널리 받아들여지기 시작하였다.

  선과 시가 매우 밀접한 관련을 지닌다고 본 승려 보하普荷(1591-
1683) 역시『시선편詩禪編』에서 "선이면서 선이 아닌 것이 시이며,

---

3 嚴羽 저, 郭紹虞 교석,『滄浪詩話』, 金海明 · 李宇正 역, 소명출판, 2001,
   p. 18.

4 위의 책, p. 45. "禪道惟在妙悟 詩道亦在妙悟."

5 같은 책, p. 45. "學者須從最上乘 具正法眼 悟第一義."

6 같은 책, p. 42.

시이면서 시의 모습을 갖지 않은 것이 선禪(禪而無禪更是詩 詩而無詩禪 儼然)"[7]이라 하여, 시마詩魔를 떠난 활구活句의 시를 시의 궁극으로 보았다. 이업사李鄴嗣(1622-1680)는 『위홍선사집천축어시서慰弘禪師集 天竺語詩序』에서 "시와 선의 관계는 한 그릇에 담긴 우유와 물과도 같으며, 한 곳에서 함께 연주되어지는 금金과 석石으로 된 악기와 도 같다.(是則詩之於禪 誠有可投木乳於一盂 秦金石於一室者也)"[8]고 하며, 선 이 곧 시가 되어야 한다고 주장하였다.

이렇듯 제일의의 깨달음에서 이루어지는 '묘오'와 '선으로써 시 를 논하고 밝힌다.'는 엄우의 '이선논시론以禪論詩論'은 이후 선승들 의 선시가 중국 문학사에 일조를 하는데 큰 역할을 하였으며, 선과 시의 관계를 밝히는 선시연구에서 있어 매우 위력적인 의미를 갖 게 된다.

이후 청대 시인 왕사정王士禎(1634-1711)은 시경詩境과 선경禪境은 동일하다는 시선일치론을 주창하며 신운설神韻設을 내세웠다. 신 운이란 투철하고 영롱한 시의 경지는 선의 경지와 같다는 의미인 데, 왕사정王士禎은 이러한 기준으로 이두李杜의 시를 여래선으로, 소동파蘇東坡, 황산곡黃山谷의 시를 조사선으로 분류하며 시선일치 론을 전개하였다.

근대 일본의 스즈끼 토라오(鈴木虎雄)는 선에서나 시에서나 만물

---

7 같은 책, p. 40.

8 같은 책, p. 41.

일체의 경지는 모두 진선미라는 공통점을 갖는다며 시선일치를 주장하였다. 가지 데쯔사다(加地哲定)도 저서『불교문학연구佛敎文學研究』 '시선상관설詩禪相關設'의 장章에서 작자는 근본적으로 오경悟境에 철관하여 그 마음을 의식적으로 문학작품을 만듦으로서 시선詩禪이 일치된다고 주장하였다.[9]

『선과 시』에서 두송백杜松柏은 "선은 종교의 범주에, 시는 문학의 영역에 속하므로 성질면에서 근본적인 차이로 하나가 될 수 없었지만, 선종 조사들의 시선융합을 거친 후 자연스럽게 하나가 되었다"[10]며 시선융합에 관한 이론을 전개하였다. 그리고 선과 시의 공통점으로 '직관과 별취別趣', '상징성의 활구', '쌍관어의 동시 표현', '비의법比擬法의 추상적 철학화', '인생 관조에 의한 현실 초탈', '언어를 초월한 무한 의미의 전달', '묘오견기妙悟見機의 선취禪趣와 시취詩趣', '일상생활이 선이요 평범한 언어가 시', '격식을 초월한 진리 추구'의 아홉 가지를 들었다. 이러한 공통점을 바탕으로 선과 시가 융합된 이후 "선객들은 시에 선리禪理를 담고, 시인들은 선리와 선취를 받아들이며 나아가 선리로써 시의 창작이론을 세우게 되었다"는 것이다.[11] 따라서 "시를 알지 못하면 선을 알 수 없고, 선

---

9 김운학, 앞의 책, pp. 82-83 참조.

10 杜松柏 저, 朴浣植 · 孫大覺 역,『禪과 詩』, 民族史, 2000. p. 28. 원저는 杜松柏,『禪學與唐宋詩學』, 黎明文化事業公社, 중화민국 65년 간행.

11 위의 책, p. 28.

을 이해하지 못하면 참선인의 깊은 경지가 담긴 시를 이해할 수 없어 선으로써 시를 논한 심오한 뜻을 알 수 없게 된다"[12]고 주장하였다. 이로써 "선을 알고 시를 논한다는 것은 선시를 논평함에 매우 중요한 과제"[13]가 되었다.

이상 살펴본 바와 같이 청대에서부터 중국 근현대에 이르기까지 선시는 '시선일치의 직절의 경계에서 나오는 시'라는 것이 주된 시론이었음을 알 수 있다.

우리나라에서의 선시에 관한 연구는 1968년 승려이자 불교학자인 김잉석金芿石의 『불타佛陀와 불교문학佛教文學』에서 시작되어, 김운학金雲學의 『불교문학佛教文學의 이론理論』에서 용어에 대한 정의가 내려지기 시작했다.

김잉석은 직접적으로 선시란 용어를 쓰지는 않았으나 모든 경經은 거의 불타의 덕상德相을 찬탄하는 찬불문이요, 찬불송이며, 찬불가라 하여 불교운문문학에 대한 광의의 의견을 피력하였다. 김운학은 "선과 문학" 장에서 '선문학의 대표적인 장르는 시'라고 정의한 뒤, 선과 시의 융합과 조우에 관한 체계적 설명을 통해 시선일여의 경지에서 중요한 관건은 '선의 경지'를 획득하는 데 있다고 밝혔다. 이를테면 선시(詩偈)는 소소영령한 본래 마음의 무한한 경지를 표현하는 것으로서, 선의 심경心境 즉 '오도'에 이르지 않고서

---

12 같은 책, p. 28.

13 같은 책, pp. 28-29.

는 게송문학의 본의를 이해할 수 없다고 강조하였다.

선시에 관한 용어개념과 정의 등은 1985년에 석지현이 『선시
禪詩』에서 개진한 이후, 1988년 『한국선시韓國禪詩의 형성形成과 전
개展開』에서 인권환이 선시의 기원 및 전승과 개념을 제시하고,[14]
1998년 홍기삼이 「불교적 세계관과 정신주의 시」에서 선시에 관

---

14 인권환은 불교시의 기원은 멀리 불전의 형태에서도 찾을 수 있으며 12
분교 중 祗夜와 伽陀가 시적인 양식에 속한다고 규정하였다. 그 중 선시
란 불교시의 한 영역으로서 선사 승려들의 선적인 자각을 바탕으로 한
시만의 명칭이라 정의하였다. 그리고 일체의 사려분별이나 혹은 언어문
자적 표현을 거부하는 선이 문자에 의한 표현의 시와 결부하여 어떻게
禪詩가 될 수 있는가의 문제를 다음의 네 가지로 추론하였다. 첫째, '禪
과 詩의 본질적인 정신적 원천에 있어서의 상통성', 둘째, '선승들의 悟
道的 체험이나 證의 과정, 그리고 法悅的 경지나 선적인 생활을 선사
들이 시 형태로 담아 나타낸다는 점', 셋째, '선시는 자연스럽게 이루어
진다는 것', 마지막으로 '선시, 즉 넓게 불교시의 기원은 멀리 불전의 형
태에서부터 찾을 수 있다는 점'이다. 이를 바탕으로 선시란 '선적인 깨
달음이나 체험, 그리고 그런 바탕 위에서의 인사나 자연에 관련된 상념
을 노래한 선사들의 시만을 지칭'한다고 밝혔다. 특히 선가에서 오도적
체험, 證道의 과정, 法設的 경지, 출출세간적 생활을 대부분 시로 나타낸
다는 점과 선가에서 전래되는 화두 공안류가 다분히 시적이란 점 등에
서 詩禪一如의 경지는 선시에서 두드러지는 것으로 보았다.(인권환, 「韓國
禪詩의 形成과 展開」, 韓國文學硏究所, 『韓國佛敎文學硏究(上)』, 東國大學校 出版部,
1988, pp. 3-10 참조).

한 관점을 밝혔다.[15] 이후 석지현이 다시 『선시감상사전禪詩鑑賞事典』[16]을 간행함으로써 선시에 관한 연구가 본격적으로 시작되었다

---

15 홍기삼은 시인이 선수행자와 다른 점은 바로 '깨달음을 목표로 하지 않는다'는 데 있다고 전제하였다. 시인은 흔히 시로 사랑의 슬픔이나 기쁨, 이별의 고통과 삶의 허무, 자연의 아름다움과 사회, 역사의 모순 같은 것을 표현한다는 것이다. 곧 시인은 깨달음을 추구하는 자가 아니라 단지 그것을 표현하는데 목적을 두는 사람이라는 것이다. 그러므로 시인은 독자의 공감을 얻을 수 있도록 아름다운 언어와 표현의 기술을 발휘하기 위해 힘쓰며, 이러한 노력은 언어를 위한 순교자처럼 숭고한 것일 수는 있어도 깨달음을 얻기 위한 구도자의 그것처럼 엄숙한 것은 아니라는 차이점을 분명히 하였다. 따라서 시인은 표면적 의미에서 개성과 자아를 극도로 존중하는 반면, 선객은 개성과 자아를 철저히 부정함으로써 영원한 인간 보편적 자각을 성취하여 自他不二의 경지에 도달하려 힘쓴다는 것이다. 또한 선시라는 말이 불교 분야나 문학 분야에서 일반개념으로 사용되기는 하지만, '엄밀하게 말하자면 선과 시는 같은 범주가 될 수 없다'고 지적하였다. 비록 선시가 시의 형식을 차용하여 선사들의 정신적 고투와 그 성과를 나타내거나 또는 언어로 그들의 마음을 나타내고는 있지만, 그렇다고 해서 선시를 창조적·심미적 의미의 시와 동일한 것으로 말하기는 어렵다는 것이다. 무엇보다 근본적으로 시인은 선수행자와 달리 '깨달음을 목표로 하지 않는다'는 점에 주목하여야 한다고 밝혔다(홍기삼, 「불교적 세계관과 정신주의 시」, 『東岳語文論集』, 東國大學校 東岳語文學會, 1998, p. 258-259 참조).

16 석지현은 禪이란 사고와 감정의 근원을 추적해 들어가는 수행법을 의미한다고 전제하며 이를 통해 깨닫는 존재의 본질 그 자체를 지시하는 것을 선시라 보았다. 곧 선승들이 그들의 깨달음을 시를 통해 표현함으로

고 볼 수 있다.

　이상의 내용을 정리하자면, 송대 엄우의 '묘오론'을 효시로 '시를
논하는 것은 선을 논하는 것과 같다'는 시선일여론은 이후 중국과
한국에서 선과 시의 관계를 밝히는 선시론의 근간이 되어 현재까
지도 전승됨을 알 수 있다.

　선시를 분석하고 그 진위여부를 판가름하는 작업은 시론가 내
지 선시학자들에게 달려있다. 그러나 아직까지 시론가 내지 선시
학자들 사이에서조차 선시에 대한 정의와 개념 및 그 분류체계는
완벽히 합의되지 않은 상태이다. 이런 상황에서 과연 선시를 올곧
게 분류하고 해석하는 일이 가능한 일인가 의문이 든다. 이를테면
선시란 오도를 전제한 시라는 것에서부터 동의하지 않는 평론가
들도 있다. 그런가 하면 오도를 바탕으로 쓰여진 시임을 인정한다
하더라도, 아닌 말로 특정 시가 과연 오도이후의 시인지 아닌지를
어떻게 명명백백 가릴 수 있는가 하는 문제는 다시 남는다.

　그런 의미에서 선시를 가장 바르게 논할 수 있는 사람은 오도한
선사 내지 학자이다. 그러나 현실적으로 그런 선사 내지 학자가 얼
마나 될 것인가. 그나마 선사들 중에서는 어떨지 몰라도 현실적으
로 속세에 사는 일반시인 내지 학자들 중에서 확철대오한 사람을

　써 선시출현은 시작되었다는 것이다(석지현, 『禪詩鑑賞事典』, 민족사, 1997,
pp. 59-62 참조).

찾기란 그야말로 불가능에 가깝다.

그런 바람에 이른바 '묘오妙悟'를 전제로 하는 선시해석은 뒤로 물린 채, 문학위주의 선시해석을 할 수 밖에 없는 것은 어쩌면 당연한 일일지 모른다. 그러한 상황에서 선적 느낌이나 취흥을 물씬 풍기는 시류들에 대해 선시로 오인 판별할 위험은 얼마든지 가능하다.

이에 본 논문에서는 '문학'의 입장이 아닌 '선'의 입장에서, 선시 구분의 문제, 선시주제의 문제, 선시어의 문제에 관해 다음과 같은 의견을 피력하고자 한다.

1) 선시구분의 문제—선시는 본질적으로 선禪의 영역에 속하는 선적 도구이다.

중국초기 염불이나 기도, 좌선일변도 등의 교학적 불교전통을 쇄신하며 부흥한 선종에서는 이전과는 전혀 다른 선적禪的 방편들을 새롭게 등장시키기 시작했다. 이른바 새로운 교화 및 제접방식으로서 시설된 대기설법 혹은 할喝, 방棒과 같은 격외적 지도법 그리고 선문답과 깨달음의 경지를 게송(선시)으로 드러내는 혁신적인 선적 표현 방식들이 그것이었다.

선은 곧바로 자신의 마음을 밝히는 직지인심直旨人心 견성오도見性悟道를 추구한다. 누구에게나 구족되어 있어 본래 부족하거나 남음이 없는 본래자성을 깨치는 것이 다름 아닌 견성見性이다. 그러나 인간의 청정자성은 육근과 육진에 가려져 있어 '조작, 시비, 취사, 단상, 범성' 등 일체의 차별상을 떠나 단견에 치우치지 않을 때만이 절로 드러나게 된다. 따라서 조작시비 취사분별의 유위적有爲的 생사심生死心을 여의고, 여의었다는 한 생각마저도 여읠 때 비로소 참다운 경계에 이를 수 있다.

전술한 것처럼 선종의 선수행자들은 이러한 깨달음을 얻기 위해 전통적으로 문답기연과 방·할 등과 같은 다양한 선적 방편을 사용하였다. 스승과 제자 사이에 질의응답을 하거나, 소리를 지르거나, 몽둥이로 때리는 등 그야말로 깨달음에 이르게 하기 위한 선종의 수행방편은 정해진 바가 없었다. 이러한 방편 중 특히 게송(선시)은 역사적으로 수행자의 깨달음을 드러내고 증명하는데 쓰였던 매우 유용하고도 중요한 선적禪的 방편 중 한 가지였다.

게송의 기원은 붓다의 오도송에서부터 그 연원을 찾을 수 있다. 영산회상에서 붓다의 염화미소로 마하가섭에게 법이 부촉된 이후 서천 27대 바야다라존자로부터 보리달마존자에게까지 게송으로 법은 전해졌으며, 이러한 전법게의 전통은 중국 선가에서도 끊이지 않고 이어져왔다. 이렇게 법을 전하는 방편으로 쓰여진 게송류들이 선시의 원형임을 상기할 때, 선시야말로 아주 오래 전부터 선가에서 법을 전하는 매우 중요한 선적 방편이었음을 알 수 있다. 그 뿐 아니라 이러한 선시(전법게)의 전통은 비단 중국에서 뿐 아니라 우리나라 선가에서도 이어져, 현재까지도 실재하는 선적 표현

도구로 쓰인다는 점에서 그 의의는 매우 크다.

한마디로 선시는 깨달음의 노래다. 선종의 선사들은 오도 이후 자신의 깨달은바 내용을 오도송으로 읊거나, 그 경지를 일상생활 속에서 자연스럽게 선시로 드러내 보인 경우가 많았다. 특히 수행자들을 제접할 때 일종의 법문이나 화두처럼 방편적으로 선시를 읊는 경우가 다반사였다. 이와 같은 선시의 쓰임에서 주목해야 할 사실은 이 때 선사들의 관심은 오직 '법과 진리'에 있었으며, '시'에 있지 않았다는 사실이다. 바로 그러한 이유로 우리는 선시를 지은 선사들을 시인이라 부르지 않는다. 이를테면 붓다를 비롯하여 달마나 혜능, 마조와 혜심, 경허 등 유수한 선사들에 대하여 그들을 오직 깨달음을 얻은 조사祖師 혹은 선사禪師, 각자覺者라 칭할 뿐, 결코 시인이라 하지 않으며, 그들 스스로도 자신을 시인으로 여기지 않았다는 것이다.

그런데도 일부 선시를 논할 때 해당선사가 출가 전에 유학이나 한시작법을 미리 공부한 경우가 있다면서, 이들 작품들을 유독 한학적으로나 문학적으로 해석하려는 시도들이 있는데 이는 매우 문제적 접근이 아닐 수 없다. 깨달음을 얻고 난 이후에는 오도 이전의 세간적 지식이나 분별적 알음알이에서 완전히 벗어나게 된다. 깨달음 이후에는 이전의 유위적有爲的 사고관과는 근본적으로 다른 본질적인 인식변화가 찾아오므로 이전의 배움이나 학식이 결코 오도 이후의 삶을 지배할 수 없게 되는 것뿐만 아니라, 깨달음에 이르는 과정에도 영향을 끼치지 못한다. 그러기에 역사적으로 선에서는 이치로나 학문으로 배우는 것을 완전히 떠나 곧바로 자심의 본성을 탐구하는 '사교입선捨敎入禪'을 무엇보다 중시해 왔던 것이다.[17]

선시가 오도 이전의 배움과 학식과는 근본적으로 상관이 없다는 것을 증명하는 중요한 전거로써 '오도송'을 들 수 있다. 선가에서는 배움은커녕 이전에 문학에 대한 일체의 관심도 없었던 선사들, 이를테면 붓다나 혜능, 마조나 조주와 같은 선사들이 갑자기 오도송을 읊는 경우를 부지기수로 발견할 수 있는데, 바로 이 지점에서 선시[오도송]는 '시'가 아닌 '선'의 영역에 속하는 선적 방편임을 반증할 수 있는 것이다.

물론 선시가 '시'의 형식을 갖추고 있으므로 일정 부분 시의 입장에서 논의되는 것은 당연한 일이겠지만, 본질적으로 선시는 '문학'

---

17 한국선시의 발흥을 이끌었던 고려시대 혜심으로부터 본 논에서 다루고자 하는 경허에 이르기까지 그들의 시가 아무리 방대하고 문학적으로 우수하다 하더라도, 본질적으로 혜심과 경허는 '시인'이 아닌 '선사'다. 근본적으로 이들의 선시는 철저히 그들 자신의 오도와 선관에 근거한 '선적 표현 도구'로 쓰이고 있기 때문이다. 따라서 이들 선시를 그야말로 세속적 눈높이인 유위적 물상관과 문학적 잣대로 작위해석하려는 태도는 지극히 위험한 시도가 아닐 수 없다. 물론 혜심이나 경허처럼 문학적 재능이 뛰어나서 오도 후에 다른 선사들보다 많은 수의 선시를 남길 수는 있다. 그러나 문제의 본질은 그들이 남긴 시의 편수가 아닌, 그 禪的 주제와 사상적 변별성에 있음을 간과해서는 안되리라는 것이다.

의 영역보다는 '선'의 영역에 속하며, 따라서 선시연구에 있어 중요한 것은 선적 도구로써의 선시의 기능에 그 촛점을 맞추어야 한다는 것이다.

2) 선시주제의 문제- 선시에서의 '오도悟道'는 주제를 넘어선 본질이다.

선의 핵심은 참 본성을 밝혀 나와 세상의 존재원인과 상관관계를 바르게 이해하여 무명으로부터 비롯된 잘못된 인식과 타성으로부터 벗어나 대자유를 구가하는데 있다. 이른바 삼라만상(諸法)과 나(我相)에 대한 전도된 허상에서 벗어나 바른 지혜와 위없는 안락을 성취하자는 것이다. 조사선의 종지를 '불립문자不立文字·교외별전敎外別傳·이심전심以心傳心·직지인심直指人心·견성성불見性成佛'로 요약한다면, 이러한 메커니즘의 핵심은 '심心'이라 할 수 있다. 그리고 선수행의 목적은 바로 이 자심自心을 밝혀 각자의 근본성품을 낱낱이 확철하는데 있다.

이렇듯 깨달음은 선의 알파요 오메가다. 선수행의 궁극 역시 오직 '견성오도見性悟道'에 있다. 마찬가지로 선시의 알파와 오메가가 역시 깨달음 곧 '오도'에 있다. 한 마디로 선시는 '깨달음의 노래'이자 '일심一心의 노래'다. 그런 의미에서 오도는 비단 선시를 이루는 내적 주제 뿐 아니라, 선시자체를 성립시키는 본질이 된다. 그리고 바로 이 부분에서 선시와 일반 시와의 구분은 뚜렷해진다.

상세하자면 선시를 통해 밝히고자 하는 것은 진여법성眞如法性으로서의 자신과 세계에 대한 절대 진리인데 반해, 시詩에서 드러내고자 하는 것은 기쁨·슬픔·괴로움·번뇌·욕망·좌절·희망·두려움·환희 등의 인간의 전오식轉五識과 육식六識[18]으로 비롯된 희노애락의 감정내지 이성 등이라 할 수 있다.

그렇다면 과연 특정 선시가 '진여법성으로서의 자신과 세계에 대한 절대 진리'를 나타낸 '오도의 시'인지 아닌지는 어떻게 구

---

18 인간의 정신세계를 唯識學의 心識論에서는 '식별작용의 주체'와 그에 수반되는 '심리작용'으로 나누었다. 식별작용의 주체에는 八識, 식별작용의 주체에는 21가지의 心所가 있다. 존재구조면에서 팔식은 轉識과 근본식으로 나뉘어 설명된다. 전오식은 우리가 외부경계에 대해 처음으로 이루어지는 인식이다. 안이비설신의 각각의 영역에서 느끼는 첫 알아차림으로서 이른바 사량분별이 있기 전의 최소의 인식영역을 의미한다. 그러나 실상 우리가 외부 경계를 인식할 때 이를 개별적이 아닌 종합적으로 인식되는 이유는 바로 제6의식의 작용 때문이다. 意識은 오식(轉伍識)의 내용을 종합적으로 기억 · 회상 · 추리 · 상상 등의 인식작용을 하기 때문이다. 그러나 의식 역시 혼자 작용하는 것은 아니다. 전오식이 의식을 의지처로 삼듯, 의식 역시 제7末那識을 의지처로 삼는다. 말나식은 제6의식보다 사량분별의 작용이 훨씬 강하고 집요하다. 見分을 자아로 집착하여 我想, 我慢, 我見, 我痴를 일으켜 집요하게 자기에게 집착하게 된다. 바로 이 착각과 집착, 상주불변적 자아의식으로 발현되는 느낌 생각 등이 범부들의 인식감정이다.

분할 수 있는가. 이를 구분할 수 있는 가장 확실한 방법은 '시'가 아닌 '그 선시창작자의 오도유무'를 확인하는 것이다. 그렇다면 작가의 오도유무는 어떻게 확인가능한가.

전통적으로 이심전심으로 법法이 전승되는 선가에서는 자신의 깨달음을 선지식으로부터 인가印可받는 것을 원칙으로 삼았다. 선가에서의 인가란 선지식이 수행자의 경계를 살핀 후 점검을 통해 그 깨달음의 여부를 인정하고 허락하는 것을 말한다. 특히 간화선 수행의 전통에서는 발심發心 · 참문參問 · 감변勘辯 · 인가印可의 과정 중에서도 무엇보다 인가를 엄격히 중요시하여, 거짓 깨달음을 철저히 경계하였다.

따라서 기본적으로 선가의 명안종사에게 인가받은 선사들의 시는 완벽한 선시라 할 수 있다. 실제 우리에게 익숙한 선시들 대부분이 이렇게 선지식으로부터 인가 받은 선사들의 작품으로써, 이러한 선시야말로 명실공이 순수한 '선시'라 할 수 있다.

그렇다면 출가하여 선가에서 오도한 선사들이 읊은 시만이 선시인가. 물론 당연히 그렇지 않다. 전술하였다시피 선시의 본질은 '오도'에 있으므로 누구라도 '깨달음'을 확철하여 무상無常, 공空, 무아無我의 제법진리를 온전히 체득하였다면, 그가 누구든 그의 시는 '선시'다. 세속적으로 아무리 높은 지식과 문학적 소양을 두루 갖추었다 할지라도 오도하지 못한 승려 혹은 일반인의 시는 '선시'라 할 수 없는 반면, 승속과 남녀노소, 배움과 배우지 않음을 모두 넘어 어떠한 상황에서도 무상도無上道의 도리를 철관한 자라면 비록 그가 저자거리에서 육고기를 썰어 파는 장사꾼일지라도 그의 시는 선시인 것이다.

깨달음을 얻은 자의 삶은 무구無垢하다. 그리고 최상승의 도에 이른 자는 다시는 물러남이 없다. 세속제의 도가 아닌, 무위의 도를 얻은 자는 그가 어디서 무엇을 하든 항상 진리에 반하지 않는다. 마찬가지로 이러한 경지에서 읊어진 시 역시 그 주제나 소재에 상관없이 '묘오'의 선시로서 늘 현전하는 것이다.

이렇듯 선시에 있어 '오도'는 주제를 넘어선 선시 그 본질에 다름 아니다. 그러므로 선시의 진위를 가늠하기 위한 기준은 결코 시적 기교나 차용한 선적 소재 내지 독특한 수사법 등에 있는 것이 아니라 작자가 성취한 '오도'의 경지에 달려있으며, 그것의 진위판별 여부는 작가의 오도와 그를 알아볼 수 있는 명안에 있다.

3) 선시어의 문제—선시어禪詩語는 시어가 아닌 선적 언어방편에 속한다.

선시에서의 언어, 즉 선시어는 시어가 아닌 선의 세계를 드러내기 위한 선적 언어방편에 속한다. 소위 선체험으로 얻어진 절대무구한 세계는 현상계의 언어문자로는 결코 그 의미를 다 제대로 전할 수 없다. 그러므로 선에서는 일찍이 '불립문자不立文字'를 지향하며 관념화된 언어를 철저히 부정하였다. 이른바 '교학 밖에 따로 전한 것으로 문자를 세우지 않고, 바로 마음을 가리켜 자성을 보고 부처를 이루게 한다.(敎外別傳 不立文字 直旨人心 見性成佛)'는 구절은 바로 이러한 선의 특성을 단적으로 보여준 것이다.

그렇다. 선을 물으면 이미 그 선은 잘못된 것이요, 선에서 언어로 이치를 궁구하면 선의 핵심은 더욱 멀어지고 만다. 선의 정수는 붓다의 염화미소처럼 말로는 표현할 수 없는 곳에 있다. 그래서 오래 전부터 선가에서는 '불립문자不立文字'를 표방해 온 것이다. 그러나 선에서는 예로부터 '불립문자'와 더불어 '불리문자不離文字'라는 방편을 허락해 왔다. 곧 제일의第一義의 최상승 깨달음의 도리를 문자로는 다 표현할 수 없지만, 그렇다고 문자를 아주 떠나서도 전할 수 없기에, 어쩔 수 없이 선적방편에 입각한 선어의 사용을 허락해 왔던 것이다.

선시어는 바로 이 제일의의 세계를 전하기 위한 '말 아닌 말'이자 '문자 아닌 문자'다. 그러므로 선시어의 목적은 시의 완성에 있는 것이 아니라, 그 '말로는 전할 수 없는 깨달음의 세계'를 전하는 데 있다.

그러나 선시에서 주로 활용되는 파격적 상징이나 수사 등이 문학에서도 역시 문학이 문학으로 성립되기 위한 가장 기초적이며 또한 궁극적인 도구로 사용되고 있다는 점에서 선시어와 시어 사이의 엄밀한 변별성을 찾기란 쉽지 않다는 어려움이 있다. 특히 현대시에서 많이 쓰이는 해체와 역설, 파격적 상징과 패러디 등의 표현기법은 선시어의 특징과 매우 유사하여 시어와 선시어의 구분을 더욱 모호하게 하고 있다. 따라서 시어와 선시어가 내포하는 정확한 내적 변별성을 이해하지 않고서는, 선시어가 지시하는 묘의妙意를 가리기는 쉽지 않은 것이다.

한 마디로 선시어는 인간의 모든 편견적 일상의식과 고정관념을 타파하는 '활구活句'로 작용한다. 선시어는 방편적 활구로 작용할 때만 그것이 제시하고자 하는 본질을 바르게 드러낼 수 있다. 그리고 독자의 입장에서도 선시어를 활구로 인식하여야 만이 선시어 자체에 끄달리지 않고, 그 시어가 지시하는 비의秘意를 초월적 직관으로 꿰뚫어 본령과 계합할 수 있게 되는 것이다. 다른 의미로 보자면 이 말은 선시 창작자가 제대로 깨달음을 성취한 자가 아니라면 선시어를 활구로 자유자재로 구사한다는 자체가 불가능하다는 뜻도 된다.

이렇듯 '말은 말이되, 말이 아닌 말'이 선시어다. 선시어는 화두나 방, 할 등과 같이 상식과 논리를 뒤엎으며 오도의 절대세계에서 직관적으로 표출되는 언어다. 그렇게 세속제의 모순어 속에서 진실의의 초절의 세계를 드러내는 선적 도구요, 방편이 '선시어禪詩語'인 것이다. 따라서 선시어의 이러한 선방편적 기능과 효용을 인식하지 못하고 비유나 상징 등 수사적 표현에만 집중한다면 자칫 언어 유희적으로 선시어를 오인할 위험마저 있는 것이다. 그러므로 깨달음의 세계와 그 절대지의 경계를 밝히기 위한 선시어의 선

적 언어방편에 주목을 요한다.[19]

이렇듯 선시어의 바른 이해는 그 시적詩的 표현양태가 아닌, 선적禪的 방편으로써의 선시어가 지시하는 핵심을 얼마나 제대로 갈파하느냐에 있다. 그렇게 방편적 활구로써의 선시어의 쓰임을 바르게 요해할 때 화려하게 압축, 상징, 해체, 역설 등으로 표현된 수사 자체에 매몰되지 않고, 선시어가 지시하는 제일의第一義의 경지가 손가락이 아닌 달에 있음을 단박에 반조하게 될 것이다.

---

19 선시어를 다만 해체나 파격 등의 수사적 도구로서 이해한다면, 그야말로 그 외형적 표현만을 흉내 낸 가짜선시, 유사선시들의 출현을 막기는 어려워진다. 만약 이러한 식으로 선시어를 이해하고 접근한다면 앞으로 명확한 '오도'의 전제 없이도 이른바 선적인 느낌이나 선시어를 흉내 낸 시, 또는 선불교적인 용어나 배경을 차용한 경우의 시들도 모두 선시로 치부될 가능성은 커질 수 있다. 전술한 바와 같이 사실 이러한 폐단은 작금의 문제가 아니라 이미 당송대 文字禪 시대에서부터 있었던 일이다. 당시 대혜종고가 실제 깨달음과는 상관없이 유행처럼 양산되던 선어록류와 非禪詩들을 막기 위해 스승의 저서인 『벽암록』을 불사르며 간화선을 주창한 것은 오늘 날에도 그 시사하는 바가 결코 적지 않을 것이다.

선시 분류의 문제

　선시의 유형적 분류는 대만의 두송백杜松柏으로부터 시작되었다고 할 수 있다. 한국에서도 석학들에 의해 선시의 구성 체계가 어느 정도 드러나게 되었지만 현재 우리 학계의 선시분류 체계 역시 기본적으로 두송백의 분류에서 크게 벗어난다고는 할 수 없다. 그렇다면 두송백의 선시분류체계는 과연 완전하고 타당한 것인가.

　두송백은 선시 가운데 선사상을 시에 도입한 송고시頌古詩에 주목하며 이에 대한 다각도의 분석을 시도하였다. 어록 또는 공안公安, 고칙古則을 시의 형식으로 도입한 송고시는 깨달음을 얻은 선사가 자신의 가슴 속에 담겨진 경지를 펴고자 지은 게송으로써, 시의 형식을 빌어 드러낸 선의 종지를 참선인에게 가르치려는 데에 그 목적이 있다.[1]

　두송백에 따르면 송고시는 '하나는 선리禪理와 선기禪機이며, 다

1　『벽암록』에서는 "대체로 송고는 우회적으로 선을 말하는 것(大凡頌古是繞路說禪)"이라고 하여, 송고시의 핵심은 禪을 說하는 데 있다고 하였다.

른 하나는 시법詩法, 시의詩義'의 두 부분을 포괄하고 있어서, 이 두 측면을 통해서 해석할 때 비로소 선을 밝혀 시를 알 수 있으며 시를 통해 선을 이해할 수 있다고 하였다.[2]

두송백의 선시분류 체계를 정리하자면 다음과 같다.

  1. 이시만선以詩瞞禪:
    1) 시법시示法詩 2) 개오시開悟詩
    3) 송고시頌古詩 4) 선기시禪機詩
  2. 이선입시以禪入詩:
    1) 선리시禪理詩 2) 선전시禪典詩
    3) 선적시禪迹詩 4) 선취시禪趣詩

그러나 위와 같은 두송백의 선시분류 체계에 대해 이보오李晉푬는 다음과 같은 문제점들을 제기하였다.

먼저 전체적인 대분류가 원초적으로 시와 선과 관련을 맺으면서 어느 쪽이 중심인가 하는 기준문제와 더불어 하위분류의 항목이 과연 대분류의 기준과 일치하는가에 대한 의구심이 든다는 것이다. 근본적으로 '이시만선以詩瞞禪'과 '이선입시以禪入詩'라는 대분류를 보자면 이는 시를 짓는 과정에 따른 분류라고는 볼 수 있지만, 작품 그 자체의 분류로 보기에는 무리가 있다는 지적이다. 이

---

2 杜松柏, 앞의 책, p. 11.

른바 선과 시가 완전히 융합된 것을 가장 훌륭한 선시로 본다면, 이렇듯 각각 한쪽을 중심으로 하는 작품분류는 오히려 선시의 본령을 해치는 일이 될 수 있다는 것이다. 그런가 하면 하위분류의 기준 역시 주제나 소재 창작기준 등이 뒤섞이어 일정치 못하다는 것이다. 이를테면 시법시나 오도시, 선적시 등은 창작의 계기에 따른 분류이며, 선사시, 선전시는 소재에 따른 분류이며, 선기시, 선취시 등은 주제에 따른 분류여서, 분류체계의 일관성과 정연성이 부족하다는 것이다. 그리고 '선리시'의 경우에 있어서도 '시가 중심인가, 선이 중심인가' 하는 문제가 남는데, 이는 짓기에 따라 시가 주가 될 수도 있고 선이 주가 될 수도 있다는 것이다. 시를 짓는데 선리를 약간 원용했다면 시가 중심일 것이고, 선리를 나타내기 위해 시를 원용했다면 선이 중심이 된다는 것이다. 그 외에도 시법시와 선기시는 왜 선리시와 다른 계통이 되어야 하는지 등 여러 문제에 대해 의문을 제기하였다.[3]

실로 당송시대는 중국 시가문학의 황금시대이자 선학의 황금시대이기도 했다. 당대에는 시부詩賦에 의한 과거를 통해 진사를 선발했기 때문에 시는 벼슬길에 오르는 중요한 현실적 수단이었다. 이에 시인들은 한 수의 좋은 작품과 아름다운 시로 천하에 명성을 드날리기도 하였다. 바로 이 시기 종풍을 크게 떨치던 선종 선사들의 선어禪語와 선지禪旨를 시인들이 시에 대거 도입하여 선리禪理

---

3   李晉吳, 『韓國 佛教文學의 研究』, 民族社, 1997, pp. 46-47 참조.

와 선기禪機 등을 우회적으로 말하며 그 오묘한 뜻을 전하는 것이 크게 유행하였다. 이러한 영향을 받아 시에서도 언전言詮에 떨어지지 않는 상태에서 기경機境을 표현하는 방법이 크게 유행하였는데, 이것이 송고시頌古詩로 발전하여 시단에서 아예 새로운 별체別體를 형성하기에 이르렀다.[4]

두송백은 송고시란 "참선인이 깨달음을 얻어 자신의 가슴 속에 담겨진 경지를 펴고자 지은 게송"[5]으로서, "시의 형식을 빌어 선적禪的 의미를 덧붙여 선종의 종지를 나타내어 참선인을 가르치려는 데에 그 목적이 있다"[6]고 하였다. 그러나 말대로라면 참선인이 얻은 깨달음 자체를 과연 어떠한 근거와 기준으로 '선리禪理'와 '선기禪機', 혹은 '시법詩法'과 '시의詩義' 등으로 나누었는지에 대한 논리가 궁금하다. 이른바 각자覺者가 성취한 도(悟道)란 '무상정진도無上正眞道', '성정각成正覺'으로써 '본성本性', '일심一心' 그 자체라 할 수 있는데, 그 '깨달음' 자체에서 어떻게 그 깨달음의 기운만 취하거나 혹은 그 깨달음의 이치만을 빌리거나 한다는 것인지 이해하기 어렵다.

이업사李鄴嗣의 비유를 빌리자면 "시와 선은 본디 전혀 다른 속성을 가지고 있지만 이처럼 한 번 융합된 이후에는 마치 한 그릇에

---

4 杜松柏, 앞의 책, p. 12 참조.

5 같은 책, p. 16

6 같은 책, p. 16

물과 우유를 섞은 것처럼 하나가"[7] 된다. 마찬가지로 깨달음의 분상에서는 각覺과 불각不覺, 오悟와 미오未悟등이 모두 일심으로 섭수되어 그것을 따로 분리하기란 불가능한 것이다. 시와 선이 합치되어 완벽히 하나가 된 선시는 이른바 제3의 결과물인 '진리 그 자체'가 되었기 때문이다. 오도는 그 자체 완벽하고 완전한 세계의 드러남으로써 그 속에서 따로이 '선기禪機'니 '선리禪理'니 하는, 이른바 물과 우유를 다시 분리할 수는 없는 일이라는 것이다. 그런 의미에서 위와 같은 '기機'니, '리理'니, '취取'니 하는 분류는 매우 애매한 기법으로써 이러한 기준으로 '선'을 해체분석하고 분류하려는 자체에서부터 오류는 발견된다.

언급하였듯이 선시의 원형이라 할 수 있는 붓다의 오도송이나 조사들의 전법게 등에서 그야말로 '선의 이치' 혹은 '선의 기운', '선의 취의' 와 같은 것만을 따로 추출한다는 것은 불가능할뿐더러, 그렇게 자신의 선시를 구분하여 설명한 선사 역시 역사적으로 찾을 수 없었다. 따라서 기본적으로 시로서 선을 담는다던가, 선으로서 시에 입문한다던가 하는 식의 이분적 분류는 매우 이론적이며 추상적인 것으로 선시를 분류하는데 적절치 않다는 것이다.

주지하다시피 붓다 생존 당시부터 당송대에 이르기까지는 문맹이 대다수를 차지하여 일반서민들은 서책을 쉽게 대하기 어려웠다. 이때 귀족중심의 교학불교와는 달리 특별히 서민대중 속으로

---

7 같은 책, p. 11.

파고들어가 그들과 함께 하였던 중국선종에서 유독 게송류의 선시가 발달하였던 것은 게송이 선의 핵심을 간단하게 전하는데 매우 유용했기 때문이다. 인도 초기불교의 경전이 대다수 '송頌'으로 전해진 것과 같이, 깨달음의 경지를 일일이 문자로 남기는 대신 노래처럼 외우기 쉽고 전하기 쉬운 방편으로 법을 보인 것이 게송이며 선시이다. 이를테면 『금강경』의 중간과 말미에 사구게를 넣어 경 전체의 핵심을 게송으로 추린 것과 같은 의미가 있다는 것이다. 그러므로 게송이나 선시에서 '법'만을 따로 가린다거나 혹은 '시'만을 추린다던가 하는 식의 이분적 접근은 원론적으로 타당하지 않으며, 실제로 그러한 구분은 불가능하다. 따라서 그러한 선시 분류는 그 자체 매우 중요한 결함을 갖고 있다고 볼 수 있는 것이다.

박완식도 「선과 시」 역자후기에서 두송백의 분류는 지나치게 선과 시를 작위적으로 일치시키려는 나머지 선시의 원론을 매우 훼손시킨다고 지적하면서 "두송백은 선학과 시학에 관련한 여러 문제들을 밝혀 세계적으로 선시 연구의 기풍을 진작시킨 지대한 공로가 있지만, 그러나 시선일치詩禪—致에 치중한 나머지 그 변별성에 대해 미처 언급할 겨를이 없었던 것으로 보인다. 선학의 기취奇趣와 시학의 별취別趣가 같다는 이유에서 이의 구별을 분명하게 밝히지 않으면 시와 선의 한계와 구분이 모호하고 애매하여 선과 시의 본질을 잃게 될 것"[8]이라는 견해를 밝히고 있다.

---

8 같은 책, pp. 399-400.

이처럼 두송백의 분류체계를 선시 원형자체에 대한 순수한 분류법이라고 보기에는 어려움이 있다. 그럼에도 불구하고 어쨌거나 아직까지 우리나라에서 통용되고 있는 선시 분류법은 기본적으로 두송백의 분류체계에서 크게 벗어나지 못한 난제를 안고 있다.

두송백 이외의 분류법에도 여러 문제들이 발견된다. 먼저 일부 선시 분류체계에서 선시를 '선사의 시'와 '시인의 시'로 나누는 경우가 있는데 이 역시 적합지 않은 것으로 판단된다. 이미 언급한 바와 같이 '오도'란 결코 선사의 전유물이 아니다. 그러므로 선시의 작가는 승려든 시인이든 그 외형은 문제가 되지 않는다. 일례로 북송대의 최고의 시인 중 한 사람으로 꼽히는 소동파는 시 「남화사南華寺」에서 인간 존재의 본바탕 즉 일체의 사량 분별의식을 떠나 '무심無心', '자성自性'을 획득한 최상승의 경지를 완벽히 드러내었다. 이와 같이 제일의의 깨달음을 확철한 소동파의 선시는 선사들의 선시와 하등 차별할 수 없는 완벽한 선시라 할 수 있다. 그런가 하면 비록 출가 승려의 시라도 선의 핵심과 진리의 당체를 제대로 드러내지 못한 경우도 있다. 이럴 때에는 비록 작가가 선종의 승려라 하더라도 그의 시는 선시가 될 수 없는 것이다. 이렇듯 문제는 작가의 오도유무에 달려 있는 것이지 승려와 시인의 구분으로 말하기는 어렵다.

그리고 두번째로 선시의 내용적 구분으로 당연시되고 있는 이를테면 '산거시山居詩·산정시山情詩·회고시懷古詩·이별시離別詩·운수시雲水詩' 등등의 분류가 과연 적절한가 하는 것이다. 한 마디로 이러한 분류는 그야말로 선시에서는 전혀 의미 없는 세속 시문학적 분류로써, 도리어 이러한 분류를 통해 선시의 본령과 본질이 더욱 호도될 수 있다는 점에서 주목을 요한다. 이를테면 산에서 살 때 쓴 시가 산거시라면 그렇다며 도시에서 살며 쓴 선시는 도시시都市 詩가 되어야 한다는 것인지, 선시를 분류하는데 도대체 회고시나 이별시 등이 어떤 의미와 개념을 가진다는 건지, 참으로 우려를 금할 수 없다. 전술한 바와 같이 만약 이러한 분류법이 그대로 받아들여진다면 앞으로 명확한 '오도'의 체험 없이 다만 선적인 느낌과 배경 혹은 선불교적 용어나 감상만 차용한 경우의 시들도 선시로 치부될 가능성이 있음을 간과할 수 없다.

이상의 문제점을 숙지하며 본고에서는 선시본령에 입각한 최소한의 구분으로써 다음의 다섯 가지로 선시를 구분하고자 한다.

먼저 무상도無上道의 깨달음을 이룬 후 처음으로 법을 밝힌 시를 '개오시開悟詩'로 하여 선시란 근본적으로 오도에서부터 출발하고 있음을 전제하고자 한다. 두 번째로 붓다 이후 전통적으로 법을 전하던 방편으로 현재까지 선가에서 활용되는 전법게 즉 '전법시傳法詩'를 선시원형의 중요한 한 종류로 수용하고자 한다. 세 번째, 간화선의 대표적인 화두참구법을 시로 보인 '화두시話頭詩'를 선시에서만 발견할 수 있는 중요한 특징적 갈래로 구분하고자 한다. 네번째, 각자覺者의 그 마지막 '법의 보임'이라 할 수 있는 '열반시涅槃詩'를 '개오시'와 더불어 선시의 대표적 전형으로 구분하고자 한다. 그리고 마지막 다섯 번째로 세세한 소재나 주제 등에 상관없이 위의 네 종류의 선시를 제외한 모든 선시를 '격외시格外詩'로 통괄하여 불필요한 구분을 통한 선시이해의 오류를 최소화하고자 한다.

그러나 엄밀한 의미에서 보자면 한 편의 시가 개오시이면서도 내용상 전법시이자 격외시인 경우도 있는가 하면, 열반시가 곧 화두시이며 격외시가 되는 경우도 비일비재하다. 따라서 제시한 위의 분류법만으로 한 편의 선시를 제대로 구분하였다고는 단언할 수 없다. 따라서 논자가 제시한 분류 역시 편의상 구분일 뿐, 선시 그 자체의 본질을 살피는 온전한 발판으로 삼기는 어렵다.

차라리 '선시는 곧 오도시悟道詩'라는 한 마디로 선시를 정의하고 일반의 시와 구분하는 것이 더욱 타당할 터다. 그런 의미에서 본 분류 역시 선시의 본령을 어지럽힐 수 있다는 점을 인정하지 않을 수 없다. 그러나 이러한 난제에도 불구하고 본고에서 강조하고자 하는 것은 선시란 본질적으로 '깨달음'에 바탕하고 있다는 것과 '오도'야말로 선시의 존립근거이자 전부라는 것이다.

제시한 분류 역시 이러한 염두를 바탕으로 논의 상 '선적 방편'에 기반 한 최소한의 구분임을 밝힌다.

1. 오도시悟道詩 2. 전법시傳法詩 3. 화두시話頭詩 4. 격외시格外詩 5. 열반시涅槃詩

제시된 분류의 상세는 다음과 같다.

1. 개오시(오도시)는 기본적으로 깨달음을 성취한 자의 선시 중 오도 후 가장 처음으로 읊어진 시를 말한다. 선시의 가장 기본적인 조건인 '오도'는 깨달음을 얻은 자라면 누구라도 경험하는 필수적인 도정이다. 선(수행)의 목적은 오직 견성성불 하는데 있으며, 스스로의 자성自性을 보아 존재存在의 실상을 완벽히 철견하는 것이 오도다. 따라서 오도시는 한 인간이 도달한 최상승의 깨달음의 경지를 고스란히 드러내 보이는 할(喝)이자 사자후로써, 선시의 가장 완벽한 전형이라 할 수 있다.

2. 전법시는 선가에서 스승이나 선지식이 제자나 수행자들에게 그 깨달음을 인정하는 표식으로 내리는 게송을 말한다. 이렇게 제자의 '오도'를 인가해 주는 전법시는 스승의 깨달은바 경지가 그대로 드러날 수밖에 없다는 점에서 제2의 오도시라 할 만큼 중요한 의미를 가진다. 특히 법의 요체, 핵심만이 전해지는 게송으로서의 전법시는 선시에서만 특징적으로 찾을 수 있는 선시의 매우 중요한 전형이라 할 수 있다.

3. 화두시란 화두를 주제 내지 소재로 하여 읽는 이로 하여금 의단독로疑團獨露케 하여 궁극적으로 깨달음으로 이끌어주기 위해 시설된 선시를 말한다. 간화선수행에서 깨달음을 얻기 위해 필수적으로 뚫어야 하는 '화두'를 선시에서도 그대로 활용한 화두시는 그 자체 선수행적 의미를 가지는 선시만의 독보

적 형식이자 갈래라 할 수 있다.

4. 격외시란 세간의 척도로 고체화된 일체의 언어규정과 격식을 초월한 선시를 말한다. 언급하였듯이 오도한 자의 시란 본질적으로 모두 제일의第一義의 최상승의 도리, 깨달음의 세계를 읊고 있으므로 모든 선시는 곧 격외시라 할 수 있다. 이에 제시한 오도시, 전법시, 화두시, 열반시를 제외한 모든 선시를 격외시라 지칭한다.

5. 열반시란 말 그대로 선사가 열반(임종)시에 읊는 최후의 게송(선시)을 말한다. 새로운 삶의 시작인 개오시와 함께 한 선사의 마지막의 완성을 엄혹히 살필 수 있다는 점에서 열반시역시 선시의 무엇보다 중요한 본형이자 전형이라 하지 않을 수 없다.

Ⅲ

경허선의 이해

경허의 행장

한국 근대선近代禪의 중흥조라 일컬어지는 경허의 출생연대는
정확치 않다. 1931년 3월 한암중원이 찬술한 「선사경허화상행장
先師鏡虛和尙行狀」(이하, 「행장」)에는 경허의 출생연대가 정사년丁巳年
(1857) 4월 24일 출생, 임자년壬子年(1912) 4월 25일 입적, 세수 56세,
법납 48세로 기술되어 있다. 그러나 1943년 발간 만해 한용운이 찬
술한 『경허집』「약보」에서는 기유년己酉年(1849) 8월 24일 출생, 임
자년壬子年(1912) 4월 25일 입적, 세수 64세, 법납 56세로 기록되어
있어, 두 기록만으로도 8년의 차이를 보인다.

김지견金知見은 광무光武 4년(1900)에 경허 자신이 찬술한 「서용화
상행장瑞龍和尙行狀」에서 연광年光 55세라 밝히고 있다는 점에 근거
하여 그의 출생년이 병오년丙午年(1846)이 되어야 한다고 주장하였
다.[1] 그러나 최병헌崔柄憲은 "「서용화상행장」은 경허가 1900년 겨

---

1   金知見은 鏡虛 찬술의 「瑞龍和尙行狀」(1900)에서 "내가 光武 4년 겨울
    화전 용문사를 지나가는데 虎隱장로가 화상의 도행이 탁월함을 말하면

울에 찬술을 부탁받았으나 실제 탈고된 것은 1903년으로 추정됨으로써 만해 찬술의 「약보」에서의 출생년과 일치"[2]하며, 당시『경허집』이 출간될 당시 만해의 「약보」가 책머리에 실려 있었으므로 이에 대해서는 덕숭문중德崇門中의 검증을 충분히 거친 전승이라볼 수 있다고 하였다. 1932년 5월에 간행된『불교』제95호에서도 1849년 출생, 1912년 입적 연대설을 따르고 있다.[3] 본 고에서도『경허집』출간 당시 덕숭문중의 검증을 거친 것으로 추정되는 1949년 출생설을 따르기로 한다.

경허의 출가동기 및 행장에 관한 자세한 자료 역시 전하지 않는다. 다만 한암 찬술의 「행장」과 만해 찬술의 「약보」에 따르자면 경허의 출가 당시의 상황과 인물됨을 다음과 같이 간략할 수 있다.

서 나에게 행장을 지어서 후세에 전하기를 부탁하거늘 … (중략) … 내 나이 55세로서'"라고 한 서술을 근거로 경허의 생년은 1846년이라 주장하였다(金知見, 「鏡虛先師考」,『德崇禪學』1, 한국불교선학연구원 무불선원, 2000. p. 16).

2   崔柄憲, 「近代 禪宗의 復興과 鏡虛의 修禪結社」,『德崇禪學』1, 한국불교선학연구원 무불선원, 2000. p. 70.

3   이상의 입적 연대설을 정리하자면 다음과 같다.
    ① 漢巖 찬술 「先師鏡虛和尚行狀」, 1857년(철종 8) 丁巳 4월 24일 출생, 1912년 壬子 4월 25일 입적, 세수 56, 법납 48세; ② 萬海 찬술 「略譜」, 1949년(헌종 15) 己酉 8월 24일 출생, 1912년 壬子 4월 25일 입적, 세수 64세, 법납 56세; ③ 鏡虛찬술, 「瑞龍和尚行狀」(光武 4년 1900년 찬술), 1846년 헌종 12년 丙吾 출생. 1912년 입적.

경허의 성은 송씨宋氏, 속명은 동욱東旭이며, 아버지는 송두옥宋斗玉, 어머니는 밀양 박씨로 전주에서 태어났다. 일찍이 아버지를 여의고 9세에 어머니를 따라 경기도 광주군 청계사에서 계허스님을 은사로 출가하였다. 당시 마곡사에 출가한 속가의 형이 있었다. 이후 은사 계허의 추천으로 계룡산 동학사의 만화강백萬化講伯에게서 수학하여 일대시교一代時敎를 수료하고 23세에 동학사 강사가 되었다.

한암에 의하면 경허의 천성은 동학사 강원시절에서부터 형식이나 구속에서 벗어난 꾸밈없고 자유로운 성품의 소유자였다고 한다. 특별히 어렸을 때부터 글을 배우고 익히는데 비범하였는데, 글을 가르쳤던 선비가 감탄하여 "이 아이는 참으로 재주로다. 옛 사람이 이른바 천리를 달리는 말이 백락伯樂[4]을 만나지 못하고 피곤하게 소금 짐이나 끈다더니, 뒷날에 반드시 큰 그릇이 되어 모든 사람을 제도하리라"[5]며 놀라움을 금치 못했는가 하면, 동학사 일우강사 역시 "참으로 대승법기여서 너희들은 도저히 미칠 수 없다"[6] 하였다고 전하고 있다.

---

4 말을 잘 다루는 사람을 의미하는 말. 명마도 백락을 만나야 세상에 알려진다는 의미로, 사람도 그 재주를 알아주는 사람을 만나야 빛을 발한다는 뜻.

5 鏡虛 著, 『鏡虛集』, 앞의 책, p. 356.

6 위의 책, p. 357.

이상으로 볼 때 오도 이전부터 경허는 그 천성이 자유로웠을 뿐 아니라 영특함이 이미 범상치 않았음을 알 수 있다. 또한 유교와 노장학까지도 정통하였다는 한암의 서술과 내외전內外典을 모두 섭렵하여 정통하지 않은 것이 없어서 이름이 팔도에 떨쳤다는 만해의 기록에서, 경허는 불경 외에도 유학과 노장학에 이르기까지 두루 해박하게 섭렵하였음을 알 수 있다.

　그러나 동학사의 강사로서 명성을 날리던 31세, 경허는 인생의 대 반전을 맞이하게 된다. 그해 여름 경허는 지난 날 환속한 옛 은사 계허스님을 뵈러 길을 나섰다가 모진 폭풍우를 만나게 된다. 급히 몸을 피하려 마을 수십 가구를 가보았지만 아무도 돕기는커녕 경허를 내쫓았다. 그곳에는 이미 전염병이 크게 돌고 있었던 것이다. 당시의 상황을 한암의 「행장」에서는 다음과 같이 전하고 있다.

　화상이 그 말을 듣자 모골이 송연하고 심신이 아찔하여, 마치 죽음이 당장 임박한 것 같아 목숨이 참으로 호흡하는 사이에 달려 있고, 일체 세간의 일이 모두 꿈밖의 청산처럼 느껴졌다. 이에 스스로 생각하고 말하였다. "금생에 차라리 바보가 될지언정 문자에 구속되지 않겠다." 이렇게 말하고는 조사의 도道를 찾아 삼계三界를 벗어날 것을 발원하고, 평소 읽은바 공안公案을 헤아려보니 의리義理로써 배우던 습성 때문에 모두 알음알이가 생겨서 참구할 여지가 없고, 오직 영운선사께서 들어 보이신 '나귀의 일이 끝나지 않았는데 말의 일이 닥쳐왔다(驢事未去馬事到來)'는 화두는 알 수가 없어서, 마치 은산철

벽에 부딪친 듯하여 곧바로 '이것이 무슨 도리인가?' 하고 참구하였다.[7]

당시 천안 근처에는 악성 호열자(콜레라)가 만연되어 거리마다 시신이 널려있었다. 경허는 죽음을 목전에 둔 사람들의 참혹한 아비규환 속에서 생사의 절박함을 뼈저리게 깨닫게 된다. 이에 경허는 가던 길을 멈추고 곧바로 동학사로 되돌아와 강원을 철폐하곤 목숨을 건 용맹정진에 들어간다. 문을 폐쇄하고 좌정하여 전심專心으로 공안을 참구할 때 졸리면 송곳으로 허벅지를 찌르고 혹은 칼을 갈아 턱에 괴어 수마를 쫓으며 종일 순일 무잡하게 화두를 들었다. 그렇게 화두를 참구한지 3개월만인 11월 보름께 시중을 들던 사미승이 전하는, "어찌 소가 되기는 되어도 콧구멍 뚫을 곳이 없다고 이르지 않는고?"[8]라는 말에 단박에 활연대오豁然大悟하게 된다.

7   漢岩大宗師法語集編纂委員會, 『定本漢岩一鉢錄一上卷(法語篇)』, 漢岩門徒會, 1995. p. 456.

8   경허를 시봉하던 사미승의 부친이 여러 해 동안 좌선을 하여 깨달은 곳이 있었다고 한다. 어느 날 사미승의 사부가 사미승의 부친인 이처사의 집에서 담소하던 중에 처사가 말하기를 '중이 필경에는 소가 된다' 하였다. 그러자 그 스님이 말하기를 '중이 되어 마음을 밝히지 못하고 다만 신도의 시주만 받으면 반드시 소가 되어서 그 시주의 은혜를 갚게 된다.' 며 맞장구쳤다. 그러자 처사가 스님을 꾸짖어 이르기를, '어찌 소가 되기는 되어도 콧구멍 뚫을 곳이 없다고 이르지 않는고?'라고 하였다는 것이다. 이 뜻을 이해하지 못한 사미의 은사스님이 전하는 이처사의 '소가 콧

한암은 당시 경허의 확철대오 상황을 다음과 같이 기록하며 찬
탄하고 있다.

그 스님이 혼연히 가서 경허화상께 예를 갖추고 앉아서 이 처사의 말을 전하
는데, 소에 콧구멍이 없다는 말에 이르러서 화상의 안목眼目이 정히 열리면
서 옛 부처 나기 전 소식(古佛未生前)이 활연히 앞에 나타났다. 대지가 꺼지고
물질과 나를 함께 잊어서 곧바로 옛 사람의 크게 쉬어진 경지(깨달음)에 도달
하니, 백 천 가지 법문과 헤아릴 수 없는 묘한 이치가 당장에 얼음 녹듯 하고
기와 깨어지듯 하였다. 그 때가 고종 16년 기묘 동짓달 보름께였다. "마음 밖
에 다른 법이 없으니 눈에 가득히 눈과 달빛이요, 높은 산 흐르는 물 긴 소나
무 아래 여울지고, 기나긴 밤 맑은 하늘 아래 할 일이 없네"하니, 참으로 이른
바 이 도리는 너의 경계가 아니요, 도가 같은 사람이라야 비로소 알리라.[9]

그렇게 일대사를 이룬 경허는 이듬해 봄 속가 형님인 태허가 모
친을 모시고 있던 홍주 연암산 천장암天藏庵으로 보림保任에 들어
간다. 그리고 6월, 마침내 보림을 마치며 「오도가吾道歌」를 읊는다.
경허 깨달음 직후의 행적을 한암은 다음과 같이 기록하고 있다.
"드디어 방장실에 높이 누워 사람들의 출입에도 상관하지 않았다.
만화萬花강사가 들어와서 보아도 또한 누워서 일어나지 않으니 강

구멍이 없다'는 말에 화상이 문득 활연대오하였다(위의 책, p. 458).

9   같은 책, p. 458.

사가 물었다. '어찌 누워서 일어나지 않는고?' 화상이 대답하기를 '일이 없는 사람(無事人)은 본래 이러합니다'고 하니, 강사가 말없이 나갔다."[10] 그래서인지 경허는 다음해 천장암으로 옮겨 오후보림 悟後保任을 끝내고 고심 끝에 전법의 연원을 정리하여 밝힐 때에, 이미 입적한 용암혜언龍巖慧彦(1783-1841)화상의 법을 이은 것으로 하고 만화강사는 수업사受業師로 삼도록 함으로써 선禪의 법통法統에서 제외하였다. 이를 볼 때 만화강사는 경허에게 교학敎學을 가르쳐준 강사일 뿐 깨달음을 인가해줄 수 있는 전법사傳法師는 아니었음을 알 수 있다. 그러나 "한편으로 경허가 굳이 이미 입적한 용암의 사법嗣法을 자처하고 실제 교학을 배운 만화강사는 수업사로 삼아 선의 법통에서 제외한 것은, 이미 끊어진 종승宗乘의 전통을 회복함으로써 새로이 선등禪燈을 밝히겠다는 선의 부흥자로서의 사명의식이 있었기 때문"[11]으로 볼 수도 있다.

당시 선가의 법통은 단절된 지 오래여서 경허의 깨달음을 점검해줄 선지식은 어디에도 없었다. 이러한 상황을 누구보다 안타깝게 여긴 선자가 바로 경허였다. 이에 경허는 "내가 비록 도가 충실하지 못하고 자성을 점검하지 못하였으나 일생동안 향한 바는 기어이 한 도리의 진리를 분명히 밝히는데 있었거늘, 이제 늙은지라 뒷날 나의 제자는 마땅히 나로써 용암장로에게 법을 이어 그 도통

---

10 같은 책, p. 459.

11 崔柄憲, 「近代 禪宗의 復興과 鏡虛의 修禪結社」, 앞의 책, pp. 72-74 참고.

道通의 연원을 정리하고 만화상사로서 나의 수업사受業師를 삼음이 옳도다"[12] 하였다. 이에 한암은 법통의 연원을 정리하라는 경허의 당부를 받아 「행장」에서 다음과 같은 법계를 제시한다.

이제 화상의 유교遺敎를 받들어 법의 원류를 거슬러 올라간즉, 화상은 용암 혜언을 잇고, 혜언은 금허법첨을 잇고, 법첨을 율봉청고를 잇고, 청고는 청 봉거안을 잇고, 거안은 호암체정을 잇고, 청허는 편양에게 전하고, 편양은 풍담에게 전하고, 풍담은 월담에게 전하고, 월담은 환성에게 전하니, 경허화 상은 청허에게 12세손이 되고 환성에게 7세손이 된다.[13]

제시된 법계를 정리하자면, 청허淸虛-편양鞭羊-풍담楓潭-월담月潭 -환성喚醒-호암虎嚴-청봉靑峰-율봉栗峰-금허錦虛-용암龍巖-경허鏡虛가 되어, 경허는 청허휴정淸虛休靜의 11세손, 환성지안喚醒志安의 7세손 이 된다. 그러나 「행장」에서 대수 계산의 1대 착오가 있었음이 발 견되는데, 법계 자체의 사실성 여부는 큰 의미가 없다고 본다.[14] 경

---

12 위의 글, p. 460.

13 같은 글, p. 461.

14 성타는 "제시된 법계는 만해의 「略譜」에서도 청허의 12세손, 환성의 7세 손으로 같은 내용을 전하고 있다. 그러나 현재 德崇門中에서는 용암과 경허 사이에 永月奉律과 萬化普善을 추가하여 경허는 청허의 13세손, 환성의 9세 법손으로 적시하고 있다"(性陀, 「鏡虛의 禪思想」, 崇山朴吉眞博士

허의 이러한 선등禪燈 계승의 염원과 의지는 직접 찬술한 「취은화
상행장取隱和尙行狀」과 「서용화상행장」 두 편에서도 적시하고 있는
데,[15] 이를 통해 경허가 당시 끊어진 선맥을 되살려 선풍을 진작시
키기 위해 얼마나 노력하였는가를 짐작할 수 있다.

華甲紀念論叢 『韓國佛敎思想史』, 원광대학교, 1975, p. 1108 참조)고 지적하였다.
그러나 최병헌은 "법계 자체의 중요성보다는 그동안 단절된 禪脈을 부
흥시키려는 경허의 염원과 의지에 주목을 요할 것"(崔柄憲, 같은 글, p. 75)
이라 하여, 법계자체의 필요성에 대해 고심할 수밖에 없었던 당시 경허
의 선 부흥에 관한 강인한 열정과 현실적인 입장에 주목하였다.

15 "取隱화상(1816-1899)은 법을 超隱義有를 이었고, 초은은 淵月以俊에게
이었다. 浮休는 壁庵에 전하고, 벽암은 翠微에 전하고, 취미는 栢庵에 전
하고, 백암은 無用에 전하고, 무용은 影海에 전하고, 영해는 楓巖에 전하
고, 풍암은 碧潭에 전하고, 벽담은 詠月에 전하고, 영월은 樂坡에 전하고,
낙파는 淵月에게 전하니, 화상은 浮休의 12세손이요, 저 太古의 17세손
이다(和尙 嗣超隱義有 超隱嗣淵月以俊 而浮休傳之碧庵 碧庵傳之翠微 翠微傳之栢庵
栢庵傳之無用 無用傳之影海 影海傳之楓巖 楓巖傳之碧潭 碧潭傳之詠月 詠月傳之樂坡
和尙於浮休爲十二代孫也)"(「取隱和尙行狀」, 『韓佛全』 11, p. 613c); "그 법맥을 거
슬러 올라가 보면 晦菴은 寒菴에 전하고, 한암은 秋波에 전하고, 추파는
鏡菴에 전하고, 경암은 中菴에 전하고, 중암은 騎羊에게 전하였다. 晦庵
은 葆光의 법을 잇고, 보광은 慕雲의 법을 잇고, 벽암은 浮休의 법을 잇
고, 부휴는 芙蓉의 법을 이었으니, 화상은 芙蓉의 11세손이 된다(溯其法脈
晦庵傳之寒菴 寒菴傳之秋波 秋波傳之鏡庵 鏡庵傳之中庵 中庵傳之騎羊 而晦庵 嗣于
葆光 葆光嗣于慕雲 慕雲嗣于碧庵 碧菴嗣于浮休 浮休嗣于芙蓉 和尙於芙蓉 爲十一代
孫也)"(「瑞龍和和尙行狀」, 『韓佛全』 11, p. 612c).

한편 1879년 대오 이후 20년간의 호서지방에서의 경허의 활동 상황과 행적 역시 구체적으로 전해주는 자료는 현재 없다. 다만 한암의 「행장」에서 "오랫동안 호서에서 20여 년을 주석하시니 서산의 개심사와 부석사, 홍주의 천장암은 모두 계시면서 도를 연마하신 곳이다"[16]라고 언급한 부분과, 만해 「약보」의 "그 뒤로 20여 년간 홍주의 천장암과 서산의 개심사와 부석사 등지로 왕래하며 때로는 마음을 고요히 묵상하며 때로는 사람을 위하여 설교하면서 선풍禪風을 크게 떨치다"[17]라는 두 부분이 전부다. 두 내용을 종합하면 경허의 활동무대는 주로 홍주의 천장암과 서산의 개심사와 부석사를 중심으로 한 호서지방의 여러 사찰이었던 것으로 보인다.

그러나 만해가 「약보」에서 언급한 것처럼 과연 이 시기에 경허가 호서에서 '선풍을 크게 떨쳤는지'에 대해서는 약간의 의문이 제기된다. 이를테면 경허 찬술의 「취은화상행장」에서 "내가 호서에 묻혀서 그렁저렁 게으르게 지낸지 어언 20여 년이었다"[18]는 회고 외에도, 서문 「범어사총섭방함록서梵魚寺總攝芳啣錄序」에서의 "내가 성글고 게을러서 세상에서 쓸모가 없고 또한 병약해서 호서에 칩

---

16 漢岩大宗師法語集編纂委員會, 앞의 책, p. 461.

17 鏡虛 著, 『鏡虛集』, 앞의 책, p. 373.

18 『鏡虛集』(『韓佛全』 11, p. 613a). "余廢棄湖西 以養病懶 二十有餘年."

거하던 중에"[19] 라는 서술과, 「함께 정혜를 닦아 도솔천에 나며 성
불하기 위한 결사문(結同修定慧同生兜率結同修定慧同生兜率同成佛果稧社
文)」에서 "내가 지난 기묘년 겨울에 계룡산 조사당에 있으면서 조
사활구祖師活句를 참구하다가 홀연히 뜻을 얻은 곳이 있었다. 뜻이
맞는 이들과 함께 공부할 생각이 있었으나 그 때에 유행병이 그치
지 않았고 마음의 의지도 또한 굳세지 못하여 여유 있게 노닐며 속
에만 쌓아두고 어촌과 주막으로 방랑하며 또는 그으윽한 시냇물과
깊은 숲을 찾아 쉬며 마음 놓고 잊어버렸다…(중략)…그럭저럭 20
년이 흘렀다"[20]는 자서로 유추해 볼 때, 호서에서의 기간은 선풍을
크게 떨쳤던 시기'라기 보다는 '유유자적한 무애행無礙行의 시기'였
던 것으로 보는 것이 보다 적절하리라 본다.

　기실 이 시기의 경허는 지나치게 거리낌 없는 무애행으로 당시
일부 사람들의 의심과 비방을 초래했는데,[21] 이와 같은 행에 대해

19　鏡虛 著,『鏡虛集』, 앞의 책, p. 103.

20　『鏡虛集』(『韓佛全』 11, p. 603b). "若此哉 余去己卯冬 在鷄龍山東鶴祖堂 參
　　祖門活句 忽有得意處 有與同志 共之之思 時風痾未瘳 心志且劣 遂以優
　　遊停蓄 放曠於漁村酒肆 憩歇于幽潤邃林 適然自忘矣…(중략)…于今二十
　　年於此矣."

21　이능화는 1918년 『朝鮮佛教通史』에서 경허에 대해 다음과 같이 평했다.
　　"근세 禪界에 경허화상이라고 하는 사람이 있다. 홍주의 천장암에서 자
　　취를 시작하여 송광사, 선암사, 청암사, 해인사, 통도사, 범어사 및 풍악
　　산의 여러 사찰들을 편력하며 자못 선풍을 드날렸다.…(중략)…세상 사

한암은 「행장」에서 불이문不二門을 증득한 초탈방광함이라 못 박았다. 어쨌거나 당시 경허에 대한 세간의 비방이 적지 않았다는 것과 그로인해 곤혹스러웠을 한암의 입장이 짐작된다.

화상의 오도悟道와 교화인연은 실로 위에 말한 바와 같거니와, 만약 그 행리行履를 논할 것 같으면 장신거구에 지기志氣는 과강果强하고, 음성은 큰 종소리와 같으며 무애변을 갖추었고, 팔풍八風을 대함에 산과 같이 부동해서 행할 만할 때엔 행하고 그쳐야 할 때는 그쳐서 다른 사람의 영향을 받지 않았다. 음식을 자유로이 하고 성색에 구애 받지 않아서 호호탕탕하게 유희하여 사람들의 의심과 비방을 초래하였으니, 이는 광대한 마음으로 불이문不二門을 증득하여 자재 초탈 방광함이 저 이통현 장자의 종도자宗道者류와 같아서

<hr>

람들은 말하기를 경허 화상이 辯才가 있었으며 그 설법하는 바도 옛 조사를 넘어서지 않았다고 한다. 비록 그러하나 성품이 호탕하여 삼가고 단속하는 것이 없어 사음과 살생을 범함에 이르러서도 개의치 않았다. 세상에 선을 한다고 하는 사람들이 다투어 서로 이를 본받고 있다. 심지어 미친 사람처럼 말하며, 음주와 식육도 보리(깨달음)에 걸림이 없다고 하고, 도적질을 행하고 사음을 행하는 일이 반야를 이루는데 방해가 되지 않는다고 하며, 이를 일러 大乘禪이라 운운한다. 그 계행이 없이 잘못을 가리고 꾸미기 위해 외람되이 이와 같이 한다. 대개 이러한 잘못된 풍습은 참으로 경허스님이 잘못된 풍조를 만든 데서부터 비롯되었다. 총림에서 이를 지적하여 魔說이라고 하였다"(이능화 편, 동국대학교 불교문화연구원 조선불교통사역주편찬위원회 편찬, 『역주 조선불교통사 6-하편 이백품제(三)』, 동국대학교출판부, 2010, p. 350).

인가, 아니면 시대를 만나지 못한 것을 분개하여 몸을 하열한 곳에 감추어서 낮은 것으로써 스스로를 기르고 도로써 스스로 즐거움을 삼은 까닭인가. 홍곡鴻鵠이 아니면 홍곡의 뜻을 알기 어렵나니, 크게 깨달은 경지가 아니라면 어찌 능히 소절小節에 구애를 받지 않을 수가 있겠는가.[22]

한암의 지적처럼 경허의 무애행은 최상승의 불이문을 증득한 경지에서 이루어지는 본래면목의 자유자재함이라 볼 수 있다. 이에 대해 경허는 "계율에는 대승계와 소승계가 있으며, 이理와 사事가 있으며, 지음과 지음 없는 것이 있는"[23] 것과 같은 차이라 설명하고 있다.

부처님이 일대장교를 설하시어 오계와 십선의 법으로써 인천人天에 나게 하고, 고집멸도苦集滅道의 사제법四諦法으로써 아라한과를 증득하게 하며, 무명無明·행行등 십이인연법으로서 연각과 벽지불과를 증득하게 하고, 사홍서원과 육바라밀법으로서 보살도를 행하며 권교權敎의 보살은 아승지겁을 지나면서 사홍서원과 육바라밀을 행하되, 십신十信·십주十住·십행十行·십회향十回向의 과위果位를 지나도 오히려 묘도를 통달하지 못하였기 때문에 아직도 유위법有爲法을 보고 희유하다는 생각을 하며 무상법無相法을 들으면 망연하여

---

22 漢岩大宗師法語集編纂委員會, 앞의 책, p. 466.

23 『鏡虛集』(『韓佛全』11, p. 593c). "且戒有大小 有理與事 有作與無作."

어쩔 줄을 모른다.[24]

　내용을 정리하자면, 아무리 사제법과 십이연기법과 사홍서원과
육바라밀법으로 보살도를 행하여도, 혹은 십신·십주·십생·십회향
의 과위에 오른다 하더라도 이는 다 '유위에 속하는 법'이라는 것이
다. 이 상태에서는 무상의 묘도에 이르지 못했기 때문에 제일의第
一義의 무상도리법無相道理法을 이해하기는 어렵다는 것이다. 마치
근기가 낮은 자가 「금강경」의 내용을 듣고는 놀라고 망연해하는
것처럼, '무위법無爲法' 즉 '이계理戒, 무작계無作戒'의 묘법에 통달하
지 못한 자는 무상법을 이해하지 못한다는 것이다.
　마음에 일체의 집착과 탐욕이 없으며 끊을 마음조차 없는 선사
는 일체 그 무엇에도 걸릴 바 없다. "마음에는 다른 마음이 없어 탐
욕과 음욕도 끊을 것도 없기에 선지식의 목우행牧牛行의 81가지와
불행佛行·범행梵行으로부터 살생·도둑질·음행·음주 등이 있어도 도
의 눈이 분명하면 걸릴 바가 없다."[25]

---

24 『鏡虛集』(『韓佛全』 11, p. 592a). "佛說一代藏教 以伍戒十善法 使之生人天
　以苦集滅度 四諦法 使之證阿羅漢果 以無明行等 十二因緣法 使之證緣覺
　辟支果 以四弘願 六波羅蜜法 使之行菩薩道 而有權教菩薩者 歷阿僧祇劫
　行四弘願六波羅蜜 位過十信十住十行十廻向 尚未達妙道 見有爲則心生
　希有 聽無相則茫然自失."

25 『鏡虛集』(『韓佛全』 11, p. 593b). "心無異心 不斷貪淫故 善知識牧牛 有
　八十一行 自佛行梵行 乃至有殺盜婬酒等行 而道眼明白 亦無所礙."

그런데도 이러한 경지는 이해하지 못한 채, 눈에 보이는 색상色
相의 잣대만으로 경허를 비방하려는 것은 "예전에 소승의 계율을
익히면 이들이 선사를 비방하나, 마치 범아제비가 수레바퀴를 막
으려 함이요 뱁새가 대붕을 비웃음과 같으니 말할 거리도 되지 못
하는"[26] 격이 아닐 수 없다.

그러나 법맥은 끊어지고 선풍이 쇠잔한 당시에 경허의 무애행
은 어쨌든 여러 논란을 일으켰던 것으로 보인다. 이에 경허 호서
20년간의 행적에 대해서는 만해 「약보」에서처럼 '선풍을 크게 날
렸다'던가, 혹은 이능화가 지적한 '마설魔設과 막행막식'이란 비방
모두 올바른 평가라 볼 수 없으며, '경허의 선지禪志는 따르되 그
행行은 본받지 말라'고 한 한암의 경책이 그 중 가장 적절하다고[27]

---

26 『鏡虛集』(『韓佛全』11, pp. 593b-c). "古有習小乘戒律者 皆誹謗禪師 而如螳
　　螂捍轍 斥鷃笑鵬 置之莫論."

27 한암은 「行狀」에서, "아! 출가한 사람들이 모두 화상과 같이 용맹정진하
　　고 활보하여서 大事를 판명하고 법의 등불과 등불을 상속하여 계승한다
　　면, 구산선문의 융성한 교화와 16국사의 법통 계승이 어찌 옛날에만 있
　　었던 것이랴! 특별히 융성한 교화와 법통을 계승하였을 뿐 아니라, 또한
　　일체중생으로 하여금 根本智인 광명종자를 영원히 저 오탁세계에 단절
　　되지 않게 하심이니, 어찌 깊은 신심으로 티끌세상을 받드는 일이 부처
　　님 은혜에 보답함이 아니겠는가. 내가 그래서 향을 사르고 깊이 비는 바
　　이다. 그러나 후대의 학인들이 화상의 法化를 배우는 것은 옳으나 화상
　　의 행리를 배우는 것은 옳지 못하니 사람들이 믿어서 이해할 수가 없기
　　때문이다"(漢岩大宗師法語集編纂委員會, 앞의 책, p. 468)라고 적시하여, 경허

보아진다.[28]

한편 이 시기에 경허는 수월음관水月音觀(1855-1928), 만공월면滿空月面(1871-1946), 혜월혜명慧月慧明(1861-1937) 등의 걸출한 사법제자를 얻었다.[29]

의 법화와 행리는 분명히 구별하여 따를 것을 권했다.

28 그러나 경허 무애행의 논란은 아직까지도 잠재워지지 않고 있다. 윤창화는 2012년 『불교평론』 가을호에서 경허 무애행은 한국불교를 병들게 하였으며, 경허의 삼수갑산행도 다분히 염세적이며 은둔적이 성격이 짙다고 주장하였다. 이와 같이 경허에 대한 논란은 늘 끊이지 않은 채 경허행에 대한 功과 過는 극명히 갈리고 있다. 그러나 일부 경허행에 대한 문제를 경허 깨달음 전체로 연결시켜 그 경지를 폄하고 훼찬하려 하는 것은, 그야말로 빈대 잡겠다고 초가삼간 태우는 격에 다름 아니라고 본다. 한마디로 경허행에 대한 유무죄의 결정은 자타공히 경허보다 높은 경지의 깨달음을 이룬 각자覺者만이 내릴 수 있다고 본다. 다만 교단적으로 혹은 사회 통념적으로 필요하다면 일부행에 대한 장단점은 가려 지킬 것은 지키고 버릴 것은 버려야 할 것이다. 바로 이것이 이미 한암이 진즉 타이른 바, 우리들이 가져야 할 슬기로움일 것이다.

29 「行狀」에서 한암은 경허의 법제자로 다음의 4인을 거론하고 있다. "법을 받은 제자가 네 사람이니, 枕雲玄住는 영남 표충사에서 道를 펴다가 범어사에서 설법 후 임종게를 쓰고 입적하였으며, 慧月慧明과 滿空月面 두 선백은 어릴 때부터 모시고 화상의 종지를 얻어서 각각 걸출한 사표가 되어 찾아오는 이들을 제접하여 교화를 크게 떨치었고, 나는 비록 불민하지만 일찍부터 친견하여 玄旨를 들었으나 더욱 선사를 존중하는 이유는, 나를 위하여 설파해 주지 않으셨기 때문에 감히 法恩은 저버릴 수

호서 20년 침체기에 비해 1899년 해인사로 이석한 이후 5년간의 행적은 법문, 기문, 영찬, 서문 등의 많은 기록으로 남아있다. 「행장」에 따르면 "기해년 가을에 영남 가야산 해인사로 옮기시니, 때는 고종 광무 3년이라 칙지가 있어서 장경을 인출印出하고 또한 수선사修禪社를 건립하여 마음을 닦고자 하는 이들을 거주하게 하시니, 대중들이 모두 화상을 추대하여 종주宗主로 모셨다"[30]고 되어 있다.

해인사 이석 이후 5년간의 행적을 간략하자면 다음과 같다.

경허가 해인사로 이석하게 된 단초는 1898년 범어사 주지 오성월吳惺月과 해인사 주지 김남천金南泉의 초청에 의해서였다.[31] 이 시기 경허는 범어사에 영남 최초의 선원禪院을 개설한 뒤 의욕적으로 납자들을 제접하며 경허 일생에 있어서 가장 활발발한 선풍을 진작하였다.

1899년 합천 해인사의 조실로 주석하였다. 이 해 고종의 칙명으로 추진하는 대장경 간행불사를 증명하며 수선사 창설법주로 추대 받았다.

없으니 이렇게 해서 넷이 된다"(위의 책, pp. 465-466). 수월, 만공, 혜월은 호서에 머물 때 제자로 들었으나, 한암중원은 1899년 경허가 해인사의 조실로 주석할 당시 해인사 말사인 금릉군 청암사에서 제접하였다.

30 같은 책, p. 461.

31 이들은 뒷날 송만공, 백용성, 김석두, 강도봉, 한용운 등 禪僧들과 함께 일본 조동종과의 합병을 추진하려는 조선불교 圓宗 종정 李晦光에 반대 운동을 전개하며, 선을 중흥시키며 민족의 혼을 되살리기 위해 '조선불교선학원본부'를 창건한 주역들이었다.

1900년 송광사에 주석하여 이후 송광사를 비롯한 천은사, 화엄사, 실상사, 태안사, 송계암 등 호남에도 선원을 창설하였다. 같은 해 여름에는 영남 대성사, 윤필암, 동화사, 파계사에도 선원을 창설하였다.

1902년 범어사에서 『선문촬요禪門撮要』를 편찬하였다. 이해 가을 범어사 금강암과 마하사에서 나한전 개분불사를 증명하였다.

1903년 해인사 조실로 취임하였다.

1904년 해인사 인경불사印經佛事를 매듭지었다. 오대산 월정사에서 대방광불화엄경법회大方廣佛華嚴經法會에서 법문하였다. 이 후 1904년에서 1905년 오대산, 금강산을 두루 돌아 석왕사 오백나한전 개분불사에서 증명한 것을 끝으로 1906년 승단에서 자취를 감춘다. 이상 해인사 시절 5년간의 경허 행적을 간략하자면, 1899년 가을 해인사에서 수선사 창립, 1900년 여러 사찰의 선풍 진작, 활발한 법문과 저술활동이 있었다.[32]

---

32 다음은 경허의 저술 중에서 修禪結社에 관한 내용을 연도별로 정리한 것이다(崔柄憲, 「近代 禪宗의 復興과 鏡虛의 修禪結社」, 앞의 책, p. 88 인용).

　1. 陜川郡伽倻山海印寺修禪社創建記(1899년 9월 하순)

　2. 海印寺修禪社芳銜引(1899년 10월)

　3. 結同修定慧同生兜率同成佛果禊社文(1899년 11월 11일)

　4. 華嚴寺上院庵復設禪室定完規文(1900년 12월 상순)

　5. 梵魚寺鷄鳴庵修禪社芳銜淸規(1902년 10월 15일)

　6. 梵魚寺鷄鳴庵創建記(1903년 3월 하순)

이 시기 경허 행적 중 수선결사修禪結社 추진은 조선시대 희미해진 선풍을 진작시키고 제방의 정법正法의 바람을 일으켰다는 점에서 매우 중요한 것으로 평가된다. 경허의 수선결사는 선禪과 교敎의 회통이라는 한국불교의 고유한 전통속에서 정법안장正法眼藏을 중히 하면서도 승속을 불문한 선의 대중화에 기여하였다는 점에서 그 의의는 크다 할 것이다.

경허 수선결사의 또 다른 미덕은 정혜쌍수定慧雙修를 주로 하되, 미륵사상 등 당시 유행하던 수행법을 가미하여 일반 사부대중들과 함께 하고자 했다는 데 있다. 다음은 「함께 정혜를 닦아 도솔천에 나며 성불하기 위한 결사문(結同修定慧同生兜率同成佛果禊社文)」에서 경허가 정의한 수선결사의 의의다.

그 동맹의 약속은 무엇인가. 함께 정혜를 닦고 함께 도솔천에 나며 세세생생에 도반이 되어, 필경에는 함께 정각을 이루며 도력이 먼저 성취되는 이가 있으면 따라오지 못한 이를 이끌어 주기로 서약하며, 이러한 맹세를 어기지 말자는 것이다. 만일 견해가 같고 행동을 같이하려는 이가 있으면 승속과 남녀노소와 현우귀천을 묻지 않으며, 또한 친하거나 성글거나 떠났거나 합했거나 멀고 가깝고 후배거나를 묻지 않고 모두 동참하기를 허락하였으니, 왜 그런가 하면 사람마다 한량없는 보배창고가 있어서 부처와 다름없거늘, 다

---

7. 東萊郡金井山梵魚寺鷄鳴庵創設禪社(1903년 3월 하순)
8. 梵魚寺設禪社契誼序

만 여러 겁을 지내면서 선지식의 바른 지도를 만나지 못하고 삼계에 벗어나

지 못하고 사생에 부침浮沈하기 때문이다.[33]

경허가 제시한 수선결사의 주목적은 삿된 견해와 알음알이를
떠나 공성법계空性法界의 성품을 단박 깨달아 정법안장과 열반묘
심을 증득하는 것이지만, 그 외에도 각기 수행하는 자의 능력에 따
라 정토나 도솔 왕생 등의 원력에 의지하여서라도 다 함께 도를 이
루자는 것이다. 이는 사람들의 근기에 따른 배려와 자비심[34]으로,

---

33 『鏡虛集』(『韓佛全』 11, pp. 603b-c). "其所以同盟之約 何也 以同修定慧 同生
兜率 世世同爲道伴 究竟同成正覺 如有道力先成者 誓引其未逮 不違所盟
者也 若有同見同行之人 不問僧俗男女老少 賢愚貴賤 亦不問親疎離 合遠
近先後 皆許參入 所以然者 人人皆有無量寶藏 與佛無殊 秖是歷劫不逢善
友 開示匍匐三界 奔汨四生."

34 경허는 결사문에서 "착한 마음은 人天에 태어나며 악한 마음은 아귀와
지옥으로 간다 하지만, 이 조사의 활구법문은 본래의 소식을 알아차리는
것이다. 저 大寂光 도량에 安身立命하여 삼라만물을 거두어 보면 청정한
불국토가 아님이 없이, 모두가 海印三昧로다. 그러나 수승한 근기는 조사
활구를 잡아끊어 단박에 견성할 수 있지만, 하열한 근기는 단번에 이룰
수 없기 때문에 옛사람이 이르기를, '죽순이 마침내는 대가 되지만 당장
에 뗏목을 만들려 하면 어떻게 되겠는가' 하였으니, 하열한 근기는 오래
도록 익혀야 필경에는 돌아갈 곳을 얻는다"(『鏡虛集』 11, pp. 602b-c. "夫善念
成人天 惡心形鬼獄 而此祖庭之活句法門 卽得覰破古佛未生前 安身立命於大寂光道場
拈來森羅物物 無非淨佛國土 皆是海印三昧 其有機勝者 一超直入 把斷要津 安邦定國

당시 시대적 상황[35]을 직시한 경허의 아뇩다라삼먁삼보리 정신의 발로[36]라 할 수 있다.

豈有其他哉 然若機下者 未能頓成 故古人云 箏畢竟成竹去 如今作筏使得麼 則機下者 久習畢竟得入故")고 하여, 중생들 각기 근기에 따른 여타의 수행법들을 모두 아우르며 다 함께 도를 이루고자 하였음을 알 수 있다.

35 경허가 활동하던 당시 성행했던 민간신앙은 彌陀淨土에의 왕생을 바라는 他力 淨土信仰이었다. 淨業은 元의 지배 아래 들었던 고려 후반기부터 극도로 성행하여 조선조에 들어서는 禪宗에서도 이를 수용하기에 이른다. 특히 조선 후기에 오면 수많은 念佛普勸의 문헌이 등장하며 극락왕생을 바라는 萬日念佛會 등이 부지기수로 조직되기에 이른다. 경허가 궁극적으로 뜻하는 바는 당시의 절망적인 불교계의 의식을 일깨워 自力成佛의 혁신적인 사상운동을 전개하려는 것이었지만 당시의 상황에서 순수한 정혜결사만을 들고 나오기는 힘들었을 것으로 보인다. 그런 입장에서 서방정토에 왕생하면 지상에 다시 還來하여 중생을 제도한다는 彌陀淨土보다는, 중생 欲界에 속해있을 뿐 아니라 미륵보살과 함께 龍華會上에 下生하여 성불제도 한다는 뜻이 크게 부각된 彌勒兜率 신앙을 경허가 택한 것은 어쩌면 당시 시대적 상황에서 당연한 결과였는지 모른다(高翊晋, 「鏡虛堂 惺牛의 兜率易生論과 그 時代的 意義」, 『韓國彌勒思想研究』, 동국대출판부, 1987, p. 415 참조).

36 경허는 "일정한 법이 없음을 곧 아뇩다라삼먁삼보리라 이름 한다"(『鏡虛集』 11, p. 606b. "故經云 無有定法 名阿耨多羅三藐三菩提")고 정의하였다. 그리고 그 아뇩다라삼먁삼보리의 마음을 곧 '大道無門 千差有路'의 마음이라 하여, 근기의 높고 낮음을 떠나 모든 사람들이 결사에 동참하여 다 함께 도를 이루기를 간절히 바랬다.

경허의 수선결사는 보조지눌의 영향을 깊이 받은 것으로 보인다. 경허의 결사취지와 보조의 결사취지가 정혜定慧로서 맥을 함께 한다는 것과 경허자신이 편집한『선문촬요』에 보조의 저술이 대거 편입된 사실, 그리고 결사 참여대상에 대한 대단히 개방적인 태도 및 하근기 대중들을 위해 점수漸修를 포용한 면에서 그러한 영향이 짐작된다.[37]

이 해인사 시절 5년 동안 경허는 그 어느 시기보다 많은 저서를 남겼는데,『경허집』에서 시를 제외한 다수의 글들이 바로 이 시기에 지어졌다. 이러한 면은 호서에서의 20여 년 동안과 승단을 떠나 열반하기까지의 8년 동안 주로 시만을 남긴 것과 분명히 대조된

---

37 경허의 결사취지를 '同結修定慧 同生兜率 同成佛果'라 한다면, 보조의 결사취지 '同結正因 同修定慧 同修行願 同生佛地 同證菩提'에서 내용상 상당히 유사성을 보인다. 定慧를 닦는 것을 주로 하는 점에서는 완전히 일치하며, 결사를 사부대중과 함께 하려는 취지도 공통점으로써 경허가 지눌의 영향을 강하게 받았던 점은 여러 곳에서 확인된다. 특히 지눌의 저술을 중시하여 곳곳에서 인용하고 있으며,『禪門撮要』에 지눌의 저술을 편입한 것도 그러한 영향의 결과로 볼 수 있다(崔柄憲, 앞의 글, p. 90 참조). 한편『선문촬요』21장 중, 과거의 부처와 조사는 물론 달마의「血脈論」,「觀心論」등과「般若心經」을 다루고 있기는 하지만 그 중에서 보조의 저술로 제13장「修心訣」, 제14장「眞心直說」, 제15장「定慧結社文」, 제16장「圓頓成佛論」, 제17장「간화결의론」등을 넣어, 보조의 중요한 저술의 대부분을 경허가 인용하였다(崔東鎬,「경허의 선적 계보와 화두의 시적 해석」,『德崇禪學』1, 한국불교선학연구원 무불선원, 2000. p. 107 참조).

다. 수선결사와 관련된 글들 외에 이 시기에 찬술된 법어法語·서문
序文·기문記文·서간書簡·행장行狀과 영찬影讚·가歌등을 도표로 정리
하면 다음과 같다.

〈도표1〉 1989~1904년간의 경허집필 목록

분류	제목
法語	泥牛吼 一塵話 與藤菴和尙 答話 示法界堂 贈承華上人 於馬亭嶺與樵童問答 與朴太平問答 示衆 與法子滿空 중노릇하는 법
序文	梵魚寺鷄鳴庵修禪社芳銜淸規 梵魚寺設禪社契誼序 海印寺修禪社芳銜引 正法眼藏序 華嚴寺上院庵復設禪室定完規文 結同修定慧同生兜率同成佛果稧社文 南原泉隱寺佛糧序 德裕山松溪庵回祿後成造勸善文 喪布稧序
記文	陜川郡伽倻山海印寺修禪社創建記 梵魚寺鷄鳴庵創建記 東萊郡金井山梵魚寺鷄鳴庵創設禪社記 梵魚寺金剛庵七星閣創建記 桐裏山泰安寺萬日會梵鍾檀那芳銜記
書簡	上張上舍金石頭書 上慈庵居士書 上金碩士張上舍書 寄贈無二書
行狀	瑞龍和尙行狀 取隱和尙行狀

影贊	錦雨和尙影贊 茵峯和尙影贊 大淵和尙影贊 歸庵和尙影贊 古庵和尙影贊金峯 和尙影贊 東谷和尙影贊
歌	參禪曲 可歌可吟 법문곡

살펴본 바와 같이 해인사 시절 5년 동안은 경허 일생의 저술활동에서 가장 활발했던 시기였음을 알 수 있다.

이후 경허는 1904년 만공, 한암에게 법을 부촉한 뒤에 갑자기 불교계를 완전히 떠난다. 당시 불교 내 상황은 일제의 후원을 업고 불교계를 장악한 이회광 등 친일 사판승事判僧들과 해인사 주최 측 선사들과의 갈등이 점점 심화되던 때였다. 그리고 결국 이들의 압력으로 수선결사가 중단되고 경허의 은퇴를 강요하는 분위기가 조성되어 갔던 것으로 보인다.[38] 이후 경허는 범어사와 서산 천장암 등을 거쳐 1905년 오대산 월정사에서 삼 개월 동안 『화엄경』법문을 한 뒤, 1906년 안변 석왕사 나한전 개금불사 증명을 끝으로 삼수갑산으로 홀연히 떠난다.

이후 삼수三水·갑산甲山·장진長津 등을 떠돌다 강계군 종남면 담여淡如 김탁의 집에 머문다. 선비 박난주朴蘭洲 혹은 유발거사 박진사

---

38 경허가 수선결사를 중단하고 불교계를 떠난 지 얼마 되지 않아 해인사에 이회광이 주지로 취임하였다.

朴進士로 이름 없는 시골 훈장생활을 하며 관서와 관북 일대는 물론 국경을 넘어 만주지방을 비승비속非僧非俗의 차림으로 떠돈다. 이때 많은 은자隱者나 선비들과 더불어 시정주화詩情酒話에 젖어 지낸 것으로 추측되는데, 경허가 교류한 인사로 보이는 김담여金淡如, 김윤종金允種, 이여성李汝盛 등의 이름들이 말년의 선시에서 보인다.

환속 후의 상황을 한암은 "화상께서 머리를 기르고 선비의 옷차림을 하고 갑산, 강계 등지로 내왕하면서 혹은 시골 서당에서 훈장도 하며 혹은 시장거리에서 술잔도 기울이기도 하셨다"[39]고 전하였으며, 만해는 "세상을 피하고 이름을 숨기고자 갑산·강계 등지로 자취를 감추고, 스스로 호를 난주라 하고 머리를 기르고 선비의 관을 쓰고 바라문으로 변신하여, 만행두타萬行頭陀로써 진흙에도 들고 물에도 들어가서 인연 따라 교화하셨다"[40]고 기술하고 있다. 그러나 당시 경허의 행적을 과연 만해의 표현처럼 바라문으로 변신하여 대중을 교화한 것으로 보아야 할지에 대해서는 의문이다. 왜냐하면 경허가 대중을 교화한 흔적을 마땅히 찾을 수 없으며, 차라리 무애자재한 도인의 유유자적한 삶의 편린들이 그의 선시에서 다수 발견되기 때문이다.

그리고 1912년 4월 25일 갑산 옹이방 도하동 서재에서 4행의 열

39 漢岩大宗師法語集編纂委員會, 앞의 책, p. 464.

40 鏡虛 著, 『鏡虛集』, 앞의 책, p. 371. "其後 絶欲避世 逃名潛跡於甲山 江界 等地 自號蘭洲 以長髮儒冠 現婆羅門身 萬行頭陀 入泥入水 隨緣行化."

반게송과 일원상을 남기고 경허는 입적하였다.⁴¹ 경허 입적 다음해
인 1913년 만공, 혜월이 난덕산으로 법구를 봉안하여 다비하였다.

---

41 「行狀」에 기술된 경허 입적 당시의 상황은 다음과 같다. "그 동네 노인
들에게 들으니, 화상께서 하루는 울밑에 앉아 학동들이 풀 뽑는 것을 구
경하시다가 홀연히 누워 일어나지 못하며 말하기를 '내가 매우 피곤하
구나.' 하시니, 사람들이 부축하여 방안으로 모셨으나 드시지도 않고 말
씀도 없고 신음도 하지 않고 다리를 펴고 누웠다가 그 이튿날 해 뜰 무
렵 홀연히 일어나 앉아 붓을 잡아 게송을 쓰시고…(중략)…끝에다 一圓
相을 그려놓고 붓을 던지고 나서 오른쪽으로 누워 암연히 遷化하시니,
때는 임자년 4월 25일이었고 우리가 예를 갖추어 어느 산에 장사를 지
냈다'고 하였다"(漢岩大宗師法語集編纂委員會, 앞의 책, pp. 464-465).

조선후기 불교계 상황

　조선왕조 성립이후부터 근대 개항기에 이르기까지 불교는 숭유억불 정책에 의한 지속적인 탄압을 벗어나지 못했다. 유교 성리학을 정치근간으로 사회적 경제적 기반을 세운 태조 이성계는 도첩제를 강화하여 출가를 억제하는 등 전국 사찰의 규모를 대폭 축소할 준비를 하였다. 태종에 이르자 본격적으로 대대적인 탄압이 시작되어 전국 70개 주요 사찰을 제외하곤 모든 절의 토지와 노비가 몰수당하였다. 10만 명에 이르는 사찰 노비들을 양인으로 만들어 조세와 부역을 지움으로서 조선의 봉건지배 계급은 재정적 기반을 확고히 하였던 반면, 수만 결의 사찰토지를 잃으면서 불교세력은 급속히 약화되었다. 도첩제를 더욱 강화한 태종은 도첩이 없는 승려는 강제 환속시켰다. 그리고 당시 11개 종파였던 불교종파를 7개로 통폐합하고 나머지 사찰은 거의 없앴다. 이 시기 왕사王師·국사國師제도가 폐지되었으며, 기우제 등 왕실에서 관례적으로 행해지던 불교의식도 사라졌다.

　태종에 이어 철저한 숭유억불 정책을 폈던 세종은 그나마 명맥

을 유지하던 7개의 종파 중에서 조계종曹溪宗·천태종天台宗·총남종
摠南宗은 선종禪宗으로, 화엄종華嚴宗·자은종慈恩宗(法相宗)·중신종中神
宗(中道宗)·시흥종始興宗(涅槃宗)은 교종敎宗으로 통폐합하고 사찰수도
36군데만 남겨 선·교 양종에 귀속시켰다. 이때 승직을 관활하던 관
청인 승록사도 폐지되었다. 잠시 불교를 숭상하던 세조대에는 간
경도감刊經都監을 두어 불경 번역과 간행사업 등을 하며 불교를 옹
호하였으나 성종 대에 이르자 다시 혹독한 억불정책이 시작되었
다. 사림파士林波를 대거 등용하며 『경국대전經國大典』을 반포한 성
종은 도성 안의 염불소를 금지하고 무당과 더불어 승려들을 성 밖
으로 쫓아내었다.[1]

연산군 대에 들어서는 더욱 혹독한 불교탄압이 이어져 원각사
를 기방妓房으로 만들고 여승을 관청의 노비로 만드는가 하면, 선
종 본산인 흥천사와 교종 본산인 흥덕사를 마굿간이나 궁녀방으
로 썼다. 도성 안의 사찰은 모두 폐쇄하여 관청으로 만들었다. 이
시기 선·교 양종 본산은 경기도 과천 청계사에 이름만 걸게 되었
다. 중종 역시 연산군의 뒤를 이어 사림파 유학자들을 대거 등용하

---

1 1492년에는 아예 도첩제를 폐지하여 원천적으로 승려가 되는 길을 차
단하였다. 성종대의 강력한 불교 억압정책으로 인해 그때까지 나름대로
개인적으로 지켜오던 불교식 장례나 제사법도 사라져 갔다. 이때부터
초상이나 기제사를 모두 유교식 예법에 따르게 되었고 일부 하층민들만
이 불교식 예법을 따랐다.

면서 철저한 성리학의 지도이념에 따른 도학정치를 실시하였다. 중종은 원각사를 헐어 그 재목을 연산군 때 집이 헐린 사람들에게 나누어주었으며, 사찰의 종이나 불상을 부수어 무기를 만들게 하였다. 또한 도첩이 없는 승려들을 각종 토목공사에 동원하였다.[2]

섭정 문정왕후의 비호 아래 잠시 불교가 부흥한 명종 대에는 승과가 부활되고 도첩을 받을 수 있었다. 이때 선종의 본산을 봉은사奉恩寺로, 교종의 본산을 봉선사奉先寺로 지정함으로써 선교 양종체제를 다시 확립하였다. 그러나 15년간의 불교부흥의 노력은 문정왕후의 죽음으로 좌절되고, 이후 불교에 대한 훈구파 및 사림파의 더욱 거센 반격이 시작되어 1566년에는 선교 양종과 승과제도가 다시 폐지되고 승려출가 자체도 금지되었다.

이러한 탄압에도 불구하고 1592년 선조 25년에 임진왜란이 발발하자 억압받던 승려들은 민중과 더불어 구국항쟁에 나섰다. 이때 승병 휴정休靜(1520-1604)·유정惟政(1544-1610)·영규靈圭(?-1592)·조헌趙憲(1544-1592)·처영處英(?-?) 등이 맹활약하였다. 인조는 각성覺性(1574-

---

2 1535년 충청도 稅米 운반선의 안전을 위한 대안반도 운하공사에 연인원 3,000명을 동원하였고, 1537년 소원반도 운하공사에 연인원 5,000명을 동원하였다. 누구든지 이러한 토목공사에 몇 달씩 부역해야만 승려 호패를 주었다. 나중에는 호패가 없는 승려들은 강제 환속시키고 호패가 있는 승려들도 언제나 국가 토목공사에 종사하도록 했다(정의행, 『한국불교통사』, 한마당, 1991, pp. 305-306 참조).

1659)을 8도 도총섭에 임명하며 승군을 제도화하였다.[3] 숙종 대에 이르자 황해·강원·경기 일원에서 일어난 미륵신앙인들의 봉기에 많은 수의 승려들이 합류하였다.

영·정조대에 들어서는 이전 시기와는 달리 적어도 호국불교나 왕실기복적인 불교세력에 대해서는 호의적인 배려를 베풀었다. 영조는 휴정과 유정을 모신 표충사에 공역을 면제해주고 영규(?-1592)와 칠백의총에 제사를 지냈다. 정조는 수원에 용주사를 짓고 승려 보경을 도총섭으로 삼아 주석시켰다. 그러나 정권에 도전적인 불교세력[4]에 대해서는 여전히 폭압을 가하였다.

---

3 그러나 다른 한편으로 인조는 여전히 승려들은 산성축성과 수비, 궁궐건축과 수리, 왕실무덤조성 따위의 부역에 강제 동원시켰다. 평양성을 재건할 때 동원된 강원·황해도·충청도 수 백 여명의 승군에게는 양식까지 스스로 부담하라 하며 승려들의 노동력을 지속적으로 착취하였다.

4 1728년 영조 4년, 조정은 집권 노론세력에 항거하여 일어난 소론파 이인좌의 무장반란에 연류된 쌍계사 승려들을 처단하였다. 이 때 지리산 승려 大有는 승려 출신 술사 宋賀와 함께 쌍계사와 연곡사를 거점으로 지리산의 산적 수천 명을 모아, 태백산, 덕유산, 변산 일대의 명화적들과 손잡고 이인좌의 반란에 가담하려 했다. 이 때 탄압받던 민중들 사이에서 사라지지 않고 전해오던 미륵신앙이 무장봉기 이념으로 스며들었다. 1763년에는 황해도의 미륵 신앙자들이 처형되었다. 1785년, 정조 9년에는 함흥, 삼수, 갑산, 회령, 경원 등지의 절과 무당에 의탁한 거사들이 미륵세상을 목표로 무장봉기를 꾀하다 발각되었다. 미륵신앙은 19세기에 이르러 정감록의 혁명적 예언과 더불어 농민들의 투쟁을 더욱 부

살펴본 바와 같이 조선왕조 창건당시부터 경허 대에 이르기까지 조선시대 불교는 그야말로 참혹한 억압과 박해 속에서 그 맥을 근근이 이어왔다고 할 수 있다. 17세기 말부터 찾아온 변혁의 시기에도 노비, 농민과 더불어 승려들은 봉건지배계급의 온갖 착취에 시달렸으며, 18·19세기 일부 왕실의 불교보호책에도 불구하고 지배계급의 사찰에 대한 수탈은 여전히 조직적으로 이루어졌다.

그런 와중에도 세종 때까지는 오랜 불교숭상의 풍습은 사라지지 않아 사대부들도 집안의 복을 위해 재를 올리거나 불교식으로 장례를 지냈다. 그런가 하면 도첩제를 폐지하여 아예 승려가 되는 길을 차단한 가혹한 중종의 억불정책에도 승려수는 늘어났는

추겼다. 1811에서 1812년에 관서농민전쟁(홍경래의 난), 1813년 백동원·이회식·백태진의 무장봉기와 제주도 양제해의 봉기, 1819년 박형서·정상채의 모의, 1850년대의 유홍렴의 구월산 봉기, 1867년 明火賊을 조직하여 양반부호나 관가를 털어 재물을 빈민에게 나누어준 승려출신 김수길과 승려 순성의 일종의 의적활동 및 1869년 정덕기·윤내형의 광양봉기, 1870년대의 지리산·영해·문경 봉기 및 남조선왕국 모의와 영해·문경의 연쇄적 농민봉기 등이 이 시기에 끊이지 않고 일어났다. 이러한 봉기에는 미륵사상이나 승려가 개입하는 등 어떠한 형식으로든 모두 불교가 연관되어 있다. 갑오농민전쟁 시에도 봉기 전야에 많은 승려들이 참가하였으며, 공주 패전 이후 초포·논호·은진 등지에서 벌어진 전봉준 휘하 농민군의 투쟁에 호응하여 일어난 진산지방의 봉기에 僧將이 활약한 사실 등으로 보더라도, 민중 불교적 승려들이 농민전쟁 전반에 다수 참가한 것으로 보인다(정의행, 앞의 책, pp. 366-372 참조).

데, 봉건지배계급의 가혹한 수탈에 쫓긴 양민들이 사찰을 최후의 피난처로 삼았기 때문이었다. 이렇게 사찰은 착취당하는 민중들과 깊은 이해관계를 가지게 되었으며 그로 인해 많은 절들이 봉기와 의적의 근거지가 되기도 하였다. 그러나 날이 갈수록 불교의 정법正法은 극도로 쇠약해져서 여러 기복신앙들이 그 자리를 대신했다. 19세기에 들어 실학의 영향을 받은 불교계에도 약간의 변화를 가지는 듯하였지만 민중을 옹호하는 실천적 운동으로는 발전하지 못했다.

경허가 생존하던 당시는 조선왕조가 서서히 몰락하여 종국에는 한일합방이란 민족적 비애를 맞아야 했던 격동기였다.[5] 흔히 체제가 붕괴되는 격동기에 병리 현상이 나타나듯 19세기 말 20세기 초기의 사회상은 사회전반의 말기적 불안이 고조되던 시기였다. 국가 기강은 무너져 가렴주구는 극에 달했으며, 계층 간의 갈등이 심화되며 사회전반의 무질서는 팽배했다. 더욱이 오랜 세월에 걸쳐 핍박을 받아 교세가 극히 침체되었던 불교교단은 기껏 절을 수호하고 보존하는 데 급급한 나머지 불교 본래의 사명인 교화나 사회

---

5 조선이 근대화로 접어든 시기라 할 수 있는 19세기에는 '제너럴셔먼호 사건', '오페르트 도굴사건', '신미양요', '병인양요' 등 외세의 개항요구가 빗발쳤다. 1862년 삼남의 대규모 농민봉기, 1876년 강화도 조약, 1894년 갑오개혁 등이 계속되면서 안동김씨와 대원군의 세력이 실추되고 1910년 일제강점기가 시작된다.

활동과 같은 중생구제에는 아예 손길을 돌릴 겨를을 갖지 못했으며, 당연히 참되게 수행하는 모습도 찾아보기 힘든 실정이었다. 단지 의례적인 예식이나 기복에만 의존한 형식적 불교로 변질되었다.[6]

이 시기에 선禪을 존숭하는 승려는 매우 극소수였는데, 당시 이 같은 불교계 상황을 만해는 다음과 같이 전하고 있다.

「조선불교유신론朝鮮佛教維新論」: 최근 조선의 사찰은 외로운 암자나 쇠잔한 절을 제외하고는 절치고 선실이 거의 없는 곳이 없는 형편이니, 어찌나 그리도 선의 풍조가 만연하고 있는 것이겠는가. 그러나 자세히 그 내용을 살펴보면 반드시 모두가 선의 본의에서 나온 것이라고는 할 수 없다. 혹은 선실로 절의 명예의 도구를 삼기도 하고, 혹은 선실로 이익을 낚는 도구로 삼는 곳도 있어서, 이런 종류의 것이 함부로 나오는 데 따라 선실이 차차 많아지는 것과는 반대로, 진정한 선객이 아주 희귀한 현상을 빚어냈다.[7]

만해에 의하면 당시 불교계의 상황이란 선수행의 가풍은 사라지고 염불이나 독경 등에 의지하거나 아예 그도 저도 아닌 비승적

---

6   불교신문사 편, 「鏡虛禪師-傳燈법맥 이은 近代禪의 중흥조」, 『한국불교인물사상사』, 민족사, 1990, p. 400.

7   韓龍雲, 「朝鮮佛教維新論」, 『現代韓國의 佛教思想』, 韓種萬 編, 1988, 한길사, p. 43.

非僧的 태도의 승려가 판을 치고 있었다는 것이다. 혹 선방에서 수행하는 승려라 할지라도 그 수행의 내용이라는 게 정법正法에 충실치 않은 경우가 대부분이었다는 것이다. 비록 하류下流 승려들의 생활만을 기록하여 다소 과장된 면모가 있다 치더라도 당시 불교계의 상황이 얼마나 곤란하였는지는 가늠할 수 있다. 이러한 처지에서 1896년 개항이 되었고, 개항을 틈 타 일본의 각 종파불교들이 경쟁적으로 진출하여 한국불교를 장악하려던 때가 바로 경허가 활동하던 시대였다. 1921년에는 일제의 불교정책과 친일화 된 불교계에 반발하며 선학원운동禪學院運動이 일어났는데, 그 주역을 담당한 승려들이 대부분 경허와 밀접한 관계가 있었던 선승들이었다.[8]

이 시기 법어사·해인사와 경허의 관계를 고려할 때 주목되는 인

8 이후 1921년 일제의 불교정책과 철저히 친일화 된 불교계에 반발하며 일어난 禪學院運動에 경허와 관련된 인물들이 다수 차지하고 있다. 그 주역을 담당한 승려들은 申慧月, 宋滿空, 方漢巖을 비롯하여 金南泉, 鳴惺月, 白龍城, 康道峯 등이었다. 그 중 方漢巖, 申慧月, 宋滿空, 田水月 등 4인은 경허의 사법제자들이며, 金鸞山과 金南泉도 경허 문하에서 禪學을 수업한 적이 있는 제자들이었으며, 그 밖에 白龍城은 수월에게 참학하고 혜월, 만공과 함께 禪機를 연마한 法友였다. 이를 보면 이능화가 경허의 禪을 魔說이라고 비난하였음에도 불구하고 이후 경허의 제자들에 의하여 경허가 새로 부활시킨 禪脈이 일제시대 禪學院을 중심으로 맥을 잇고 있다. 따라서 禪의 부흥과 진작은 분명히 경허의 禪風에 연원하고 있음을 확인할 수 있다(崔柄憲, 같은 글, p. 69 참조).

물은 전술한 바와 같이 오성월과 김남천이다. 오도 이후 20여년을 호서지방에서 머물던 경허가 1898년 비로소 범어사의 초청을 받아 영남지방으로 가 이후 1904년까지 범어사와 해인사를 중심무대로 선원을 개설하고 수선사를 창건하는 등의 활약을 하게 되는데 이런 활약의 배후에는 1900년 전후 범어사 주지였던 오성월과 해인사 주지였던 김남천 등 두 선승禪僧 사찰 주지의 협력이 있었기에 가능했던 것으로 보인다.

이렇듯 경허 당시의 사회상은 혼란과 피폐 속에서 한 치 앞도 알 수 없는 격변의 말기적 상황이었으며, 불교계 역시 오랜 핍박과 학대 속에서 정법안장의 체體와 선禪의 종지는 아주 사라진 암흑의 시대였다.

IV

경허선의 요체

불법의 혜명은 사라지고 온갖 기복형태의 신앙이 난무하던 구한말 격변의 상황에서 혜성처럼 등장한 선사가 경허다. 경허는 풍전등화 같은 구한말상황에서 당시 의지할 곳 없이 고통에 허덕이던 중생을 저버리지 않고 사부대중과 함께 선의 이념을 실현하였다. 수행자들을 위해서는 영호남에 선원을 창설하는가 하면 사부대중과 함께 수선결사를 봉행함으로써 불교계에 큰 정법의 불씨를 불러일으켰던 것이다. 스스로의 경지는 최상승선에 있으면서도 중하근기의 아녀자나 일반 대중들에게까지 하등 차별 없이 선과 불법을 권하고 가르쳐준 경허의 행화는 중도불이中道不二의 깨달음이 현실 속에서 온전히 발현된 자비행이 아닐 수 없다. 그런가 하면 1906년 갑자기 불교계를 떠나 이후 다시는 종적을 드러내지 않았는데, 여러 이견에도 불구하고 이 시기야말로 승속불이僧俗不二의 도道가 현실 속에서 곧바로 구현된 그야말로 경허 무애행無碍行의 마지막 실현으로 볼 수 있다. 이와 같은 경허의 선사상과 선관禪觀은 그의 선시에서도 고스란히 드러나고 있는데, 바로 그러한 이유로 경허 선시의 올바른 이해란 곧 경허 선사상의 이해도에 달려 있다 할 것이다.

이에 본 장에서는 경허의 선시를 '선禪'의 관점으로 이해하기 위한 전제 작업으로서 경허선사상의 요체를 '정혜쌍수定慧雙修와 간화선看話禪 수행', '반야공관般若空觀'에 입각한 진속불이眞俗不二의 도道', '즉사이진卽事而眞으로서의 무사인無事人의 삶'의 세 가지로 도출하여 그 핵심적 내용을 살피고자 한다.

정혜쌍수定慧雙修와 간화선看話禪 수행

정혜쌍수와 간화선 수행은 경허 선법禪法의 핵심적 요체에 해당한다. 경허의 간화선은 선종의 전형적인 화두 참구법으로서 조사선祖師禪[1]과 같은 뿌리를 둔 수행법이다. 『경허집』에 따르면 "내가 지난 기묘년 겨울에 계룡산 조사당에 있으면서 조사활구祖師活句를 참구하다가 홀연히 뜻을 얻은 곳이 있었다"[2]고 자서하고 있다. 이

---

1 教外別傳 · 不立文字를 표방하는 조사선은 언어와 문자에 의하지 않고 以心傳心으로 직접 스승으로부터 제자에게로 깨우침을 전하는 禪法을 지향한다. 현전 자료상 조사선이란 용어를 최초로 사용한 인물은 仰山慧寂(803-887)으로 최초 순수선의 등장 300여년 후의 일이다. 조사선에 상대되는 如來禪이란 표현도 荷澤神會(670-762)에 이르러 나타나고 있는데 이 역시 달마이후 200년경의 일이다. 이를 볼 때 이전에는 여래선이나 조사선이란 구분 자체가 없었음을 알 수 있다. 조사선은 馬祖道一과 石頭希遷(700-790)을 거치며 전성기를 맞는다.

2 『鏡虛集』(『韓佛全』 11, p. 603b). "余去己卯冬 在鷄龍山東鶴祖堂 參祖門活句 忽有得意處."

를 미루어 보아 경허는 조사의 관문을 타파하는 조사활구법으로 '일초직입여래지一超直入如來地'의 깨달음에 이른 것을 알 수 있다.

경허는 『경허집』 전반에서 후학들에게 살활자재한 간화선법을 강력히 권하고 있다. 간화선법은 특정 공안에 전의식을 집중하여 더 이상 나아갈 수 없는 의식의 한계점까지 이르러 그곳에서 마침내 자신의 전 존재를 놓아버림으로써[百尺竿頭 進一步], 모든 사유와 사량을 단번에 척결하며 얻어지는 견성 즉 개오開悟를 목표로 하는 돈오頓悟법이다. 일찍이 간화선수행에서 집중대상인 공안에 대해 원오극근圓悟克勤(1063-1135)은 자의字義에 따라 사량하고 분별하는 해석적 사유내지 일체의 의미와 논리가 붙지 못하는 '직절直截의 일구一句'로서의 공안을 '활구活句'라 칭했다.[3] 이와 같은 활구를 통해 전심전력으로 생사관生死關를 타파함으로써 일대사를 완전히 해결하도록 독려하는 간화선은 무엇보다 수행주체의 자발성을 중시한다.

대의심, 대분심, 대신심의 간화삼요看話三要는 간화선 수행의 필수적 요소로 거론된다. 경허는 「계차청심법문契此淸心法門」에서 무

---

3 선종에서 말하는 活句란 그 말이 가진 일반적 의미 곧 기표와 기의를 모두 넘어서 있는 어구로서, 언어문자 이전의 다만 그것의 眞精神을 직접 드러내는 도구로 활용되는 어구를 의미한다. 요컨대 이론이나 이치를 통하지 않고 사람의 안목을 곧바로 열어주는 화두는 활구이며, 그 의미가 이론적으로는 해석되지만 본질적으로 사람의 안목을 열어주지는 못하는 화두는 사구다.

상無常한 인생에 대한 올바른 자각으로부터 대신근大信根이 발함을 다음과 같이 밝히고 있다.

> 대저 우리의 한 세상 삶이란 건장한 청년기가 오래 가지 않고 머물지 않아, 마치 달리는 말과 같고 풀끝의 이슬 같고, 지는 해와 같으니, 무상이 빠름을 말함이다.[4]

달리는 말과 같이 잠시도 멈추지 않고 변하는 무상한 삶과 그로 인한 고통의 자각이야말로 세상을 바로 보는 법이다. 그리고 바로 이러한 정견正見을 바탕으로 정법正法에 대한 간절한 믿음과 발심은 형성된다. 그리고 그 믿음은 단순한 믿음으로 끝나지 않고 구경의 깨달음에 이르지 못한 자신에 대한 분심憤心으로 연결된다. 무릇 부처와 역대조사들처럼 왜 생사의 고통을 끝내지 못하고 아직도 끝없는 윤회 속에서 부랑해야 하는지에 대한 깊은 자책과 반성이 대분심大憤心으로 발함으로써 간요삼요는 갖춰지게 되는 것이다.

「함께 정혜를 닦아 도솔천에 나며 성불하기 위한 결사문」에서 경허는 다음과 같은 분심으로 결사에 임할 것을 권한다.

---

4 鏡虛 著,『鏡虛集』, 앞의 책, pp. 39-40. "夫人生一世也 壯色不停 如奈馬 如 草露如西光 無常迅速之謂也."

사람마다 한량없는 보배창고가 있어서 부처와 다름없거늘, 다만 여러 겁을 지내면서 선지식의 바른 지도를 만나지 못하고 삼계에 벗어나지 못하고 사생에 부침浮沈하는 것이다. 그 뿐 아니라 미혹한 머리로 괴로워하면서, 곤궁한 사람이 고향을 떠나 윤회하며 정처 없이 떠돌아다니다가 숱한 고생을 겪으며 하룻밤에도 만 번이나 죽는 고통을 겪을 적에, 매양 한 생각에 심장이 찢어질 듯이 아프며 저도 모르게 짧은 탄식과 긴 한숨이 나오느니, 어찌 여기서 벗어나기를 바라지 않겠는가.[5]

이러한 대분심으로 대의정大疑情이 발하여 화두공부는 시작되고, 그 화두를 타파함으로써 간화선은 끝을 보게 된다. 이른바 바른 믿음은 바른 분심憤心을 생生하고 바른 분심은 다시 바른 의정으로 촉발되는, 간화수행의 선순환이 여기에서 이루어지는 것이다.

감화삼요 중에 가장 중요한 수행 핵심은 의정(疑)이다. 의심은 본질적이고 전면적인 문제를 직접 맞닥뜨리게 한다. 경허 역시 의심[의정] 그 자체인 화두를 가장 중시하며, 화두타파의 중요성과 그 방법에 대해 「등암화상에게 주다(與藤菴和尙)」과 「참선곡參禪曲」 등

---

5 『鏡虛集』(『韓佛全』 11, p. 603c). "人人皆有無量寶藏 與佛無殊 秖是歷劫不
   逢善友 開示匍匐三界 奔汩四生 不啻如演若之迷頭 窮子之離鄕 輪廻飄梗
   備受許多艱辛 至於一日夜 萬生死 每一念之痛裂心腑 不覺短嘆長吁 豈可
   例之茶飯 不求出離哉."

『경허집』곳곳에서 자세하게 설하였다.[6] 경허가 설한 화두참구법
의 핵심은 행주좌와行住坐臥 언제 어디서나 한 순간도 화두를 놓지
말고 지극하고 면밀하게 온 마음을 다해 신실히 궁구하라는 것이
다. 그리고 화두탐구를 위한 내적 힘을 기르기 위해서는 선정禪定
의 힘을 익혀야 하는데, 선정의 힘으로 의정을 염념불망念念不忘 간
절히 상속부단相續不斷하여 그 마음을 시종여일 맑고 고요히 하다

---

6 「與藤菴和尙」,『鏡虛集』(『韓佛全』11, p. 594b). "옷 입고 밥 먹고 대소변을
　보거나 시봉하고 남을 가르치거나, 경을 읽고 손님을 맞이하고 보내거
　나 내지 머물고 앉고 누울 때나, 어느 때 어느 곳에서나 빛을 돌이켜 비
　추어 보고, 이 화두를 들어오고 들고 가며 의심해 가며, 살펴서 다시 관
　하고 갈고 다시 닦아서 세간의 온갖 번뇌와 사량 분별의 마음을 다시 無
　자 위에 돌이켜 놓는다.…(중략)…다만 화두를 드는 데 가장 긴요한 것은
　정신을 집중시키되 너무 저급히도 하지 말며 너무 늦추지도 말고, 깨어
　살피고 고요히 하고 면밀히 하고 면밀히 하여, 호흡을 평범히 하며 주리
　고 배부름을 평균하게 하며 눈에다 정기를 두고 척추는 꼿꼿이 세운다
　(着衣喫飯 屙屎放尿 侍奉敎導 看讀迎送 乃至行住坐臥 一切時處 廻光返照 擧來擧去
　疑來疑去 察而復觀 磨而復研 將思量世間塵勞之心 回來抵在無字上…(중략)…但提撕
　話頭爲妙 最是蘊素精神 不矗急 不惰緩 惺惺寂寂 密密綿綿 氣息如常 飢飽準平 眼目自
　好精彩 脊樑不妨豎起)";「參禪曲」,『鏡虛集』(『韓佛全』11, p. 631a-b). "千里萬里
　단여오고 許多한 神通妙用 分明한 내의 마음 어떠케 생겼난고. 疑心하고
　疑心하되 고양이가 쥐잡듯이 주린 사람 밥 찾듯이 목마른 이 물 찾듯이,
　六七十 늙은 寡婦子息을 일흔 후에 子息 생각 간절틋이 생각생각 잊지
　말고 깊이 궁구하여 가되, 一念萬年 되게 하야 廢寢忘 할 지경에 大惡하
　기 각갑도다."

보면 종국엔 조사의 관문이 뚫어져 마음길이 끊어진 오묘한 깨달음을 얻게 된다는 것이다. 이렇듯 극복되어야 할 내적 심리작용을 오롯이 화두라는 의심으로 응집시켜 그 의심을 타파함으로써 일체 의혹을 자각하는 것이 간화선이다.

특별히 경허는 화두를 참구할 시에 일심불란一心不亂토록 정혜定慧를 균등히 할 것과 깨어 반조返照할 것을 요구하고 있는데, 이는 마조도일馬祖道一(709-788) 등 선종 초기 조사선자들에서 보이는 수행관과 크게 다르지 않다. 반조는 자신에게 내재한 지혜의 빛으로 밖의 대상이 아닌 자기 자신을 돌이켜 비추는 회광반조回光返照로써 특히 조사선자들이 자성自性을 찾는 방편으로 매우 중시하였다.[7] 경허 역시 여러 곳에서 반조의 중요성을 역설하고 있는데, 『

---

7 마조계 선사들의 禪觀은 이전 선사들과는 사뭇 차이를 보이는데 존재하는 모든 것은 이미 眞如이므로 다시 깨닫거나 닦고 할 대상이 아니라는 本覺思想이 그것이다. 그러나 해와 어둠이 함께 할 수 없듯이 미망 속에 가리워진 지혜를 단박에 드러내기 위한 방법으로 마조계 선사들은 '한 생각의 반조'를 중시하였다. 이후 '반조'는 조사선자들이 自己佛性을 단박에 보는 주요한 방법으로써 거론되었다. 『마조어록』, 『임제록』, 『원돈성불론』, 『단경』 등에서 보이는 '반조'의 용례는 다음과 같다. "만일 일념으로 돌이켜 비추어 본다면 전체가 모두 성인의 마음일 것이다"(『馬祖道一禪師語錄』, 『卍續藏』 119, p. 811b. "若能一念返照 全體聖心."); "도를 닦는 이들이여, 단지 하나의 부모가 있을 뿐인데, 다시 어떤 것을 찾는단 말인가? 그대들 스스로 비추어 보라"(『臨濟錄』, 『대정장』 47, p. 497c. "道流 爾祇有一箇父母 更求何物 爾自返照看."); "만약 한마디 말을 듣고 자신의 성품을 돌이켜

경허집』에서 발견되는 '반조'의 용례를 간략하면 다음과 같다.

「진흙소의 울음(泥牛吼)」: 무릇 이 현묘법문을 참구하는 이는 항상 반조하기
를 힘쓰고 참구하는 용심을 성성하게 깨어 있고 세밀하여 끊어지는 사이가
없이하며…(중략)…무릇 현묘한 이치를 알려는 이는 마음자리를 돌이켜 비추
는(返照) 공부를 착실히 알아 분명하고 세밀히 해야지 아무렇게나 용심해서
는 안 된다.[8]

「정법안장 서(正法眼藏序)」: 이 글을 연구하고 감상해서 마음근원을 반조하는
공부를 온전히 정밀하게 한다면 비록 장교藏敎를 보지 않았다 하더라도 장교
가 여기에 있음이로다.[9]

반조하고 말에 의존하여 이해한 내용을 단번에 잊는다면 자기의 마음
거울 안에서 십법계의 依報, 正報와 연기의 차별된 모습이 분명하게 일
제히 드러날 것이니, 화엄의 법계무애연기를 여기서 모두 볼 수 있을 것
이다"(『圓頓成佛論』, 『韓佛全』 4, p. 729b. "若一言下 返照自性 頓忘言解 則自心鏡內
十界依正 緣起差別 煥然齊現 法界無碍緣起 於斯可見也.");"그대에게 말한 것 외
에 비밀스러운 점은 없다. 그대가 만일 자신을 돌이켜 보면 비밀은 그대
에게 있을 것이다"(『壇經』, 『大正藏』 48, p. 349a. "與汝設者 卽秘密也 汝若返照 密
在汝邊").

8 鏡虛 著, 『鏡虛集』, 앞의 책, p. 11. "夫參此玄門者 常務返照 究之用心 惺
密無間斷 究之至切 至於無用心…(중략)…凡欲參玄者 着實理會 返照法式
分明形容 得細審 不鹵莽."

9 『鏡虛集』(『韓佛全』 11, p. 600c). "於此書 硏究玩味 返照於心源 用功專精 雖

「등암화상에게 주다(與藤菴和尙)」: 어느 때 어느 곳에서나 빛을 돌이켜 비추어 보고(廻光返照) 이 화두를 들어오고 들고 가며 의심해 오고 의심해 가며…[10]

「함께 정혜를 닦아 도솔천에 나며 성불하기 위한 결사문(結同修定慧同生兜率同成佛果稧社文)」: 비록 오랫동안 경을 보고 참선한 대덕들이라도 조금이라도 관심 있게 보지 못하고 범연히 지나쳐버리며 이것이 무슨 도리인가 하고 생각해 보지 않나니 하물며 반조하여 밝게(照而明) 깨달아 닦음이 있겠는가.[11]

「가가가음可歌可吟」: 보고 듣고 앉고 눕고 밥도 먹고 옷도 입고 말도 하고 잠도 자고 항사묘용총지恒沙妙用總持하니 얼굴 앞에 분명分明하고 이마 뒤에 신神기롭다 찾는 길이 여럿이나 아주 옅게 말할진대 반조공부최묘返照工夫最妙하다."[12]

이상에서와 같이 『경허집』에서는 특별히 자성을 '반조'하여 견성에 이르도록 강조하는 부분이 많다. 반조는 자신 속에 이미 갖추

不用看過藏敎."

10 『鏡虛集』(『韓佛全』11, pp. 594a-b), "着衣喫飯 屙屎放尿 侍奉敎導 看讀迎送 乃至行住坐臥 一切時處 廻光返照 擧來擧去 疑來疑去 察而復觀."

11 『鏡虛集』(『韓佛全』11, p. 601b), "而雖許久諷經念碩德 擧是未能少分看得 而泛然過了 曾不思量 是何道理 而況乎照而明之 惡以修之之有哉."

12 『鏡虛集』(『韓佛全』11, pp. 633-634a).

124 경허 선시 연구

어져 있는 지혜의 빛을 밖으로 돌리지 않고 바로 자기 자신에게 되비추어 깨달음을 얻는 수증관이다. 반조의 사상적 토대는 본각사상本覺思想에 있다. 존재하는 모든 것은 이미 진여眞如의 상태로서 다시 깨닫거나 닦고 할 대상이 아니어서 일념으로 자심自心을 돌이켜 비춘다면 자심이 곧 성인의 마음과 다르지 않은 본래불本來佛임을 깨닫게 된다는 것이다

경허선의 주요특징 중 다른 하나는 정定과 혜慧를 치우침 없이 고루 닦는 정혜쌍수定慧雙修를 지향했다는데 있다. 정은 산란한 마음이 한 곳으로 집중되어 정신적 통일을 이룬 선정禪定의 상태를 말하며, 혜는 이러한 마음을 바탕으로 사물의 본질을 파악하는 지혜를 말한다. 경허는『함께 정혜를 닦아 도솔천에 나며 성불하기 위한 결사문』에서 당시 정혜결사를 할 수 밖에 없는 이유를, 눈 밝은 종장을 만나지 못한 지혜 없는 중생들이 미리 견성자체를 포기하므로 정혜수행을 통해 이들을 구제하기 위해서라고 밝히고 있다.

그리하여 비록 최상승의 도에 단박에 들지는 못하더라도 정혜를 닦으면 말세 하근기의 사람들도 견성할 수 있다고 다음과 같이 독려하였다.

다만 모든 도사들이 마음을 밝혀 견성하라는 말은 들었지만 말세 사람은 정과 혜를 익혀 배우지 말라는 것은 보지 못했다.[13]

---

13 『鏡虛集』(『韓佛全』11, p. 602b). "只聞諸導師之敎人明心見性之說 未見禁止

사실 최상승선인 조사선이나 간화선에서는 단도직입, 직절直切의 돈오법을 지향한다. 이를테면 선지식과의 선문답에서 바로 언하대오하거나 몰록 깨달음을 얻어 일대생사를 마치게 된다. 간화선 역시 마음의 당처를 바로 들어보인 화두를 타파하여 그 자리에서 돈오돈수함을 그 목적으로 한다.

간화선수행에서는 동정일여動靜一如, 몽중일여夢中一如, 오매일여寤寐一如를 넘어 일체의 인식활동이 정지된 초극지, 완전한 무분별지의 극점에서 화두를 뚫고나옴으로써 자신의 본성을 체험하게 된다. 부처님과 역대 조사들이 보이신 한 마디 말이나 순간적으로 드러낸 짧은 행위 끝의 백억 가지 법문과 여타의 수행을 단박에 뛰어넘어 바로 깨달음에 이르는 법이 바로 선문의 최상승법인 것이다.

경허는 '돈오돈수頓悟頓修'하였다. 자설한 바와 같이 조사활구로 단박에 여래지에 들었던 것이다. 그러나 수선결사를 통해 경허는 대중들에게 '돈오점수頓悟漸修' 수행도 권하였다.

그렇다면 경허의 선은 돈오점수법頓悟漸修法인가 돈오돈수법頓悟頓修法인가. 이 부분에 대해서는 경허선에 대한 보다 진지한 고찰이 요구된다. 결론적으로 말하자면 경허자신의 깨달음은 돈오돈수頓悟頓修였지만, 사부대중에게는 점수법漸修法을 인정하며 돈오점수, 점오점수 등 저마다의 근기에 따른 다양한 수행법을 권하였다고 할 수 있다.

末葉人之習學定慧者也."

보조는 『수심결修心決』에서, 본성에는 본래부터 번뇌가 없고 절대 지혜의 성품(無漏智性)이 저절로 갖추어져 있어서 모든 부처님과 조금도 다르지 않기 때문에 이를 곧바로 견성하면 돈오라 한다고 하였다. 자신의 본성을 견성하여 평생의 일을 완전히 마친 대장부란 '계단을 밟지 않고 곧바로 부처의 경지에 오른 자'를 일컫는다.

곧 의심을 단박에 끊고 진정견해眞正見解를 갖추어 제일의第一義의 경지에 이르게 되면 인간과 천상의 스승으로서 자리이타를 갖추게 되니, 더 이상의 계급이나 차례는 필요 없으므로 이를 일러 '돈頓'이라 한다는 것이다. 다음은 돈오에 관한 보조의 설명이다.

대번에 깨쳤다 함은, 범부가 미迷했을 때에 네 가지 물질적 요소로 몸을 삼고 망상으로 마음을 삼아 자성이 참 법신法身인 줄 모르며 자기의 신령하게 아는 그것이 참 부처인줄 모른다. 그래서 마음 밖에서 부처를 찾아 이리 저리 달리다가 홀연히 선지식의 가르침을 만나 한 생각에 광명을 돌려 자기 본성을 보면, 이 성품의 바탕에는 본래부터 번뇌가 없고 절대 지혜의 성품(無漏智性)이 저절로 갖추어져 있어서 모든 부처님과 조금도 다르지 않기 때문에 돈오라 한다.[14]

그에 비해 점수란,

14 沈載烈 講說, 『普照法語』, 普成文化社, 1992, pp. 180-181.

점차 닦는다고 함은, 비록 본성이 부처와 다름이 없음을 깨달았지만 끝없이
익혀 온 습기를 갑자기 대번에 없애기 어려우므로, 깨달음을 의지하여 닦아
서 점점 익히어 공이 이루어지게 되고 성인의 태를 오래 길러 성인을 이루게
되는 때문이니, 그래서 점수라 하는 것[15]

이라 한다. 비록 부처와 다름없는 경계를 깨달았다고는 해도, 아득
한 과거세부터 익혀온 중생의 습기는 단번에 사라지지 않으므로
견성 이후에도 그 습기를 제거하기 위한 점진적인 노력이 필요한
데 이를 일러 점수라 한다는 것이다.

　　그러나 경허는 더 이상의 차례와 닦음의 단계가 필요치 않는 최
상승의 깨달음에서는 "비록 습기가 남아 있어도 또한 (습기와 도가)
서로 방해되지 않는"[16] 것이라 명시하고 있는데, 바로 이 부분에서
경허의 선은 돈오점수가 아닌 돈오돈수임을 분명히 확인할 수 있
다. 비록 습기가 남아있다 하더라도 돈오 이후의 삶에서 그 습기는
도를 방해하지 않으므로, 있어도 있는 것이 아니게 되며, 있어도
있는 것이 아니기에 구태여 남은 습기를 제거할 필요는 없다는 뜻
이다. 이렇게 돈오 이후 더 이상의 차제적 수행이 필요 없는 돈오
돈수가 곧 경허의 선이다.

　　그러나 경허는 이처럼 "선을 배우는 이가 본지풍광本地風光을 깨

15　위의 책, p. 181.

16　『鏡虛集』(『韓佛全』11, p. 593b). "見性成佛 不論淫欲 縱有餘習 亦不相妨."

달아 사무치면 옛 부처와 어깨를 나란히 함이니 그 법이 긴요하고 묘하여"[17] 더 이상의 닦음은 필요치 않지만, 문제는 "근세에 이르러 도가 황폐하여 전하여지지"[18] 않는 상황에서 "그저 비탄만 하니 가히 구원"[19]하지 않을 수 없으므로 점수의 수행방편을 시설한다는 것이다.

진정한 최상승의 도란 "다만 이 마음이 부처인줄 알아서 일념무생一念無生에 삼아승지겁이 공함을 믿는 것"[20]이지만, "대도를 구하려는 이에게는 일승一乘의 묘한 뜻을 설한 반면, 작은 수행을 구하는 이에게는 육행과 방편문과 육도 등의 법을 설"[21]하는 것처럼, 자신도 방편적으로 차제적 수행을 권한다는 것이다. 결론적으로 경허는 자신의 돈오돈수법만을 무조건 강요한 것이 아니라, 철저히 대상자의 근기에 따른 돈점頓漸을 방편적으로 펼쳤음을 알 수 있다.

이에 관해 박종호朴宗浩는 「중국선사들의 돈점론과 그 이해」에

---

17 『鏡虛集』(『韓佛全』11, pp. 600c-601a). "故學禪者 惡徹本地風光 則與古佛齊 肩 其法之要妙也."

18 『鏡虛集』(『韓佛全』11, p. 601a). "至於近世 其道廢而不傳."

19 『鏡虛集』(『韓佛全』11, p. 601a). "凡他行業者 或外護者 不擇善否 例皆悲嘆 塢呼 不可以救得也."

20 『鏡虛集』(『韓佛全』11, p. 592a). "信伍戒 十善 四諦 十二因緣 六度等法 皆非 正因 信自心是佛 一念無生 三祇劫空 如此信得及 乃是正因者."

21 『鏡虛集』(『韓佛全』11, p. 592b). "爲求大道者 說一乘妙旨 爲求小行者 說六 行權門 六度等法 亦未免爲權 況餘戒善諦緣等乎 佛以方便力 說念佛法."

서 '돈점론'에 대한 논점을 다음과 같이 명쾌히 정리하였다.

> 법에는 돈점이 없으며 사람에게 영리함과 우둔함이 있다. 미혹하면 점차漸次
> 에 따라 애써야 하지만 깨달은 사람은 돈수한다. 자신의 본심을 알면 이것이
> 본성을 본 것이다. 깨닫고 나면 원래 차별이 없지만 깨닫지 못하면 기나긴
> 겁을 윤회한다.[22]

　한 마디로 법 자체에는 빠르고 느린 차이가 없으나, 다만 사람의
근기에 영리함과 우둔함이 있다는 말이다. 요컨대 법에는 '돈법'과
'점법'이 따로 없는데, 오직 각자의 근기에 의해 돈수하거나 점수한
다는 것이다.
　사실 무위無爲의 중도실상법으로 보자면 돈점의 논의 그 자체마
저 무의미하다. 실상에는 시비是非, 호오好惡, 염정染淨뿐 아니라, 짧
고 길고, 높고 낮고, 빠르고 느린 것도 없다. 속速과 둔鈍도 중도실
상법에서 보자면 상대적 개념으로써 그 자체 진眞은 아닌 것이다.
그러나 비록 그렇다 하더라도 유위적有爲的 세계관에서 보자면 돈
점은 여전히 논의의 대상이 될 수밖에 없다.

　어째서 점과 돈이라고 하는가? 법은 한 가지이나 견해에 느리고 빠름이 있

---

22 『壇經』(『大正藏』 48, p. 338b). "善知識! 法無頓漸 人有利鈍 迷即漸勤 惡人
　頓修 識自本心 是具本性 惡即元無差別 不惡即長劫輪廻."

다. 견해가 느린 즉 점이고, 견해가 빠르면 돈이다. 법에는 점과 돈이 없으나 사람에게 영리함과 우둔함이 있어 점과 돈이라고 한다.[23]

그렇다. 법法 자체에는 빠르다거나 느리다거나 하는 돈점의 차이가 없으나, 다만 사람들의 근기와 견해에 빠르고 느림이 있을 뿐이다. 곧 상근기의 사람은 돈오돈수로 일대사문제를 해결하지만, 중하근기의 사람은 오랜 기간 점수한다. 따라서 본질적으로 법 자체의 무의미한 돈점논쟁이 아닌, '인간의 근기와 차별에 따른 돈점의 활용'에 집중하여야 한다. 그리고 육조 이후 사실 돈오 후 돈수와 점수 중 어느 한 가지만을 확정하여 주장한 선사들은 드물었다.[24]

한마디로 경허의 점수론이야말로 불필요한 '법의 돈점' 논쟁을 떠난, 그야말로 오직 중생을 위한 '중생 근기에 따른 돈점의 활용과 전개'였다 할 것이다. 「등암화상에게 주다」에서 경허는 "모든 불조佛祖의 백 천 가지 방편들이란 모두 타이르고 지도하여 말세

---

23 『壇經』(『大正藏』 48, p. 342b). "何以頓漸 法卽一種 見有屬疾 見屬卽漸 見疾 卽頓 法無頓漸 人有利鈍 故名頓漸."

24 종호, 「중국선사들의 돈점론과 그 이해」, 『돈점사상의 역사와 의미』, 동국대학교 불교학술원 종학연구소 학술대회 · 성철스님 탄신 100주년 기념 5차 학술포럼, 2012, pp. 41-47 참조.

중생들이 바른 길로 수행"[25]하도록 한 것이라 하며, 결국 중요한 것은 오직 수행자의 근기임을 다음과 같이 설명하였다.

> 수승한 근기는 한 번에 뛰어들어 요긴한 나루를 잡아끊어 나라를 안정케 하니 그 어찌 다른 곳에 있겠느냐. 그러나 하열한 근기는 단번에 이룰 수 없기 때문에 옛사람이 이르기를 '죽순이 마침내는 대가 되지만 당장에 뗏목을 만들려면 어떻게 되겠는가.' 하였으니, 하열한 근기는 오래도록 익혀야 필경에는 들어갈 곳을 얻는다.[26]

한 마디로 상근기는 돈오돈수하지만, 하근기는 점수점오, 점수돈오 혹은 돈수점오한다는 것이다. 상근기의 사람은 돈오돈수로 일대사문제를 해결하지만, 중하근기의 사람은 단박에 깨닫지 못하고 필경 오랜 기간 점수하여야 한다. 경허는 중생의 근기를 먼저 살펴 "대도를 깨달은 사람은 어느 한 법만 옳다고 주장하거나 결정하지 않는다"[27]는 대도인의 자유자재함을 『경허집』전반에서 보였다.

---

25 『鏡虛集』(『韓佛全』11, p. 601c). "餘諸佛祖 百千方便 皆是諄諄叮嚀指導末葉 衆生之修行正路也."

26 『鏡虛集』(『韓佛全』11, p. 603a). "要津 安邦定國 豈有其他哉 然若機下者 未能 頓成 故古人云 笋畢竟成竹去 如今作筏使得麽 則機下者 久習畢竟得入故."

27 『鏡虛集』(『韓佛全』11, p. 694a). "不定一法是 不定一法非 斥妄謀眞 捨此取彼."

경허 결사의 취지는 한 가지다.『함께 정혜를 닦아 도솔천에 나며 성불하기 위한 결사문』란 제목에서부터 알 수 있듯이 경허가 강조한 것은 '정혜'다. 당시 대다수 낮은 근기의 대중을 구제하기 위해 승속과 귀천을 불문하고 근기에 따라 정혜수행으로 다함께 정각을 이루자 독려하였다. 비록 최상승의 도에 들지는 못하더라도 도솔천 내원궁에 상생하기를 원하거나, 그도 아니면 극락에 왕생하기를 원하는 자라도 누구라도 가리지 않고 모두 결사에 참여시킴으로써 수행의 활로를 모색하였던 것이다.

예로부터 부처를 이루고 보살행을 하려면 반드시 행업을 갖춘 뒤에야 판단할 수 있으니 그래서 정혜를 닦아 도솔천 내원궁에 상생하기를 원력을 세워 함께 불과를 이루게 할 일이다.[28]

능히 참으로 정혜를 닦는 이는 도솔천에 나기를 원치 않더라도 또한 결사에 들기를 허락할 것이며 참으로 정혜를 닦는 이는 극락에 왕생하기를 원하더라도 또한 결사에 참여시킨다.[29]

---

28 『鏡虛集』(『韓佛全』11, p. 605a), "自古成佛作菩薩 必具行業然後 得辦 所以行定慧 願上生兜率內院 同成佛果事."
29 『鏡虛集』(『韓佛全』11, p. 605a), "能眞修定慧者 不願生兜率 亦許參社 能眞修定慧者 願往生極樂 亦參社事."

이처럼 경허 정혜결사의 궁극적 목적은 도솔천을 거치든 정토에 왕생하든 어떠한 방편을 통해서라도 모두 다 함께 꼭 성불하자는 것이다. 바로 이 지점에서 선각자로서의 경허의 대자대비한 면모는 뚜렷이 드러난다. 오직 최상근기자들을 위한 도만을 펴는 것과는 달리, 경허는 당시 말세 기복 불교에 허덕이던 중하근기의 중생들을 외면치 않고 그들을 사부대중으로 끌어들여 종국에는 자성청정自性淸淨 본래심本來心을 회복하게 하였던 것이다.

이렇듯 경허는 활구참선의 간화선과 사부대중 모두가 동참할 수 있는 정혜쌍수를 주창하며 그동안 침잠되었던 선을 다시 대중 속으로 끌어들이는 한편, 돈법과 점법을 모두 아우르는 통합적 돈점관을 걸림 없이 펼치며 한국근대선의 저변을 확보하였다.

반야공관般若空觀에 입각한
진속불이眞俗不二의 도道

진리에 대한 무지를 고통의 원인으로 보는 불교에서는 무엇보다 무명을 타파하기 위한 지혜가 강조된다. '완전, 극치'를 뜻하며 혜慧, 지혜智慧, 명明 등으로 번역되는 반야는 일체사물과 도리를 밝게 통찰하는 높고 깊은 지혜를 말한다.[30]

---

30 반야는 크게 二種般若 · 三種般若 · 五種般若 등으로 나눌 수 있다. 이종 반야란 共般若와 不共般若로써, 성문 · 보살 · 연각 등에게 공통으로 설한 공반야와 보살을 위해서만 설한 불공반야를 말한다. 삼종반야는 實相般若와 觀照般若에 方便般若 또는 文字般若를 포함한 것을 말한다. 실상 반야란 반야지혜에 의해 관찰되고 비추어진 모든 對境의 진실하고 절대적인 모습을 가리킨다. 이는 비록 반야 자체는 아니지만 반야를 생겨나게 하는 근원이기 때문에 반야라 한다. 관조반야는 일체법의 진실하고 절대적인 실상을 능히 관찰하고 비출 수 있는 지혜를 가리킨다. 문자반야는 문자의 본성은 공적함을 아는 지혜를 말한다. 오종반야는 실상반야, 관조반야, 문자반야, 境界般若, 眷屬般若의 다섯 가지를 이른다. 여기에서 경계반야란 일체 대상은 그 고정된 특질이 다만 주관의 인식작용에 의해서 나타남을 아는 지혜이며, 계정혜, 해탈, 해탈지견은 일체의 존재를 관조

최상의 지혜인 반야는 무념無念·무분별지無分別地에서 이루어지는 평등성과 절대성을 내포한다. 다시 말해 반야란 그 어떠한 상황에서도 상대차별을 관조하여 실상을 바르게 보는 힘으로써, '깨달음을 얻는 진실한 지혜', '진실을 보는 지혜의 눈', '일체존재를 전체적으로 파악하는 지혜'로서의 의미를 지닌다.

『대승현론』에서는 "어떤 이치도 아는 것이 없고 알지 못하는 것도 없는 것을 반야"[31]라 하였으며, 『금광명경현의』에서는 "반야란 제법의 모임과 흩어짐이 실제로 모인 것도 아니고 흩어진 것도 아님을 아는 것으로써 곧 삼제三諦의 법을 깨닫는 것"[32]이라 하였다. 즉 일체가 제법공성인 삼제의 이치를 아는 힘이 반야라는 것이다. 『대반열반경』에서도 "선남자여, 보살이 대공大空을 본다는 것은 무엇을 말하는가. 선남자여, 대공이라 함은 반야바라밀이니 이를 대공이라 이름 한다"[33]고 하여, 반야바라밀이란 공성空性을 체득한 완전한 지혜임을 적시하고 있다. 삼천대천세계의 모든 현상은 인연에 의해 생긴 공가중空假中 세 가지 진리의 모습일 뿐이다. 반

하는 지혜의 권속임이 체득된 지혜가 권속반야다.

31 『大乘玄論』3(『大正藏』45, p. 42a). "理無所知 無所不知 名爲般若."

32 『金光明經玄義』권上(『大正藏』39, p. 3a). "般若者 覺了 諸法集散非集非散 卽是覺了三諦."

33 『大般涅槃經』권15(『大正藏』12, p. 704a). "善男子 云何菩薩/摩訶薩 觀於大空 善男子 言大空者 謂般若波羅蜜 是名大空."

야는 곧 '세계의 실상이 공空임을 심신深信하고 체득'한 반야공般若 空의 의미로서 반야공관般若空觀이란 세계의 실상이 공임을 바르게 아는 바른 지혜에 다름 아니다.

시간적으로나 공간적으로 모든 존재는 불변적 속성과 독립된 실체가 없다는 뜻으로 불교에서 공은 존재의 본질을 밝히는 용어로 사용된다.[34] 일체 모든 것은 오직 다양한 조건 속에 상호의존하며 변화할 뿐 스스로 독립하여 존재할 수 있는 성품[自性]이 따로

---

34 空思想의 근거를 원시경전의 緣起說에 찾고 이를 체계화한 인물은 龍樹 (105?-250?)다. 용수사상의 중요한 개념은 無自性, 空, 中道, 不可得으로 요약할 수 있다. 용수는 『中論』에서 여러 인연으로 생겨난 존재를 空으로 설정하고 있다. "여러 인연으로 생겨난 존재를 나는 공이라고 설한다. 왜 그런가. 여러 인연이 갖추어져 化合하여 어떤 것이 生하면 그것은 여러 인연에 소속되므로 무자성이다. 무자성이므로 공이요, 공 또한 공이다 (衆因緣生法 我設卽是空 何以故 衆緣具足 和合而生物 是物 屬衆因緣故 無自性 無自性故空 空亦復空)"(『中論』제4 觀四諦品, 『大正藏』30, p. 33b). 용수는 생겨난 존재를 설명하는 모든 개념은 임시방편적으로 정해 놓은 것으로서 단지 인연에 의하여 生起하며 연기 역시 공과 무자성의 뜻을 담고 있다고 하였다. 또한 "다만 중생을 인도하기 위해서 임시적 개념으로 설하지만 유, 무 2변을 떠나므로 중도라 이름 한다(但爲引導衆生故 以假名設 離有無二邊故 名爲中道)"(『中論』觀顚倒品 23, 『大正藏』30, p. 33b)고 하여, 세간의 偏見에 물든 有, 無 등의 대립적 분별개념을 떠나 일체를 포섭하는 개념을 中道라 지칭하였다. 그러나 중도 역시 결국 假名이기 때문에 규정된 개념으로 수용해서는 안 된다는 용수의 사유는 철저히 不二思想에 근거한다.

없다는 것이다. 물론 여기에서의 공이란 어떤 '존재가 없다'는 뜻이 아니라, 그 존재의 '자성이 없다(無自性)'는 의미다. 무자성은 또한 시간의 흐름 속에서는 일정한 존재양태의 항존성이 없다는 의미에서 무상無常에 다름 아니다.

비유비무非有非無의 중도中道로서의 공과 불공不空은 본질적으로 차별이 없다. 무자성으로써의 공은 유有를 통해 드러나며, 유 역시 그 자체로는 자성 없이 오직 묘유妙有의 인연법에 의지한다. 그러므로 "중생이 연緣으로써 생겨나는 법, 이것을 무無라 하고 가명假名이라 하며 중도라 하며, 그 어느 법도 인연에 따라 생기지 않는 것이 없으니 그 어느 법도 공이 아닌 것"[35]은 없게 되는 것이다. 이렇듯 불가득不可得, 무소득無所得으로서의 공의 근거는 연기와 중도에 있으며, 이들은 서로를 상호매개로 작용하여 서로를 참되게 할 뿐이다.[36]

---

35 『中論』권4(『大正藏』30, p. 33b). "衆因緣生法 娥設卽是無 亦爲是假名 亦是 中道義 未曾有一法 不從因緣生 是故一切法 無不是空者."

36 『大智度論』에서는 "실상이란 모든 모양을 분별하여 그 실체를 구하려고 해도 얻을 수 없기 때문에 제법의 실상은 공이라 하고, 이 공을 법성이라 한다."(『大智度論』권32, 『大正藏』25, p. 297b. "實相者 於各各相中 分別求實 不可得 不可破 空有差品 是爲如 同爲一空 是爲法性")고 하여, 공은 곧 법성이라 정의된다. 『阿含經』에서의 공은 "내가 이 세상에 나왔거나 나오지 않았거나 언제나 존재"(『雜阿含經』권30, 『大正藏』2, p. 217c. "如來出世 及不出世 法性常住")하는 연기적 측면으로도 해석된다. 한편 『大智度論』에서는 "법성이

『단경』에서도 "깊고 미묘한 법계와 반야삼매에 들어가고자 하는 자라면, 마땅히 반야행을 닦고『금강반야경』을 수지·독송하여야 한다"[37] 하여 반야행의 중요성을 강조하였다. 본심本心을 안다면 그것이 해탈이고, 해탈을 얻었다면 그것이 바로 반야삼매다. 그런 의미에서 반야삼매란 무념無念의 체득에 다름 아니다. 무념이란 모든 법을 보면서도 그 어떤 법에도 집착하지 않으며 자신의 본성이 항상 청정하게 유지되는 상태를 말한다.[38]

조사선 즉 선종의 정립을 이룬 것으로 일컬어지는 마조도일 역시 공空에 대한 그의 사상을『마조어록』도처에서 펼치고 있다.

선을 취하지도 말고 악을 버리지도 말아야 하며, 더럽거나 깨끗한 쪽에 모두 의지하지 않아야 한다. 죄의 성품이 공空함을 통달하면 생각생각 어디에도

란 열반으로서 무너뜨릴 수 없고 희론이 없으며 일체 세간법 가운데는 모두 열반의 성품이 있다"(『大智度論』권32, 『大正藏』25, p. 41c. "法性者 法名涅槃 不可壞 不可戲論 法性 名爲本分種 如黃石中 有金性 白石中 有銀性 如是一切世間法中 皆有涅槃性") 하였다. 이처럼 공은 법성과 연기, 열반의 측면 등 다각적으로 설명되고 있음을 알 수 있다.

37 宗寶本『壇經』(『大正藏』48, p. 350c). "若欲入甚深世界 及般若三昧者 須修般若行 持通金剛般若經 卽得見性 當知 此經功德無量無邊.

38 敦皇本『壇經』(『大正藏』48, p. 340c). "若識本心 卽是解脫 旣得解脫 卽是般若三昧 惡般若三昧 卽是無念 何名無念 無念法者 見一切法 不著一切法 遍一切處 不著一切處 常淨自性"

죄를 찾을 수가 없는데, 이는 자기 성품이 없기 때문이다.[39]

마음에서 나온 것을 형상이라 하는데, 색이 공空함을 알기 때문에 난 것은 동시에 난 것이 아니다.[40]

범부다 성인이다 하는 망정이 다하고 인법人法이 모두 공空하면 비할 바 없는 법륜을 굴려 모든 테두리를 벗어난다.[41]

일체 마음에서 나온 모든 것은 공이며, 일체만법은 또한 공에서 생한다. 모든 법의 적멸한 본질(空性)이 법성法性이며, 우리는 모두 공이라는 진리 속에 평등하게 현현할 뿐이다. 그러므로 마조는 단지 범부니 성인이니 하는 전도된 마음 즉 인법人法만 다하면 그 즉시 잘못된 사상의 테두리를 벗어날 수 있다고 한다. 한 발 더 나아가 '죄의 성품이 공함을 통달하면 생각생각 어디에도 죄를 찾을 수 없'다는 죄무성罪無性 사상을 피력함으로써, 선과 악, 죄와 벌 등 모

39 『馬祖道一禪師語錄』권69(『卍續藏』119, p. 2b). "不取善不捨惡 淨穢兩邊 俱不依怙 達罪性空 念念不可得 無自性故."

40 『馬祖道一禪師語錄』권69(『卍續藏』119, p. 2b). "於心所生 則名爲色 知色空故 生卽不生."

41 『馬祖道一禪師語錄』권69(『卍續藏』119, p. 3c). "凡聖情盡 人法俱空 轉無等倫 超於數量."

든 마음의 분별작용을 그 근원에서부터 부정하고 있다.

반야공관은 모든 분별을 넘어 너나없이 공평하고 평등한 공으로서의 한 마음(一心)이다. "마치 하늘에 구름이 일어났다가 없어지듯 머문 자취를 남기지 않으며, 물에다 그림을 그리듯 나지도 멸하지도 않고, 자취도 생멸도 없는 자성청정 마음의 본성인 그 자리가 대적멸大寂滅"[42]이다. 그리고, 그 "한 마음에 헛된 망상이 나지 않음이 바로 무생법인無生法忍"[43]인 것이다. 따라서 반야공관, 법상삼매를 깨우친 사람에게는 제법의 실체가 함께 깨우쳐지지만, 공성空性의 참된 도리를 깨우치지 못한 사람에게는 불법마저도 인식의 공허한 알음알이가 될 뿐이다.

진리는 대상을 구별하는 인식에 의해서가 아니라 일체의 분별을 넘어선 종합적이며 전일적인 지혜로 체현된다. 연기와 중도의 통합적 인식인 반야공관의 자각은 모든 대립적 관계를 소멸한다. 상대적인 실유實有·실무實無에의 집착과 상견常見과 단견斷見을 떨친 '반야공般若空의 체득'은 곧 존재와 자아로부터의 자유이며, 나아가 존재의 흐름과 윤회의 흐름으로부터의 자유이다.

선종에서는 이른바 '마음으로써 마음에 전하고(以心傳心)', '마음과

---

42 『馬祖道一禪師語錄』 권69(『卍續藏』 119, p. 3b), "如天起雲 忽有還無 不留礙跡 猶如畫水成文 不生不滅 是大寂滅."

43 『馬祖道一禪師語錄』 권69(『卍續藏』 119, p. 3b), "了心及境界 妄想卽不生 妄想不生 卽是無生法忍."

마음이 서로 계합(心心相印)'하여, '스스로의 마음을 보아 견성하는(見性成佛)'하는 구도의 메커니즘을 가진다. 『대승기신론』에서는 한 마음(一心)의 본체를 진여眞如의 입장과 생멸生滅의 입장으로 구분하였다. 생멸변화 하는 만유의 본체로서 불생불멸하는 평등한 진여문과 진여가 무명에 따라 생멸하는 현상인 생멸문이 그것이다. 또한 『능가경』에서의 일심은 이사理事로 설명되는데, 이理란 사事를 만들어내는 근본이치이며, 사事는 이理가 인연을 따라서 만들어내는 일체현상을 의미한다. 그러나 근원적으로 이 둘은 둘이 아닌 것으로써, 오염되거나 깨끗한 법 모두 본래성품에 있어서는 둘 아닌 불이不二가 된다.

실로 모든 현상계는 공과 연기라는 마음 밭(心地)에 심어진 씨앗들이 단지 인연에 의해 피고 지며 이루는 공화空華일 뿐이다. 부처란 그 어떤 형상도 아니며(佛非定相), 생성과 파괴, 모임과 흩어짐으로 볼 수 있는 것이 아니다. 오직 무차별지無差別地에서 모든 집착과 분별을 여읜 불이不二의 무상계無常界를 올곧게 체득한 경지가 삼매三昧요, 도道이다.

일심에서 나온 모든 색色은 가假로서 대천세계를 이루며 삼라만상을 형성한다. 그러나 색色 역시 공의 성품에서 나온 것이므로 이 둘은 본질적으로는 심상불이心相不二다. 마음에서 생한 것도 그것의 공한 성품을 안다면 난 것은 곧 난(生) 것이 아니어서, 생과 불생不生 역시 그 본질에서는 다르지 않은 것이다. 이렇듯 불각不覺 또는 이사理事의 오묘한 작용들이 둘 아닌 덧없는 망상임을 자각할 때,

현상과 진리 역시 둘이 아니며 동시에 생겨난 것 또한 생겨난 것이 아니라는 제법불이諸法不二는 확철된다.

　마음과 대상은 각각이 홀로 존재할 수 없으며 서로에게 더불어 비로소 존재의 의미를 갖는다. 마음이 없으면 대상이 없으며, 대상이 없으면 마음 역시 없게 된다. 이러한 의미에서 일체법은 모두가 마음법이며, 일체와 마음은 본질적으로 평등하고 순수한 하나의 자성청정自性淸淨으로써의 일심이다. 그러므로 그저 시절에 따라 법계를 건립해 내면 모조리 법계가 되고, 진여를 세우면 모조리 진여이며, 이치를 세우면 일체법이 이치요, 현상을 세우면 일체법이 다 현상이 될 뿐이다. 이렇게 이理는 이치로, 사事는 현상으로 각기 다른 세계가 연출되지만, 이 모든 것은 또한 마음 하나[一心]의 움직임으로써 그 본성에서는 다를 바 없는 것이 진속불이眞俗不二인 것이다.

　경허의 반야지혜 역시 불이법不二法에 근거한다.

선과 악, 보리와 생사가 일찍이 둘이 아니며 과거와 미래와 현재가 일찍이 둘이 아니며 시방十方과 한 털 끝이 일찍이 둘이 아니다. 그러나 그 모든 법이 일찍이 하나도 아니다. 하나와 둘을 누가 능히 이름을 지었으며 이름 지은 자는 과연 누구인가.[44]

---

44 『鏡虛集』(『韓佛全』11, p. 595b). "善與惡也 菩提與生死也 未嘗有二 過去也 未來也 現在也 未嘗有二 十方也 一毫端也 未嘗有二 然其諸法也 亦未嘗

경허는 선과 악, 보리와 생사, 그리고 과거 현재 미래가 다르지 않지만[不二] 그렇다고 또한 똑같은 것도 아니라[不一] 한다. 과연 같으면서도 같지 않고, 다르면서도 다르지 않는 불일불이법不一不二 法의 요체는 그렇다면 어떻게 확철될 수 있는가. 경허는 이 불이의 실상을 체득할 수 있는 힘이 바로 반야에 있다고 하면서, 반야의 중요성을 다음과 같이『경허집』곳곳에서 설명하였다.

고덕이 이르기를 "반야般若 위에 헛되이 버리는 공부가 없다."고 하였으니 만일 성불의 원력이 있는 이는 마땅히 깊은 마음으로 큰 원력을 발할지니라.[45]

몸은 물거품 같고 목숨은 바람 앞에 등불처럼 위태로우니 무상을 경책하고 부지런히 정진할 줄 아는 것은 누구인가? 법의 성품이 본래 공空하고 (반야)지혜의 길이 밝아서 능히 깨달아 들어가는 것은 또한 누구인가.[46]

또 옛사람이 이르기를 "듣고 믿지 않더라도 부처될 인연을 맺고 배워서 이루지 못하더라도 인천人天의 복을 덮는다"고 하였으니 일체 도법에 반야의

是一 一二也 其孰能名之 其名之者 果誰乎."

45 『鏡虛集』(『韓佛全』11, p. 600b). "古德云 般若上 無虛棄之工夫 若有成佛願 者 應發深心大願也哉."

46 鏡虛 著,『鏡虛集』, 앞의 책, p. 64. "身隣泡漚命危風燈 知策動者是誰也 法性本空慧日 明能惡入者又."

힘이 수승하기 때문이다.[47]

경허는 반야지혜 위에 헛된 공부는 없으며, 반야의 힘이야말로 일체 도법에서 가장 수승하다고 한다. 적멸한 법계의 성품인 공성을 철관하면 "당체가 의지할 데가 없음을 완전히 알아 온 몸이 대도와 합"[48]하여, "대저 한 점 영대靈臺가 탁 트여 한 티끌도 없고 꿰맨 흔적도 없는 본래 경지에 이르게"[49]된다는 것이다. 그렇게 정법안장과 열반묘심은 반야의 힘으로 증득되는 것이다.

반야지혜로 증득된 마음은 바로 무념無念이다. 경허는 「법계당에게 보이다(示法界堂)」에서 "이른바 '만행을 갖추어 닦더라도 오로지 무념無念을 종宗으로 삼는다"[50]하여, 무념이야말로 도의 뿌리이자 근간임을 강조하였다. 그리고 다음의 「합천군 가야산 해인사수선사 창건기(陜川郡伽倻山海印寺修禪社創建記)」에서 가히 깨달음이란 무생無生을 사무쳐 증득한 경지라 설하였다.

---

47 『鏡虛集』(『韓佛全』11, p. 601a). "又古人云 聞而不信 尙結佛種之因 學而未成 猶蓋人天之福 以於一切道法 般若力爲勝故也."

48 『鏡虛集』(『韓佛全』11, p. 611b). "照盡體無依 通身合大道."

49 『鏡虛集』(『韓佛全』11, p. 611b). "夫一點靈臺 廓然淨盡 絶兼纖 勿痕縫 於本有田地."

50 『鏡虛集』(『韓佛全』11, p. 595b). "所謂萬行備修 唯以無念爲宗者."

당시는 특별히 산림에 납자만이 견성하여 도사가 된 것이 아니라 위로는 천자로부터 아래는 왕공과 귀족에 이르며 초야에 묻혀 사는 현인달사에까지 미쳐서 무생無生을 사무쳐 증득하지 않은 사람이 없어서 앉아서 벗어버리고 서서 갔다.[51]

공은 다른 말로 무생無生이며 무위無爲다. 생겨나고 멸하는 것처럼 보이는 일체법은 자성적 실체를 갖고 있지 않기에 무생이다. 무생이란 나고 죽음이 없다는 단상적單相的 개념이 아니라, 생멸변화하는 현상을 여의지 않은 상태에서 생멸하지 않지 않는 마음을 꿰뚫어 씀을 의미한다. 곧 아법我法의 생멸변화를 넘어 제법실상의 묘리가 체득된 무생법인과 합일된 상태를 이르는 것으로, 물론 여기에서 다시 '생겨나는 것이 없다(無生)'는 개념에 집착하는 순간 그것은 참된 의미의 무생이 아니게 된다.

경허는 누구라도 무생을 증득하면 도를 얻어 곧바로 열반의 경지에 이를 수 있다고 한다. 실로 밝지 못한 성품 그대로가 불성佛性이요, 허망한 이 몸 그대로가 법신法身이다. 그리고 바로 이러한 법신의 무생법인을 사무쳐 증득함이 견성이요, 열반이다. 그런 의미에서 경허의 불이중도심이란 무구無求, 무착無着, 무분별지無分別地에서 이루어지는 청정자성淸淨自性 본래심本來心의 자각에 다름 아

---

51 『鏡虛集』(『韓佛全』 11, p. 608c). "當是時也 非特山林衲子 見其性而作導師也 上自天子 下至王公巨人 施及于草野賢達 莫不徹證無生 坐脫立亡.

니다.[52]

이러한 경허의 경지에서는 아래 「등암화상에게 주다」에서처럼 일말의 단견도 용납되지 않는다.

옛 사람이 이르기를 "한 법도 옳다고 결정하지 말며, 한 법도 그르다고 결정짓지 말라."하였으니 망령됨을 물리치고 참됨을 도모하며, 이것을 버리고 저것을 취함이 모두 스스로를 밧줄로 묶는 것임을 알아야 한다. 만약 대도를 깨달은 사람은 한 법도 옳은 것을 보지 않나니, 어찌 한 법에 그름이 있으리오.[53]

---

52 無分別心은 주관과 객관의 모든 분별을 떠난 마음을 의미한다. 『大乘起信論』에서는 "법신보살이 무분별심을 얻어 부처의 지혜의 작용과 상응하니, 오직 법력에 의거하여 저절로 수행하며 진여를 훈습하여 무명을 멸하기 때문이다"(『大正藏』권32, p. 578c. "謂法身菩薩得無分別心 與諸佛智用相應 唯依法力自然修行 熏習眞如滅無明故")라고 하여 無分別心을 붓다 지혜의 작용과 같은 것으로 본다. 圓測의 『仁王經疏』에서는 "有心은 분별심이고, 無心은 무분별심이다...(중략)...有心得이란 유심으로써 얻는 것을 막기 위해서이니, 대상이 모두 空인데 어떻게 有心으로써 무심의 경지를 얻겠는가. 無心得이란 무심으로써 얻는 것을 인정하기 위해서이니, 대상이 空이기 때문에 무분별심으로써 공을 얻을 수 있기 때문이다"(『大正藏』33, p. 339c. "有心是分別 無心是無分別心 ...(중략)... 或何何可有心得者 遮有心得 其境皆空 如何有心得無境也 無心得者 許無心得 謂以境空故 無分別心 能得空也")라 하였다.

53 『鏡虛集』(『韓佛全』11, p. 594a). "又古人云 不定一法是 不定一法非 斥妄謀眞 捨此取彼 竝是執縛自繩 若惡大道之人 不見一法是 何有一法非."

모름지기 깨달음을 증득한 사람이라면 일체제법의 이치를 무분별지에서 중도로 철견할 뿐 어느 한 법만을 취해 옳다거나 그르다고 단견하지 않는다. 「진흙소의 울음」에서처럼 "모든 일에 무심하고 마음에 일이 없게 되면 마음지혜가 자연히 깨끗하고 맑아"[54]져, 일체의 무명과 분별을 떠난 본래면목을 확철할 뿐이다.

　이처럼 경허의 깨달음은 무생, 무위에 근거한 반야공의 확철과 무구, 무착의 무분별지에서 이루어지는 불이의 대도大道에 있다.

---

54 『鏡虛集』(『韓佛全』11, p. 590c). "最要的無心於事 無事於心 則心智自然淸澄."

즉사이진卽事而眞으로서의
무사인無事人의 삶

경허의 선관禪觀에는 핵심적으로 현상적 사실이 곧 실상이라는 '수처작주隨處作住 입처개진立處皆眞, 즉사이진卽事而眞[55]의 원리론이 내포되어 있으며, 이 원리론은 구체적으로 '무상無相·무아無我·무주無住'라는 공통의 속성을 함의하고 있다.

무상이란 모든 존재의 대대적인 차별상인 이상二相이 없다는 뜻

---

55 '隨處作主 立處皆眞'은 임제의 사상이 함축적으로 표현된 구절이다. 이는 현실의 작용 그대로가 모두 眞이라는 철저한 현실중심의 卽現思想으로써, 중생의 현상사에서 실천되는 진리를 강조한 것이다. 임제는 매 순간 우리의 실존의 삶에서 스스로 그 시공간의 주인이 될 것을 당부하고 있는데, 이때의 主란 '無事人'에 다름아니다. 無事眞人이란 수처작주의 실천자로써 本來面目을 바로 알아 그 어느 것에도 구애받지 않는 사람을 이른다. 입처개진에서의 眞이란 부처와 조사들의 바로 그 구경의 法을 의미하며, 이처럼 각자가 처한 모든 곳에서 스스로 주인공으로서의 삶을 영위하는 것을 임제는 구체적인 깨달음의 실천이자 구경의 道로보았다.

으로, 삼라만상과 모든 존재의 다양한 상의 전개 즉 일체제법의 차별상 그대로가 실상實相이라는 개념이 내포되어 있다. 무아無我란 공성空性으로서의 자아뿐 아니라 일체존재의 무자성無自性을 의미한다. 모든 "현상 중에 나라는 것은 없으며 나의 것 또한 없"[56]으므로 무자성(無我)인 것이다. 일정한 대상에 집착하지 않아서 어디서건 자유롭고 걸림 없는 무주無住는 "모든 법이 찰나찰나 무상하게 변하여 머무는 순간이 없"[57]는 무소주無所住에 다름 아니다.

『금강삼매경론金剛三昧經論』에서는 무주를 다음과 같이 중도와 이제二諦를 모두 여읜 상태라 정의하였다.

> 무주란 이제二諦에 머물지 않고 중도에도 머물지 않는다는 뜻이다. 중도에도 머물지 않으면서도 양변을 모두 여읜 것을 무주처라 한다.[58]

무주란 이제에도 중도에도 머물지 않고 양변마저 여읜 상태를 말하는 것으로 진여眞如의 속성이다. 이러한 속성을 걸림 없는 지혜로 증득할 때 일체지지一切智智가 되며, 일체지지로 대열반을 증득하게 되는 것이다. 이처럼 저마다의 다양한 상相을 평등하게 현

---

56 『雜阿含經』 30(『大正藏』 2, p. 16c). "法無有吳我 亦復無我所."

57 『大智度論』 47(『大正藏』 25, p. 339c). "觀諸法念念無常 無有住時."

58 『金剛三昧經論』 권下(『大正藏』 34, p. 999b). "此中言無住者 不住二諦 亦不在中 唯不在中 而離二諦 如是名爲無住處也."

현하는 일체제법[無相] 속에서, 그 어디에도 주착하지 않는[無住] 자유로운 주체[無我]의식의 지혜로운 자각과 드러남이 바로 즉사이진의 삶이다.

경허의 삶은 한마디로 매 행위가 그대로 진眞이 되는 즉사이진의 삶이었다 할 수 있다. 경허는 스스로 「합천군 가야산 해인사 수선사 창건기」에서 "나는 산수에 노닐기를 좋아하는 사람"[59]이라 하고 있는데, 이는 「진흙소의 울음」에서 말하는 "온갖 세상일에 조금도 간섭하는 뜻이 없어 고요하고 하염없이 지내"[60]는 무위진인無位眞人, 평상무사인平常無事人에 다름 아니다. 무사인이란 개개인의 본래경本來境인 무위진인의 존재를 인지하고 그 존재를 발현시키기 위해 집착 없이 무구無求하면서 진정견해眞正見解의 삶을 사는 사람을 일컫는다.

이렇게 진정견해로써 평상무사의 삶을 영위한 선사가 경허였다. 경허의 표현을 빌리자면 "천성이 인간 세상에 섞여 살기를 좋아하고 겸하여 꼬리를 진흙 가운데 끌고 다니기를 좋아하였던"[61] 승속불이僧俗不二의 대 자유인이었던 것이다.

---

59 『鏡虛集』(『韓佛全』11, p. 608c). "余嗜好遊山水者也 遊得徧仙人尸解."

60 『鏡虛集』(『韓佛全』11, p. 590c). "一切世事 闊若無些少干意 寂然無爲 乃可耳."

61 鏡虛 著, 『鏡虛集』, 앞의 책, p. 50. "性好如光同塵 掘其泥而 又喜乎曳其泥者也."

이러한 경지에 이른 활조活祖의 삶은 세속의 잣대로 함부로 예단할 수 없다. 이른바 무위계와 유위계의 기준은 근본적으로 다른 것이어서 무위의 행을 유위의 잣대로 평가한다는 것은 사리에 맞지 않는다. 그런데도 사람들은 활조의 무위행을 이해하지 못하고 겉으로 드러나는 모습만 보며 그들을 비방하는 경우가 있다. 전술한 바, 이러한 비난의 가장 중심에 섰던 선사가 바로 경허였다.

주지하다시피 경허의 무애행은 당시 세간의 이목을 끌며 심히 왜곡되기도 하였다. 그러나 이 모든 오해는 경허의 불이행不二行과 즉사이진의 도道를 올곧게 이해하지 못한데서 비롯된 것이라 할 수 있다. 최상승 달마의 불이법이란 일체의 선악과 시비, 단상 그리고 승속과 범성을 벗어난 경계다. 이 경계에서는 오로지 정법안장을 갖추었는가 아닌가 하는 것만이 잣대가 될 뿐, 나머지의 행동거지들은 선행이든 악행이든 진眞의 경계에서 보자면 아무런 차별이 없다. 실로 진여자성眞如自性, 일심一心에는 애당초 선악이라는 개념조차 존재하지 않는다. 그런데도 매 순간 선악과 범성을 나누며 시시비비 분별하는 것은 유위有爲의 사계事戒에 묶인 무명 중생의 허망한 마음때문이다.

그러므로 경허에게 속제법俗諦法이란, '소승의 계율을 익힌 이들이 선사를 비방하나 마치 범아제비가 수레바퀴를 막으려 함이요, 뱁새가 대붕을 비웃는 것과 같으니 말할 거리도 되지 못하는' 것이다. 전술한 바, 계율에도 그 각각의 수준이 있다. 이를테면 "대승계와 소승계가 있고, 이理와 사事가 있고, 지음(作)과 지음 없는 것(無

作)"[62]이 있어서, 소승계로 대승계를 판단할 수 없으며, 사사事와 작作으로써 이리理와 무작無作을 가늠할 수는 없는 것이다.

세속의 중생들은 소승계[事戒, 作戒]에 의해 구속받지만, 경허와 같은 활조는 대승계[理戒, 無作戒]에서 노닌다. 경허 스스로의 표현을 빌리자면, 경허의 계는 바로 무위無爲의 이계理戒다.

> 탐욕이 곧 대도이며 성냄도 또한 그러하니, 이와 같은 세 가지 법 가운데 일체의 불법이 갖추어져 있어서, 모든 법을 널리 설하며 지니고, 범함이 둘이 아닌 것을 이름 하여 이계理戒라 하나니, 모든 법에 행함이 없는(無爲) 경이다.[63]

경허의 무위계란 탐욕 속에 대도가 함께 하고 성냄 속에 자비가 그대로 갖추어진 불이不二의 이계理戒를 말한다. 불이의 이계로 보자면 '번뇌는 곧 보리(煩惱卽菩提)'에 다름아니다. 같은 이치로써, 현상계의 일체 유무有無, 범성凡聖, 행무행行無行, 작무작作無作 등도 사실 그 사이의 개별적 차별성은 없다. 이러한 실상법이 증득된 경지에서는 그러므로 '무엇을 하든 한 바 없는', 그야말로 무위의 실상법만이 존재하는 것이다.

---

62 『鏡虛集』(『韓佛全』 11, pp. 593b-c). "古有習小乘戒律者 皆誹謗禪師 而如蟷螂捍轍 斥鷃笑鵬 置之莫論 且戒有大小 有理與事 有作與無作."

63 『鏡虛集』(『韓佛全』 11, p. 593b). "貪欲卽大道 嗔恚亦復然 如是三法中 具一切佛法 廣說諸法 持犯無二 名爲理戒 卽諸法無行經也."

실로 깨달음을 방해하는 정신작용인 망상과 열반을 성취하는
지혜인 보리가 현상적으로는 서로 대립되는 것처럼 보이지만 실
상의 세계에서 보면 이 둘은 상즉相卽하여 서로가 서로를 여의지
않는다. 이렇게 불이의 이법理法은 근본적으로 나와 타자, 유와 무,
번뇌와 보리 등이 모두 무자성無自性을 바탕으로 하는 가공의 실체
라는 인식을 기반으로 성립한다.[64]

이와 같이 일체제법의 참 성품이란 공과 무자성의 연기로써 구
태여 얻어야 할 것도 버려야 할 것도 없다는 것이 대승의 견해이
다. 우리의 참 성품은 어리석은 상태에 있다고 줄어들지도 않으며

---

64 이 이론을 체계화한 최초의 학자는 龍樹이다. 용수는 부파불교의 대표
    적인 학파인 有部가 연기설을 실체론적인 관점에서 해석함으로써 번
    뇌와 보리, 생사와 열반, 중생과 부처를 각각 독립적으로 존재하는 실
    체로 해석했던 것에 대해 다음과 같이 비판했다. "묻는다. 망상에 의한
    분별로부터 탐욕과 분노와 어리석음이 생겨난다. 청정한 것과 청정하
    지 않은 것이 뒤바뀌어 모든 것은 온갖 종류의 緣으로 생겨난다"(「中論」
    권4, 『觀顚倒品』, 『大正藏』 30, p. 31a, "問曰 從憶相分別 生於貪瞋癡 淨不淨顚倒 皆
    從衆緣生"). 이 비판의 요점은 번뇌도 조건에 의해 생기한 것으로 실제
    로는 번뇌 자체는 실체 없음을 지적한 것이며, 만약 보리도 실체가 있
    다고 한다면 현재 번뇌에 빠져있는 중생은 결국 아무리 노력해도 보리
    를 얻을 수 없게 된다는 궁극의 모순을 지적한 것이다. 용수의 사상은
    불이사상으로 발전하여, 번뇌를 억지로 끊으려 하지 않는 대신 번뇌의
    실체없음을 정확히 인지함으로써 자연스레 번뇌를 소멸시키는 실천법
    으로 이어진다.

깨달음을 얻었다고 증가하지도 않는다. 이법에서 보자면, 오온과 12처 모두가 그대로 진여이기 때문에 구태여 버려야 할 고苦도 없으며, 끊어야할 집착도 없다. 『마하지관』에서는 이러한 이치를 다음과 같이 설명한다.

> 오온과 12처 모두가 진여이니 버려야 할 고苦도 없다. 무명과 번뇌가 곧 보리이니 끊어야 할 집착도 없다. 편벽된 견해와 삿된 견해가 모두 중도이며 바른 것이니 닦아야 할 수행도修行道도 없다. 생사가 곧 열반이니 증득해야 할 멸滅(열반)도 없다. 고도 없고, 집착도 없기 때문에 세간도 없다. 수행도 없고 멸도 없기 때문에 출세간도 없다. 순수하게 하나인 실상일 뿐이니 실상 밖에 다시 별도의 법이 없다.[65]

이렇듯 최상승의 도에서는 순수한 실상의 불이법만이 존재할 뿐이다. 그 외에는 모두 인간의 망상과 탐착이 만들어낸 가상의 위법僞法요, 실체 없는 허깨비법일 뿐이다. 바로 이렇게 실상법 밖엔 별도의 법이 없어 따로 증득해야 할 열반도, 수행도, 세간도, 출세간도 없는 그 경계가 바로 경허의 자리인 것이다.

「등암화상에게 주다」에서 경허는 대승계와 소승계의 차이를 설

---

65 『摩訶止觀』(『大正藏』 46, p. 1c). "陰入皆如 無苦可捨 無明塵勞 卽是菩提 無集可斷 邊邪皆中道 無道可修 生死卽涅槃 無滅可證 無苦無集 無世間 無道無滅故 無出世間 純一實相 實相外更無別法."

명하며, 이계는 "마음의 실상에 머무름이 없는 계"[66]이며, "사계란 『법망경』의 10가지 무거운 큰 계와 48가지 가벼운 계"[67]를 이른다고 하였다. 그리고 무위의 대승이계에서는 '중생구제의 보살 원력을 잊거나 혹은 완벽한 깨달음을 이루지 않고서 공을 체득했다며 증상만(增上惡心)을 내는 경우'를 제외하곤, 그 어느 것도 죄가 되지 않는다 하였다. 따라서 도를 이룬 사람은 겉으로 드러나는 행만 보고 그것을 세속적 잣대로 옳고 그름을 따지는 사법事法 즉 소승계에는 상관하지 않는다는 것이다.

대승의 무위보살은 처처곳곳 그 어디에서 무엇을 하든 작은 소승법따위에 연연하지 않고 오직 중생구제의 원력만으로 인연 따라 자재하며, 처하는 곳마다 행하는 모든 것이 다 진眞이 되는 즉사이진卽事而眞의 삶을 산다. 경허 역시 무위의 도를 펼치며, 오로지 중생의 무명을 깨우쳐주기 위한 원력과 방편으로서의 삶을 자유로이 구가한 것이다.

그러나 경허도 지적하였듯이, 당시의 상황이란 대승계는커녕 아래와 같이 소승계조차 제대로 지켜지지 않는 그야말로 말세적 상황이었다.

가석타. 근래의 수행인들을 보니 참되고 바른 스승과 도반을 찾아 도의 안목

---

66 『鏡虛集』(『韓佛全』11, p. 593c). "心住實相 名爲無作戒."

67 『鏡虛集』(『韓佛全』11, p. 593c). "十重波羅夷 四十八輕垢 名爲事戒."

을 결택하지 못하고 온전히 남의 힘만 의지하여, 그저 부처님 명호만 외우고 부처님이 구제해 주기만을 바라다가 그 공력이 궁극에 가서는 모두 마구니에게 포섭되는 것을 내가 보고 듣고 허물을 증거 할 수 있는 것만도 그 수가 매우 많도다.[68]

당시 경허는 정법의 자력수행의 풍토는 사라지고 온갖 타력적 신앙에 의지하는 중생들을 안타깝이 여겨, 정혜를 닦으면 말세의 하근기도 견성할 수 있다며 정혜결사를 추진하였다. 그러나 이 역시 사람들을 미혹에서 벗어나게 하기 위한 방편이었음을 다음과 같이 밝히고 있다.

옛적에 "자기 힘으로 하는 것은 나무를 심어 배를 만드는 것에 비유하고, 남의 힘은 배를 빌려 타고 바다를 건너는 것에 비유함이니, 더디고 빠르고 어렵고 쉬운 것은 공들임에 차이가 있다."라는 말이 있는데, 이것도 또한 권하여 교화하는 방편이라 잘못된 것이라 변명을 면키 어려우니, 부처님 가르침에 어긋나고 뒷날 중생들을 크게 그르칠 것이니 이것을 부득불 변명해야 하느니라.[69]

---

68 『鏡虛集』(『韓佛全』11, p. 593b). "可惜 近見修行人 未能參其眞正師友 決擇 道眼 全恃他力之說 一向誦持佛號 望佛接濟者若到功極 皆被魔攝 余亦見 聞證過 其數甚多."

69 『鏡虛集』(『韓佛全』11, p. 592c). "古有以自力 譬種樹作船 他力 譬借船越海

비록 하근기들을 위한 방편으로 타력 수행을 설하였지만 본질적으로는 잘못된 것이라는 지적이다.

이렇듯 경허의 깨달음은 철저히 자신의 힘과 지혜를 바탕으로 무명과 허상으로부터 벗어나는 '대자유'와 '대해방'에 있었으며, 그렇게 획득되어진 즉사이진의 삶이 다름 아닌 경허의 무애행이었다. 따라서 경허의 무애행은 찬양하거나 비방할 대상 자체가 되지 않는다. 온갖 분별심과 산란심의 事의 세계에서 理의 세계를 논한다는 자체가 이미 뱁새가 황새를 따라가려는 짓이요, 뿌리 없는 나무로 배를 만들려는 이치와 다름없기 때문이다.

이상 살펴본 바와 같이 경허선의 요체는 간화선과 정혜쌍수에 기반 한 반야공관과 진속불이의 도에 있으며, 이러한 불이의 도는 즉사이진에 바탕 한 무애행으로 현현되어, 그곳이 어디든 경허가 서 있는 자리마다 무사인無事人의 삶으로 현현되고 있음을 확인할 수 있었다.

遲速難易 功效有異之說 此亦勸化方便 然未免辨說淆訛 違於佛敎 大誤後生 此不得不辨."

V

경허 선시의
선시학적 분류

만해의 지적대로 경허의 선시는 시되 시가 아닌 법어法語요, 오묘한 선지禪旨의 드러남이다. 때에 따라 경허의 선시는 오도의 체體가 그대로 드러나는 개오시가 되기도 하고, 무문無文의 인장印章으로 법을 전하는 전법시가 되는가 하면, 송곳 한 치도 들어갈 수 없는 조사활구의 화두시, 혹은 초연초절의 격외시도 된다. 선과 시가 원융하게 어우러진 경허의 선시는 이렇듯 법法에 따라 자유자재하다.

경허의 선시는 철저히 그의 선사상에 바탕 한다. 처처곳곳에 따라 방편적 모양새를 달리 하면서도 철저하게 그의 선사상과 계합하는 경허 선시를 바르게 요해하기 위해서는 따라서 그의 선시에서 묘법妙法으로 드러나는 선사상을 얼마나 제대로 간파하였느냐에 달렸다.

본 장에서는 앞서 '선禪'의 관점에서 분류한 선시 세목에 입각하여, '견성오도見性悟道의 개오시開悟詩', '무문일법無文一法의 전법시傳法詩', '조사활구祖師活句의 화두시話頭詩', '초연초탈超然超脫의 격외시格外詩'의 네 가지로 분류하여 그 선시학적 분석을 시도하고자 한다.

경허 선시가 수록되어 있는 주요 자료로는 1931년 한암 필사본 『경허집』과 1943년 중앙선원 판본, 한용운 서의 『경허집』, 1970년 대동불교연구소 편찬의 『경허당법어록』, 그리고 1992년 『한국불교전서韓國佛敎全書』 제11책 「경허집」이 있다. 그러나 각 자료마다 선시 수록편수에 있어 약간의 차이를 보이고 있다.

1943년 중앙선원 판본의 『경허집』과 1970년 대동불교연구소 편찬의 『경허당법어록』에는 시詩, 오언절 31수, 오언률 16수, 칠언절 41수, 칠언률 130수, 사육언 8수와 가歌, 오도가悟道歌, 심우송尋牛頌(2편), 참선곡參禪曲, 가가가음可歌可吟, 법문곡을 합쳐 총 232수가 실려 있다. 1992년 『한국불교전서』 「경허집」에는 「보유補遺」편을 합쳐, 시詩 오언절 32수, 오언률 18수, 칠언절 42수, 칠언률 132수, 사육언 8수와 오도가悟道歌, 심우송尋牛頌(2편), 참선곡參禪曲, 가가가음可歌可吟, 법문곡 외 금강산유산가金剛山遊山歌, 금강산명구金剛山名句(2편), 제헐성루題歇惺樓(2편)를 합쳐 총 243편이 수록되어 있다. 이 중 가장 다수의 선시가 수록된 『한불전』(「보유」 포함)의 선시 및 가歌·송頌·곡曲[1]을 그 형식에 따라 도표로 정리하면 아래와 같다.[2]

---

1 대개 선시에서는 그 내용상 歌 · 頌 · 曲의 차이를 크게 찾을 수 없다. 『鏡虛堂法語錄』, 『鏡虛集』, 『韓佛全』, 『鏡虛禪師法語』에서도 선시를 율격의 종류에 따라 오언절 · 오언률 · 칠언절 · 칠언률 · 사육언으로 구분하였으며, 頌 · 曲 · 吟 · 讚 등을 구분 없이 모두 '歌'에 포함시켰다.

2 본장에서의 선시 한글본은 1995년 漢岩大宗師法語集編纂委員會 간행, 『

형식	『韓佛全』 수록 선시 · 歌	편수
五言絶	遊隱仙洞, 題通度寺白蓮庵, 偶吟, 又(29편), 震應講伯答頌	32
五言律	題梵魚寺普濟樓, 雲達山途中口號, 贈別, 使書童詠水自詠, 偶吟, 又(10편), 社上路中, 香閣, 遠客	18
七言絶	海印寺九光樓, 伽倻山紅流洞, 與南泉堂翰奎, 又(15편), 卽事, 通度寺白雲庵, 通度寺白蓮庵謹次喚惺老師韻, 梵魚寺解夏日上元曉庵, 自梵魚寺向海印寺道中口號, 過佛明山尹弼庵 尹弼庵解夏後偶吟, 與永明堂行佛靈途中, 題智異山靈源寺, 寄虛舟長者, 題松廣寺六鑑亭一說羽化閣, 題錦山寶石寺, 題麻谷寺, 題天藏庵洪州郡, 答滿空問和尙歸去後衆生如何敎化, 題釋王寺 映月樓, 過甲山利水洞, 觀釣魚, 詠蓮隱種樹栽花, 偶吟, 坐熙川頭疊寺, 別友人, 高義, 祖師一去, 湖西客, 依舊靑山, 遊歷名山, 渡水登山, 風流景, 追憶, 一別, 題歇惺樓	42

定本漢岩一鉢錄－上卷(法語篇)』과 1990년 極樂禪院 편찬, 경허 저, 釋明正 역의 『鏡虛集』, 1975년 玄岩社 발행, 석지현의 『禪詩』 등의 번역을 주로 참고하였다.

七言律	訪武屹寺, 與諸益登九重山, 上靑岩寺修道庵, 訪修道庵, 贈玉果觀音寺修益師, 和映湖堂, 和松廣寺錦溟堂, 松廣寺月和講伯同行華嚴路中口號, 음(34편), 公林寺, 沃川花日浦, 定慧寺, 至月上浣在都下里書塾寄江界韻, 入甲山路踰江界牙得浦嶺, 長津路上, 過長津江見三胎子, 書懷(2편), 答昌平梁梳商, 江界終南面和李汝盛, 與李敎師夜吟, 除夕, 元旦, 偶吟(2편), 有感, 坐仁風樓次板上韻, 與朴利淳敍懷, 和捕廳洞李先生, 與金淡如金小山吳荷川團會, 和崔文華, 黃麟里路中口號, 津坪里別崔文華, 過寧邊新市場, 鳥首山下雪夜有感, 新德齋與金日連詠懷, 於金小山書幌, 公貴里와諸益, 坐熙川頭疊寺, 冬至日碧潼暢明學校朴亨觀與諸益, 遊奉天臺, 和林上舍, 河淸洞與吳荷川團會, 上院庵與荷川敍舊, 和林麟奎, 和金駱甯與其弟馳甯與其父金亨益有舊而重來則已化, 興有村和金有根本居忠淸道洪州葛山而來留此地十年云有舊於京城, 和金淡如, 杜門洞和姜鳳軒, 渭原和京居劉農九三綱錄來云, 渭原和宋儀徵, 和韓鶴淳, 和張士允, 和金守鎬, 和朴瑛祥, 遊午南寺, 松坪里書塾和金應三, 和金英抗與金淡如, 與諸益上子北寺, 和諸益, 和金用宣, 與諸益上北門樓, 遊講場, 與海岩坐草堂得仙字, 午枕, 次時習齋板上韻, 與海岩夜坐, 訪雲坡林庄雲坡妓名, 中庚日時習齋小酌, 遊錦川館, 一海精舍小酌一海金泊彦號也, 出北門外訪朴舍苞山小山梅隱同會, 夜坐, 仁風樓晩眺, 南門樓, 登南門樓, 征婦, 野鶴村, 北樓(2편), 坐小山園亭, 登望美亭, 圍棋, 登仁風樓, 鶯, 唧唧, 雨中登居然亭, 淸明日上東門樓, 六三亭, 鳳仙花, 六三亭, 眄柯亭, 遊龍浦齋, 寄金泊彦, 寄金水長, 辛亥春偶逢宋南河, 靑岩寺祖室與萬愚堂話別, 大 光明, 漸修頓悟, 追慕金師, 滌塵人間, 詩情酒話, 日影沈水, 自愧, 午睡, 花紅草非, 覺花, 八空山, 自笑, 九光樓, 浮生, 作別, 惜別, 離鄕客窓, 東海絶景, 出門錫飛, 金剛山名句	132
四六言	無題(8편)	8
假	悟道歌, 尋牛頌(2편), 參禪曲, 可歌可吟, 법문곡, 金剛山遊山歌, 金剛山名句(2편), 題歇惺樓(2편)	11

이상 『한불전』과 전술 자료집에 실려 있는 시가詩歌를 중심으로
경허 선시의 그 선시학적 분석을 시도하고자 한다.

견성오도見性悟道의 개오시開悟詩

오도송悟道頌 즉 개오시는 한 각자覺者의 실존적 깨달음의 실체
와 경계를 직접적으로 살펴볼 수 있다는 점에서 매우 중요하다. 선
가에서 개오시는 전통적으로 수행자의 깨달음을 점검하는 주요한
도구로 뿐 아니라, 선사 스스로 자신의 깨달음을 천명하는 방편으
로 쓰였다는 점에서 선시학적으로 뿐만 아니라 선학적으로도 그
의의는 매우 크다.

붓다로부터 비롯된 오도송은 이후 선종의 선사들에 의해 주로
전승되어 왔다. 이들 선사들의 개오시는 붓다의 깨달음과 동일한
완전하고 위없는 '진리(法)'를 내포하고 있다.

깨달음에 이르기까지 경허의 참선수행은 근래 그 어떤 선사보
다 치열한 것으로 유명하다. 1879년 '금생에 차라리 바보가 될지언
정 문자에 구속되지 않고 조도祖道를 찾아 삼계를 벗어나리라'는
발원을 마친 경허는 '나귀의 일이 끝나지 않았는데 말의 일이 닥쳐

왔다(驢事未去馬事到來)'[1]는 화두를 들고 목숨을 건 용맹정진에 돌입한다. 그런 중에 학명스님으로부터 한 사미의 부친인 이거사의 '어찌 소가 되긴 되어도 콧구멍 뚫을 곳이 없다고 이르지 않는고?'라는, '무비공無鼻孔' 법문을 전해들은 경허는 그 자리에서 조사관祖師關을 뚫고 일대대오一代大悟를 이루게 된다.

화두를 참구할 때 대개 들던 화두를 깨쳐 대오에 이르는 경우도 많지만 경허의 경우처럼 생각지도 않은 다른 기연에 의해 깨달음을 얻는 경우도 부지기수다. 이를테면 '부모미생전父母未生前 본래면목本來面目' 화두를 들던 향엄지한香嚴智閑(?-898)선사가 마당을 쓸다 우연히 빗자루에 쓸려나간 기와조각이 대나무에 부딪쳐 '딱'하는 소리를 듣고는 홀연히 깨달음을 얻어 '딱 한 번 소리에 모든 것 다 잊으니(一擊忘所知)'라는 개오시를 읊은 경우나, '오직 이것(這箇是)'이라는 화두를 붙든 채 개울을 건너던 동산양개洞山良价(807-869)화상이 문득 물에 비친 자신의 그림자에 돈오하여 '과수게過水偈'라는 오도시를 지은 것과 같이 이와 같은 경우는 허다하다.

---

1 '驢事未去馬事到來' 화두는 위앙종의 개조 潙山靈祐의 제자 靈雲志勤이 들었던 화두다(『傳燈錄』권11과 『祖堂集』권9 수록). 영운지근은 3년 동안 화두를 참구하다 우연히 선원 뜰 앞에 활짝 핀 복사꽃을 보고 대오하여 다음과 같은 오도시를 남겼다. "삼십 년 동안 검을 찾던 나그네/ 하릴없이 피고 지는 꽃 꺾어들기 몇 번이었던고/ 그러나 복사꽃 한 번 본 뒤로/ 이제 다시는 미혹치 않네(三十年來尋劍客 幾廻落葉幾抽枝 自從一見桃花後 直至如今更不疑)."

어떤 공안이나 기연을 통해서든 하나의 의심이 뚫리면 일체의 의심이 사라져서 모든 상대성을 여의게 되는 것이 조사선의 작용이다. 그리고 무엇으로든 일단 깨침을 얻으면 화두는 다만 버려야 할 통발이 될 뿐이다.

그러나 경허는 대오 후 일반적으로 즉각 오도시를 읊는 경우와는 달리 근 반 년 이상의 보림장양保任長養 후에야 오도가를 읊었다는 점에서 남다르다. 경허의 보림장양 역시 혹독한 것으로 유명하다. 1879년 11월 보름께 동학사에서 오도한 이듬 해 봄인 1880년 봄, 연암산 천장암으로 들어가 누더기 한 벌을 지어입고 보림장양에 들어간 후 그해 6월에서야 경허의 첫 개당설법開堂說法은 이루어진다. 개당설법이란 오랜 수행 끝에 깨달음을 획득한 선사가 처음으로 법석法席을 마련하여 자신의 선당禪堂을 여는 중요한 설법의 장을 말한다. 이렇듯 처절한 보림을 통해 스스로의 깨달음을 재차 점검한 후에 읊은 경허의 오도가는 그래서 더욱 투철하고 완벽하다. 그야말로 깨달아 증득한 곳이 실로 높아 그 높기는 천 길 낭떠러지이며, 드넓기는 옛 조사의 가풍 그대로인 것이다.

한암은 『경허집』에서 경허의 개당설법을 「오도가悟道歌」라는 제목으로 싣고 있다. 경허의 「오도가」는 기야 형태로서 그 자체 법문이자, 게송이며 동시에 개오시라 할 수 있다.

경허의 「오도가」를 내용상 구분하자면 크게 다음의 다섯 단락으로 나눌 수 있다. 먼저 ①에서 ⑤까지의 첫째 단락은 오도 후 자

신의 경지를 알아줄 사람이 없음에 대한 안타까움을 표현한 대목
이다.[2]

① 사방을 둘러보아도 사람이 없어 이 의발을 누구에게 전하랴. 이 의발을
   누구에게 전하랴. 사방을 둘러보아도 사람이 없네.

② 봄 산에 꽃은 웃고 새는 노래하며 가을밤 달은 밝고 바람은 맑으니, 바로
   이러한 때에 무생의 한 곡조 노래를 얼마나 불렀던고. 그러나 이 한 곡조
   의 노래를 아는 이가 없으니 시절이 그래서인가, 숙명인가, 이를 어찌하랴.

③ 산 빛은 문수의 눈이요, 물소리는 관음의 귀로다. 소를 부리고 말을 부림
   은 보현이요, 장 씨네 셋째와 이 씨네 넷째가 본래 비로자나로다.

④ 부처와 조사라 이름하며 선과 교를 설하지만, 무어 그렇게 특별히 분별
   할 것 있겠는가. 돌사람이 피리 불고 목마가 졸고 있네.

⑤ 범부가 자기 성품을 알지 못하고 말하기를 "성인의 경계는 나의 분수가
   아닌가"하니 가련하구나. 이러한 사람은 지옥의 찌꺼기 밖에는 되지 못
   하리라.[3]

---

2 번호는 본고에서 편의상 추가하였음.

3 「鏡虛集」(『韓佛全』11, pp. 628c~629a). "惡道歌// 四顧無人 衣鉢誰傳 衣鉢
   誰傳 四顧無人 春山花笑鳥歌 秋夜月白風淸 正恁麼時 幾唱無生一曲歌//
   一曲歌 無人識 時耶命耶且奈何 山色文殊眼 水聲觀音耳 呼牛喚馬是普賢
   張三李四本毘盧 名佛祖說 禪敎何殊 特地生分別 石人唱笛 木馬打睡 凡
   人不識自性 謂言聖境非我分 可憐此人地獄滓."

「오도가」의 첫 대목은 '사방을 둘러보아도 사람이 없어 이 의발을 누구에게 전하랴. 이 의발을 누구에게 전하랴. 사방을 둘러보아도 사람이 없네'라는 안타까움으로 시작하고 있다. 선가에서 '의발衣鉢'이란 깨달은 바 '법 전승의 표식'을 의미한다. 그리고 의발을 전해 받은 자는 불조佛祖의 정법안장正法眼藏을 부촉하여 그 법을 다시 후대에 전할 의무를 지게 되는 것이다. 그러나 가사와 발우로 전해지던 전법의 증표는 진즉 육조혜능 대代에서 끝났다. 그런데 이를 모를 리 없는 경허는 「오도가」의 첫머리부터 이 깨달은바 의발을 전할 사람이 없다며 탄식하고 있다. 진즉 육조 대에 끊어져 실제 법전승의 표식으로 사용되지도 않는 의발을 구태여 이리 거명한 것은, 당시 단 한 분의 명안종사조차 찾을 길 없는 안타까운 마음을 상징적으로 비유한 것으로 볼 수 있다.

이어 ③에서 경허는 자신의 깨달은 바를 '산빛은 문수의 눈이요, 물소리는 관음의 귀'며, '들판의 소와 말을 놓아 부리는 이가 보현보살'이자, '장 씨네 셋째와 이 씨의 넷째가 본래 비로자나부처님'이라 상징하고 있다. 여기에서 장씨나 이씨란 '흔하디흔한 사람'이란 뜻으로 깨치지 못한 우리 범부 중생들을 의미한다. 그런데 경허가 깨닫고 나서보니 그 흔하디흔한 장씨나 이씨 같은 우리 중생들이 실은 바로 부처더라는 것이다. 중생이 곧 부처에 다름 아니라는 범성불이凡聖不二의 확철과 천명이 「오도가」 첫머리에서부터 드러나고 있는 것이다.

그러나 이는 각자覺者 경허의 관점일 뿐 자신의 본성本性이 부처임을 깨치지 못한 범부들은 분별심과 망식에 갇혀 무명을 벗어나지 못한다. 이러한 중생의 어리석음을 ⑤에서 한탄하면서, '이러한 사람은 지옥의 찌꺼기 밖에는 되지 못하리라' 가슴 아파하고 있다. 그리하여 이렇게 자기성품自性을 망각하고 분별경계에서 헤어나지 못하는 중생을 구제하기 위해 '무생無生의 한 곡조'를 애타게 불러보지만, 아무리 사방을 둘러보아도 이 무생의 이치를 올곧게 아는 자 하나도 없음을 통탄해하는 부분이 바로 「오도가」의 첫 시작 부분인 것이다.

두 번째 단락은 ⑥에서 ⑦까지로 오도에 이른 과정과 그 깨달은 바 핵심에 관한 부분이다.

⑥ 나의 전생 일을 돌이켜 생각해 보니, 사생 육취의 험난한 길을 오랜 세월을 돌고 돌며 겪었던 고생이 이제 눈앞에 보이듯이 분명하니, 어찌 다른 사람들에게도 견디라 하랴. 다행히 숙연宿緣이 있어서 사람이 되어 장부로써 출가하고 도를 얻으니 네 가지 얻기 어려운 가운데 하나도 모자람이 없도다.

⑦ 어떤 사람이 희롱하여 말하기를 "소가 되어도 콧구멍이 없다"라는 말을 듣고 그 말에 문득 나의 본래 마음을 깨달으니, 이름도 공하고 형상도 공하고, 공하여 텅 비고 고요한 가운데 항상 빛나더라. 이로부터 하나를 들으면 천 번을 깨달으니 눈앞은 홀로 밝은 적광토寂光土요 정수리 뒷모습

은 금강의 세계로다.⁴

⑦의 내용은 주지하다시피 경허가 '무비공無鼻孔' 법문에 자성自性을 확철하게 되었다는 것인데, 그 깨달음이란 다름 아닌 '제법공성諸法空性'이었음을 명시하는 중요한 대목이다. '이름도 공하고, 형상도 공하고, 공하고 텅 비어, 그 고요한 가운데 항상 빛나'는 그것, 곧 경허가 활연대오하여 깨달은 진리란 다름 아닌 '일체개공一切皆空'에 다름아니다. 이처럼 반야공관般若空觀과 일체개공이 명확하게 설해진 부분이 둘째 단락이다.

일체개공으로서 통달된 제법실상은 셋째 단락 ⑧에서부터 ⑫에서와 같이 일체 유무와 대립이 모두 소멸된 불이의 경지로 현전한다.

⑧ 사대四大와 오음五陰이 청정법신이요, 극락세계란 화탕지옥과 한빙지옥

　을 겸한 곳이며, 화장찰해란 검수劍樹와 도산刀山의 법성토法性土이며, 썩

　은 거름무더기와 똥무더기가 대천세계이며, 개미구멍과 모기 눈썹이 삼

　신三身과 사지四智이며, 허공과 삼라만상이 보이는 그대로 본래 천진이니

4　「鏡虛集」(「韓佛全」11, p. 628c). "回憶我前生事 四生六趣諸險路 長劫輪廻受
　苦辛 今對目前分明 使人回耐兮 幸有宿緣 人而丈夫 出家得道 四難之中
　無一闕 有人爲戲言 作牛無鼻孔 因於言下 惡我本心 名亦空相亦空 空虛
　寂處常光明 從此一聞卽千惡 眼前孤明寂光土 頂後神相金剛界."

크게 기이하고 기이하도다.

⑨ 솔바람 소슬하니 사면청산이요, 가을 달 밝으니 하늘 물 이런 듯, 누른 꽃 푸른 대 꾀꼬리 노래와 제비의 재잘거림이 어디선들 대용大用을 나타내지 않는 곳 없도다. 시정의 천자天子를 준들 할까 보냐. 평지 위의 파도요 구천의 옥인玉印이로다.

⑩ 괴이하도다. 해골 속의 눈동자여, 한량없는 불조佛祖가 항상 나타나고 초목과 기왓장이 곧 화엄이며 법화로다.

⑪ 내가 늘 말하지만 가고 머물며 앉고 눕는 것이 이것이며, 부처도 없고 중생도 없도다. 나의 말이 거짓말이 아니니 지옥이 변하여 천당이 되는 것이 모두 나의 작용이며, 백 천 가지 법문과 무량한 뜻이 흡사 꿈을 깨니 연꽃과 같도다.

⑫ 이변二邊과 삼제三諦를 어느 곳에서 찾으랴. 시방세계가 안팎이 없어 큰 광명뿐이니 한마디로 말해서 내가 대법왕이라, 저 법에 모두 자유자재하도다.[5]

5　「鏡虛集」(『韓佛全』11, pp. 628a-629b). "四大伍陰淸淨身 極樂國鑊 湯兼寒氷 華藏刹劍 樹及刀山 法性土朽壤糞堆 大千界蠐穴蚊睫 三身四智 虛空及萬像 觸目本天眞 也大奇也大奇 松風寒四面 靑山秋月明 一天如水 黃花翠竹 鶯音燕語 常然大用 無處不現 市門天子何須取 平地上波濤九天 玉印眞怪在 髑髏裏眼睛 無量佛祖常現前 草木瓦石是 華嚴法華我常說 行住坐臥是 無佛無衆生是 我非妄言 變地獄作天堂 摠在我作用 百千法門無量義 恰似夢覺蓮華開 二邊三際何處覓 十方無外大光明 一言而蔽之乎 我爲大法王 於法摠自在."

셋째 단락은 가히 경허 깨달음의 경계가 가감 없이 드러나는 「오도가」의 핵심부분이라 할 수 있다. 특별히 이 단락에서는 경허가 확철한 반야공과 불이진리不二眞理가 상세하게 묘사되고 있는데, 이를 통해 위없는 진리에 도달한 경허 제일의第一義의 경지를 오롯이 살필 수 있다.

경허에게 청정법신이란 '사대와 오음 그대로'다. 그런가 하면 '화탕지옥과 한빙지옥을 겸한 곳'이 바로 극락세계요, '검수와 도산의 법성토'가 곧바로 화장찰해다. 그런 경허에게 대천세계란 썩은 거름무더기와 똥무더기와 다름없으며, 개미구멍과 모기 눈썹이 삼신과 사지다. 그야말로 청정법신과 사대오음, 극락세계와 화탕지옥, 화장찰해와 법성토가 그대로 불이의 실상계다.

이 세계에서는 ⑪에서와 같이, 행주좌와 어묵동정 등 무엇을 하든 일체의 걸림이 없다. 그야말로 언제 어디서건 즉사이진의 평상의 삶으로써 현전할 뿐이다. 이변과 삼제마저 벗어난 대자유의 경지에서는 ⑫에서와 같이 안팎이나 높고 낮음 앞뒤 따위의 일체 분별도 없을뿐더러, 더 이상 도니 붓다니 구분하며 다시 찾을 일 또한 없다. 바로 이 자리가 경허의 깨달은 바, 제일의의 경계다.

이어 셋째단락 ⑬에서 ⑯에서는 모든 사람들이 이 최상승의 법을 함께 깨닫기 바라는 경허의 간곡한 마음이 이어진다.

⑬ 옳고 그름과 좋고 나쁨에 어찌 걸리겠는가. 어리석은 사람은 이 말을 듣고 내가 헛소리를 한다 하며 믿지 않고 또한 따르지 않겠지만, 만약 귀가

뚫린 이가 있어 이 말을 믿고 의심하지 않으면 문득 안신입명처安身立命處
를 얻으리라.

⑭ 세속 사람들에게 한 마디 부치노니, 한 번 사람의 몸을 잃으면 만겁에 다
시 얻기 어려우니, 하물며 이 뜬 목숨은 아침저녁에도 보장할 수 없음이
라. 눈먼 당나귀가 다리만 믿고 가다가 안전한지 위험한지 전혀 모름과
같도다.

⑮ 저기도 이러하고 여기도 이러한데 어찌 나에게 와서 무생無生을 배워 인
간과 하늘에 대장부가 되려 하지 않는가. 내가 이와 같은 까닭에 재삼 부
탁하노니, 내 일찍이 방황해 보았기에 나그네를 불쌍히 여길 줄 아노라.

⑯ 슬프도다. 대저 의발을 누구에게 전하랴. 사방을 돌아봐도 사람이 없구
나. 사방을 돌아봐도 사람이 없구나. 의발을 누구에게 전하랴.[6]

경허의 경지는 시비, 호오 등의 일체 분별망상이 사라진 세계다.
극락과 지옥이 다름없는 이러한 경계에서는 다시는 헛된 망상과
애착과 분별로 인한 옳고 그름이나 좋고 나쁨에 끌려 다니지 않게
된다. 그야말로 영원히 윤회의 고통에서 벗어나 대 열반을 이룬 붓

---

6 「鏡虛集」(『韓佛全』 11, p. 629b). "是非好惡 焉有罣礙 無智人聞此言 以我造
虛語 不信又不遵 若有穿耳客 諦信卽無疑 便得安身立命處 奇語塵世人
一失人身 萬劫難逢 況且浮命 朝不謀夕 盲驢信脚行 安危摠不知 彼如是
此如是 何不來我學無生 作得人 天大丈夫 吳所以如是 勞口再三囑 曾爲浪
子偏憐客 嗚呼已矣 夫衣鉢誰傳 四顧無人 四顧無人 衣鉢誰傳."

다의 깨달음과 같은 경계에 이르게 되는 것이다.[7]

㉆게송에서 '집이란 고苦의 몸[我相]'을, 고를 일으키는 주체인 '집짓는 자란 갈애'를, 갈애를 통한 집착과 분별 등의 서까래는 '때 (垢;kilesa)인 무명無明'을 상징한다. 모든 괴로움은 나[我]라는 집착과 갈애로 생겨난다. 그러므로 스스로가 제법공성諸法空性의 무상無常한 존재임을 사무쳐 알 때, 일체 분별시비와 애착의 괴로움은 일시에 사라진다. 그러한 상태 곧 안심입명처安身立命處, 열반涅槃에 이르면 모든 갈애[기둥, 서까래]는 부서져 다시는 업[집]을 형성하지 않는다.

---

7 붓다는 '苦와 고의 생기(集), 고의 滅, 고의 멸에 이르는 길(道)'을 여실히 깨달으신 후, '감각적 쾌락의 번뇌(欲漏;kaamaasava), 존재하려는 욕망의 번뇌(有漏;bhavaasava), 무지의 번뇌(無明漏;avijjaasava)'의 세 가지 번뇌에서 완전히 벗어나 無生(태어남이 소진됨)에 이르게 된다. 이 때 읊으신 게송이 『法句經』153 · 154 부분이다. "이 집 지은 이를 찾아/ 이리 기웃 저리 기웃 하였지만/ 찾지 못한 채 여러 생을 보냈다./ 생존은 어느 것이나 괴로움이었다.// 집을 지은 이여,/ 이제 그대를 알게 되었다./ 그대는 또다시 집을 짓지 않으리./ 기둥은 부러지고 서까래는 내려앉았다./ 마음은 만물에서 떠나고/ 애욕은 말끔히 씻어 버렸으니"(法頂,『진리의 말씀-法句經』, 게송 153 · 154, 佛日出版社, 1984, pp. 92-93. "Anekajātisamsaram sandhāvissam anibbisam gahakāram gavesanto dukkhā jāti punappunam Gahakāraka diṭṭhosi puna geham na kāhasi sabbā te phāsukā bhaggā gahakūtam visankhatam visankhāragatam cittam taṇhānam khayamajjhagā").

이러한 진리의 이치에 수순하면 영원히 삿된 견해를 일으키지 않고 생기生起하거나 사라짐이 없는 제법의 실상 속에서 자유자재하게 된다. 경허 표현으로 하자면, "대저 불법은 이상한 것이 아니어서…(중략)…다만 망상이 본래 없음을 비추어 요달하면, 본래성품 바탕은 밝고 깨끗하고 안락하여 하고자 함이 없으며[無爲], 가볍고 무거움도 없으며, 모자라고 남음도 없으며, 가고 옴도 없고, 나고 죽음도 없"[8]는 것과 같다. 이러한 안심입명처는 붓다가 오른 열반의 자리에 다름 아니며, 그런 의미에서 붓다의 깨달음과 역대 조사와 경허의 깨달음은 근원적으로 다르지 않다.

경허는 마지막 다섯 번째 단락 ⑰에서 다음과 같은 오도송(開悟詩)을 남긴다. '마음은 만물에서 떠나고 애욕은 말끔히 씻어 버렸으니', '삼천대천세계가 내 집임을 깨달아 유월 연암산 아랫길에 일없는 들사람 태평가나 부르며' 대자유의 청정법신으로 자재한다는 것이다.

⑰ 송으로 이르되(頌曰),

忽聞人語無鼻孔 문득 콧구멍 없다는 소리에

頓覺三千是我家 삼천대천세계가 내 집임을 깨달았네.

---

8 「鏡虛集」(『韓佛全』11, p. 597b). 「示法界堂」: 夫佛法不是異常也…(중략)… 秖是照了妄想 本無性體明淨 安樂無爲 無輕重 無欠剩 無去來 無生死 盖 法爾如是."

六月鷰巖山下路 유월 연암산 아랫길에 일없는

野人無事太平歌 들사람 태평가를 부르네.⁹

　여기에서 주목할 점은 경허는 '개오시'를 「오도가」 맨 뒷부분에
위와 같이 따로 칠언절구의 '송頌(詩)'으로 읊고 있다는 것이다. 그러
나 일부에서 「오도가」 중 맨 첫 부분과 개오시 바로 위의 단락인,

嗚呼已矣 슬프도다.

夫衣鉢誰傳 대저 의발을 누구에게 전하랴.

四顧無人 사방을 돌아봐도 사람이 없구나.

四顧無人 사방을 돌아봐도 사람이 없구나.

衣鉢誰傳 의발을 누구에게 전하랴.¹⁰

는 부분을 따로 떼어, 마치 경허의 '오도가[개오시]'인양 구분한 경
우도 없지 않다. 이는 아마도 경허가 '사고무인四顧無人 의발수전衣
鉢誰傳'이란 구절을 앞뒤로 두 번이나 반복하여 강조한 것을 오도
가로 오인한 것으로 사려 된다. 그러나 경허 스스로가 구분해 놓은
것처럼, 「오도가」 중 '개오시'는 ⑰의 마지막 단락에 따로 구분해
놓은 게송부분임을 분명히 해야 할 것이다.

9　「鏡虛集」(『韓佛全』 11, p. 629b).

10　「鏡虛集」(『韓佛全』 11, pp. 628c-629a).

한 마디로 경허의 「오도가」는 스스로의 표현대로, '솔바람 소슬하니 사면청산이요, 가을 달 밝으니 누른 꽃 푸른 대 꾀꼬리 노래와 제비의 재잘거림이 어디선들 大用을 나타내지 않는 곳 없는,' '무생無生의 일곡가一曲歌'다. 청정한 삶(梵行; brahma cariyam)의 완성이란 뜻의 무생의 진정한 의미는 다시는 무명으로 인한 고통에 이르지 않는다는 것이다. 이러한 무생의 이치를 확연히 돈오하여, 다시는 오욕락으로 인해 일체의 심상心想이 흔들리지 않는 사람이 바로 선사 경허다.

이처럼 무생은 경허 「오도가」의 핵심주제이자 경허 깨달음의 체體임을 알 수 있다. 그러므로 '어찌 나에게 와서 무생을 배워 인간과 하늘의 대장부가 되려 하지 않는가' 하는 4째 단락 ⑮는 「오도가」에서 매우 중요한 의미를 지닌다고 할 수 있다. 특히나 ⑮에서의 구술처럼, 지난 날 스스로 처절하게 방황해 본 나그네(無明衆生)였기에, 그래서 중생의 고통을 누구보다 이해하고 더욱 연민한다는 표현에서 경허의 중생사랑은 더욱 절실하게 전해진다. 그러나 전술하였다시피 경허 오도 당시에는 이미 조선의 선맥은 끊어져 경허조차 인가받을 곳 없던 시절이라, ①과 ⑯에서처럼 '슬프도다./ 대저 의발을 누구에게 전하랴./ 사방을 돌아봐도 사람이 없구나./ 사방을 돌아봐도 사람이 없구나./ 의발을 누구에게 전하랴'하며 안타까워할 수밖에 없었으리라.

이렇듯 개오시는 각자覺者가 자신이 체득한 진리의 세계와 그 경지를 뚜렷이 드러낸다는 점에서 일반시인들의 시와는 본질적으로 차별되는 중요한 선시의 전형이라 할 수 있다. 특별히 경허의 「오도가」에는 웬만한 법문과 다름없는 오도의 과정과 경지가 상세히 드러나 있다는 점에서 더욱 독보적이다.

무문일법無文一法의 전법시傳法詩

　전법게는 인도에서 제1대 마하가섭존자가 아난존자에게 전한 게송[偈]으로부터 시작되어 제27대 바야다라존자가 보리달마에게 전하는 게송과 중국에 도래한 달마로부터 홍인에 이르기까지 가사·발우와 함께 법을 인가하던 전법게송에서 그 연원을 찾을 수 있다. 이후 육조 대에 가사와 발우를 전하던 전통은 사라졌으나 전법게(傳法詩)의 전통은 선가에서 여전히 이어지고 있다.

　무사無師로 깨친 경허 자신은 전법게를 수지하지 못하였으나 제자들에게 남긴 경허의 전법게 두 편은 현재 『경허집』에 전한다. 경허가 끊긴 조선의 선맥을 되살렸다면 근세 한국선은 경허의 법을 이은 걸출한 제자들로 인해 일약 부흥기를 맞게 된다. 경허의 법을 이은 출중한 제자로는 「행장」에서 한암이 거론한 수월음관水月音觀(1885-1928), 혜월혜명慧月慧明(1861-1937), 만공월면滿空月面(1871-1946)과 한암 자신이 대표적이다.[1]

1　경허에게 직접 배워 깨달음을 얻거나 혹은 사숙한 근현대 출중한 선사

이들 중 경허로부터 전법게를 수지한 제자는 만공과 혜월 뿐이
다. 글을 모르던 수월에게는 전법게라는 글조차 떠난 무형無形의
깊은 심법으로 인가한 것으로 보이며,[2] 한암은 경허가 높이 존경하
여 마치 지우처럼 매우 아꼈다는 세간의 소문과는 달리 막상 경허
가 북으로 떠나기 전까지 확철대오치 못해 전법게를 받지 못한 것
으로 유추된다.[3]

로는 水月音觀(1885-1928), 滿空月面(1871-1946), 慧月慧明(1861-1937), 漢
岩重遠(1876-1951) 외, 東山慧日(1890-1965), 春城昌林(1891-1977), 金烏太
田(1896-1968), 前腔大愚(1989-1975), 香谷蕙林(1912-1978), 鏡峰圓光(1892-
1982) 등이 있다.

2 수월은 1884년 천장암의 泰虛性圓 문하로 출가하였다. 1887년 千手呪
를 염송하다가 천수삼매의 不忘念智를 얻은 후 오대산 상원사에서 한암
과 함께 정진하였다. 이후 묘향산 비로암에서 3년간 수도하였으며 강계
군 천마산 자조사와 백두산 회막동에서 3년을 지냈다. 중국 동녕형 동삼
차구에서 다시 6년간 거주하며 정진한 뒤, 이 후 1921년 왕청현 송림산
에 화엄사를 짓고 8년을 주석하다 1928년 7월 16일 세수 74세, 법랍 45
세로 입적하였다. 문자를 몰라 법어록을 남기지는 못하였으나 평생 소
를 치고 밭을 갈며 짚신을 삼아 보시하는 등 청빈한 두타행과 평생 잠을
자지 않고 정진한 고승으로 알려져 있다.

3 한암은 자전구도기인 『一生敗闕』에서 자신은 4차에 걸쳐 확철대오를 이
루었으며, 37세인 1912년 우두암에서 견성하였을 때는 이미 은사 경허
가 북으로 떠난 뒤라 깨달음을 인가받지 못하였다고 스스로 기술하고
있다. 『一生敗闕』에는 1, 2차의 깨달음을 경허에게 인가받지 못한 채 헤
어진 이후 네 번째 깨달음에 이르러 확철대오하는 상황이 다음과 같이

일찍이 경허 밑에서 수학하며 깨달음을 얻은 만공은 이후 현대 한국선문의 거대한 선풍을 진작한 덕숭산문의 실질적인 지도자로 꼽힌다. 1884년 14세의 어린 행자로 동학사 법회에서 경허를 만난

기록되어 있다. "해인사에서 하안거를 지낸 뒤 화상께서는 범어사로 떠나셨다. 대중들도 모두 흩어졌으나 나는 병에 걸려 그곳으로 갈 수가 없었다. 그런데 하루는 『傳燈錄』을 보다가 약산화상과 석두화상의 대화 가운데 '一物不爲'란 대목에 이르러 문득 심로가 뚝 끊어지는 것이 마치 물통 밑이 확 빠지는 것과 같았다. 그해 겨울 경허화상께서는 북쪽(갑산)으로 잠적하였는데, 그 뒤로는 더 이상 뵐 수가 없었다…(중략)…다음 해(1912) 봄 함께 지내고 있던 도반이 식량을 구하러 밖으로 나간 사이, 혼자 부엌에서 아궁이에 불을 붙이다가 홀연히 發惡하니 처음 수도암에서 개오할 때와 더불어 조금도 다름이 없었다. 한 줄기 활로가 부딪치는 곳마다 분명하였다. 그리하여 다음과 같은 聯句의 게송을 읊었다. 하지만 말세를 당하여 불법이 매우 쇠미하여 명안종사의 인증을 받기가 어려웠다. 그리고 화상께서도 머리를 기르고 유생의 옷을 입고서 갑산 강계 등지를 왔다 갔다 하다가, 이 해(1912)에 입적하셨으니 어찌 여한을 말로 다 할 수 있으리오?" 이때의 연구의 게송, 즉 한암의 네 번째 깨달음인 확철대오 후에 읊어진 개오시는 다음과 같다. "부엌에서 불붙이다 홀연히 눈이 밝았네./ 이로부터 옛길(古路)이 인연 따라 청정했네./ 만일 누가 나에게 조사서래의를 묻는다면/ 바위 아래 물소리 젖는 일 없다 하리.// 삽살개는 나그네를 보고 어지럽게 짖네./ 산새는 사람을 조롱하듯 지저귀네./ 만고에 빛나는 마음달(心月)이여,/ 하루아침에 세상 바람을 모두 쓸어 버렸네"(漢岩大宗師法語集編纂委員會, 앞의 책, pp. 263-267 참조. "着火廚中眼忽明 從玆古路隨緣淸 若人間我西來意 岩下泉鳴不濕聲 村尨亂吠常疑客 山鳥別鳴似嘲人 萬古光明心上月 一朝掃盡世間風")

만공은 서산 천장암에서 태허화상을 은사로, 경허를 계사로 하여 사미계와 함께 월면月面이란 법명을 받고 일생 경허를 따른다. 월면은 일찍이 화두 '만 가지 법이 하나로 돌아가는데, 그 하나는 어디로 돌아가는가?(萬法歸一 一歸何處)'를 참구하였다. 그러다가 1895년 25세, 온양 봉곡사 새벽 종성 중 '응관법계성應觀法界性 일체유심조一切有心造'를 염하다가 문득 화장찰해가 홀연히 열리는 첫 깨달음을 경험하였다. 월면이 이때 남긴 오도송이다.

空山理氣古今外 빈산의 이치와 기운 고금 밖인데

白雲淸風自去來 흰 구름 맑은 바람은 스스로 오고 가누나.

何事達摩越西天 무슨 일로 달마가 서천을 건너왔던고?

鷄鳴丑時寅日出 축시에 닭 울고 인시에 해가 오르네.[4]

이후 월면은 공주 마곡사 토굴에서 정진하였다. 그러다 1896년 7월 토굴을 찾은 경허에게 월면이 그간의 공부를 고하자, 경허는 "불 속에서 피어난 연꽃과 같구나"[5]하였다. 이 구절만을 들자면 마치 경허가 월면의 깨달음을 인가한 듯한 인상을 주나, 그러나 실은 그 말 뒤에 '그대의 공부에 만법귀일 일귀하처 화두는 더 이상 진보가 없으니 이제부터는 무자無字 화두를 참구하되 원돈문圓頓門을

---

4   滿空 術, 滿空門徒會 編纂, 『滿空法語』, 能仁禪院, 1982, p. 303.

5   위의 책, p. 304.

짓지 말고 경절문徑截門을 지으라'는 재차 지시가 내려진다.[6]

그로부터 무자화를 계속 참구하던 월면은 31세가 되던 1901년, 통도사 백운암에서 장맛비 속으로 들려오는 새벽 종소리를 듣다가 확철대오에 이르게 된다. 이후 3년간의 보림을 마친 뒤, 1904년 34세 때에 비로소 경허로부터 만공滿空이라는 법호와 함께 다음과 같은 전법게를 받는다.

---

6 경허는 만공의 오도송을 듣고는 『維摩經』의 "불 속에서 핀 연꽃은 희유한 것이니, 세간 속에서 선을 행하고자 하는 희유함도 이와 같다(火中生蓮花 是可爲稀有 在欲而行禪 稀有亦如是)"라는 구절의 첫 행을 들어 응대하였지만, 실제로는 월면이 아직 확철대오에 이르지 못했음을 간파하고 다시 無字화두를 내리게 된다. 이렇듯 최상승의 경지에 이른 조사가 아니면 감히 알 수 없는 경계가 있기에 간화선에서는 인가의 중요성을 강조하는 것이다. 다음은 당시 경허가 월면의 깨달음을 점검했던 법문답의 내용이다. "경허가 월면에게 물었다. '등토시 하나와 좋은 부채 하나가 있다. 토시를 부채라 해야 옳은가, 부채를 토시라 해야 옳은가?' 월면이 대답했다. '토시를 부채라 하여도 옳고, 부채를 토시라 하여도 옳습니다.' 그러자 경허가 다시 물었다. '그대는 일찍이 『茶毘文』을 읽었는가?' '예, 보았습니다' 경허가 다시 물었다. '눈이 있는 석인이 눈물을 흘린다고 하였는데 그 참뜻이 무엇인가?' 월면이 '모르겠습니다' 대답하자, 경허가 말했다. '有眼石人齊下淚를 모른 채 어찌 토시를 부채라 하고 부채를 토사라 하는 도리를 알겠느냐?'하며, '그대의 공부에 만법귀일 일귀하처 화두는 더 이상 진보가 없다. 이제부터는 조주스님의 무자화두를 참구하라. 그리고 圓頓門을 짓지 말고 徑截門을 지으라' 하였다"(같은 책, pp. 304-305).

「만공스님이 화상께서 가신 후 중생을 어떻게 교화합니까 하고 물음에 답함

(答滿空 問和尙歸去後 衆生如何敎化)」

雲月溪山處處同 구름과 달, 냇물과 산 어디든 같은데

叟山禪子大家風 수산선자의 대가풍이여,

慇懃分村無文印 내 은밀히 글자 없는 법인을 부쳐 분부하노니

一段機權活眼中 오직 이 기틀 가운데 활안을 드날리거라.[7]

『경허집』「법자 만공에게 주다(如法子滿空)」편에는 이때의 상황이 다음과 같이 기록되어 있다.

수산월면에게 글자 없는 도장을 부쳐 주고 주장자를 잡아 한 번 치고 이르기를 '다만 이 말소리가 이것이다 라고 하였으니 또 말해 보아라! 이 무슨 도리인가?' 또 한 번 치고 이르기를 '한 번 웃고는 아지 못커라. 낙처가 어디인가? 안면도의 봄물 푸르기가 쪽과 같도다.'하고 주장자를 던지고는 흐음하고 내려오다.[8]

---

7   「鏡虛集」(『韓佛全』11, p. 618a).

8   「鏡虛集」(『韓佛全』11, pp. 596a-597a). "與法子滿空 付了無文印 爲叟山月面 拈柱杖 卓一下云 秪這語聲是 且道 甚麼道理 又卓一下云 一笑 不知何處 去安眠 春水碧如藍 擲却了吽."

만공은 1차 깨달음 이후 만 6년 만에 2차 깨달음으로 확철대오한 뒤, 그로부터 다시 3년의 보림을 거친 후 1904년 7월 15일 천장암에서 경허로부터 전법게와 함께 인가를 받게 된다. 오도는 단번에 이룰 수도 있지만 이렇듯 몇 번에 걸쳐 확철대오에 이르는 경우도 많다. 돈오점수든 돈오돈수든 중요한 것은 깨달음의 방법이나 모양새가 아니라, 그 깨달은 바 경지에 있음을 경허는 이 같은 엄혹한 인가과정을 통해 그 철저함을 보이고 있는 것이다.

경허가 만공에게 내린 위의 전법게는 제일의第一義의 법이 활연히 드러나는 칠언절구의 빼어난 격외시이자 전법시가 아닐 수 없다. 유정이든 무정이든 삼천대천세계를 이루는 모든 것의 본성은 모두 동일하다. 그 무상無常·공空·무아無我의 제법본성을 활안으로 통달한 제자 만공에게 경허는 조사의 가풍인 '무문의 인장(無文印)'으로 인가한 것이다.[9]

경허로부터 전법게를 수지한 또 다른 제자 혜월혜명은 1871년 11세에 예산 정혜사의 안수좌安首座의 문하로 출가하였다. 1884년 서산 천장사에서 경허로부터 보조의『수심결』을 배우다 깨달음을 얻는다. 그런 이후 일념으로 '한 물건'을 참구하던 중 1901년 짚신

---

9 전법게를 내린 후 북방으로 떠나기 전 경허는 만공에게 불조의 혜명을 이어가도록 부촉하며 뒷일을 부탁한다. 이후 만공은 덕숭산에 작은 암자 금선대를 짓고 수년 간 머물면서 수덕사, 정혜사, 견성암을 중창하고 일생토록 크게 선풍을 진작하였다.

을 삼아 신골을 치던 중에 '탁'하는 망치 소리에 화두를 뚫고 확철
대오한다. 그리고 다음 해인 1902년 늦은 봄날, 경허로부터 혜월慧
月이라는 법호法號와 함께 다음과 같은 전법게를 받는다.

「법자 혜월에게 주다(與法子慧月)」

了知一切法 알거라. 일체법이란
自性無所有 자성이 없도다.
如是解法性 이와 같이 법의 성품 알면
卽見盧舍那 곧 노사나 부처님을 보리라.

依世諦例是唱無文印靑山脚一關以相途糊
세간의 형식은 놔두고 글자 없는 도장을 거꾸로 제창하노니 청산다리 한 관
문으로 서로 싸바르노라.

水虎中春澣日 鏡虛爲慧月
경인년 늦은 봄날, 경허가 혜월에게 주다.[10]

   혜월에게 준 경허의 전법게는 오언절구의 게송 아래 다시 한 문
장이 더 덧붙여져 있는 것이 특징적이다. 물론 시형식만 게송으로

---

10 鏡虛 著, 「鏡虛集」, 앞의 책, p. 49.

하자면 앞의 게송부분만을 전법게로 볼 수 있겠으나 바로 뒤에 덧붙인 그 한 줄이야말로 뺄 수 없는 게송의 한 부분으로써, 그로 인해 앞의 평이한 게송을 뒤집는 빼어난 격외의 전법시가 되고 있다. 이처럼 혜월에게 준 전법게는 언구나 격식마저 뛰어넘는 새로운 형식의 전법시로써, 특별히 그 마지막 구句에 경허의 살활한 법이 전광석화처럼 번득이고 있는 것이다.

사실 혜월에게 내린 전법게의 내용을 보자면 앞의 오언절구만으로는 구태여 전법게라 할 필요가 있을까 싶을 정도로 평이한 내용과 형식이다. 일체법에는 자성이 없으므로, 이러한 법의 성품만 깨달아 요달하면 노사나부처님과 다름없다는 것이다. 일체 법의 본무자성本無自性, 공성空性의 체득이 곧 깨달음이라는 이러한 내용은 여타 경전에서나 설법에서 흔히 접할 수 있는 구절로 뛰어난 게송 내지 선시로 보기엔 어려움이 있다.

그러나 이 평이해 보이는 게송 바로 뒤에 덧붙여진 한 문장에서, 그야말로 깨달음을 체득한 각자覺者가 아니면 알 수 없는 격외의 도리가 금강석처럼 번뜩이고 있다. '세간의 형식은 놔두고 글자 없는 도장을 거꾸로 제창하노니 청산의 다리 한 관문으로 서로 싸바른다'는, 이 제일구第一句야말로 경허와 혜월 사이에 심인心印으로 전해지는 '무문無文의 일법一法'이자, 같은 깨달음의 경지가 아니고서는 그야말로 함부로 가늠할 수 없는 소식이다.[11]

---

11 이후 혜월은 1908년부터 서산 도리사, 파계사, 울산 미타암, 통도사, 천

한편 경허가 만공과 혜월에게 준 두 전법게에서 공통되는 글자를 찾을 수 있는데, 다름 아닌 바로 '무문인無文印'이다. 경허는 만공에게도 '글자 없는 도장'을 부쳐 주었는가 하면, 혜월에게도 '글자 없는 도장'을 '거꾸로' 제창하며 법을 인가하였다.

세간의 도장에는 이름이 새겨져 있어 스스로를 확인하고 증명하는 도구로 쓰인다. 마찬가지로 선가에서도 '인印'은 선지식이 제자의 깨달음을 인가하는 증명으로서 전법의 의미로 쓰인다. 그러나 세간의 도장과 달리 선가의 인장이란 유위有爲의 물상이 아닌, 이심전심으로 전하는 무위법의 상징이다. 따라서 선가의 도장은 '세간의 형식'과는 전혀 다른 요컨대 '마음으로 새겨진 불립문자의 심인心印'인 것이다. 바로 그 심인을 경허는 만공에게도 '무문의 인無文印'으로, 혜월에게도 어쩌면 무척 단조로울 수도 있을 전법게 마지막에 가히 시경詩經을 뛰어넘는 백미의 한 구인 '무문인無文印'을 넣어, 두 전법시를 이렇듯 역동적으로 완성하고 있는 것이다.

이와 같이 전법게는 오로지 확철대오한 제자에게만 스승이 내리는 게송(선시)이다. 그 중에서도 특별히 경허의 전법시에는 '무문

성산 내원사 등에 머물며 선풍을 진작하였다. 혜월은 평생을 김매고 나무하며 '一日不作 一日不食'의 원칙을 지켜 가는 곳마다 불모지를 개간하고 논밭을 일구며 무소유와 天眞으로 일관하였다. 이후 1937년 부산 안양암에서 '일체의 변하는 법은 본래 진실한 모습이 없다. 모습 있는 데에서 모습 없음을 안다면 곧 자성을 보았다 하리라(一切有爲法 本無眞實相 於相義無相 卽名爲見性)'는 임종게를 남기고 열반하였다.

인無文印'이라는 공통된 선어禪語를 활구로 사용하여 최상승의 법을 부촉하고 있음을 살필 수 있다. 이처럼 전법게는 스승이 제자에게 법을 부촉하는 선적 방편으로써의 의미와 더불어 스승의 깨달은 바 그 최상승의 경지 또한 활연하게 드러난다는 점에서, 「법자 만공에게 주다(與法子滿空)」과 「법자 혜월에게 주다(與法子慧月)」 두 편의 전법시는 선시학과 선학 두 분야 모두에서 큰 의의를 가진다 할 것이다.

조사활구祖師活句의 화두시話頭詩

경허선법은 간화 위주의 선이다. '간看'은 '참구'를 의미하며 '화話'는 '화두'로써, 간화선이란 화두 참구를 통해 깨달음을 얻는 수행법을 말한다. 화두는 고칙古則이나 공안公案으로도 불린다. 고칙이란 옛 조사들이 드러내 보인 선의 핵심 경지나 수행 테마를 말하며, 여러 조사들의 가르침인 공안[公府案牘]은 정부의 공식문서처럼 분명하고 틀림없다는 뜻을 지닌다. 이와 같이 틀림없는 화두를 철저히 참구하고 그 화두[의심]를 타파함으로써 견성에 이르고자 하는 수행법이 간화선이다.

간화선수행에서 화두를 들 때에는 동정일여動靜一如, 몽중일여夢中一如, 오매일여寤寐一如의 상태가 되도록 신실하고 지극히 참구하여야 한다. 행주좌와 어묵동정뿐 아니라 제6식의 작용이 사라진 몽중夢中에서까지도 의정과 하나가 되어야 하는 것이다. 이렇게 의정이 독로되면 이윽고 나와 화두와의 분별마저 여읜 상태에 이르게 되는데, 바로 그곳에서 한 발 더 진일보하여야만 마침내 은산절벽 같은 화두를 타파할 수 있게 되는 것이다.

경허는 이와 같은 화두참구법의 중요성을 「경허집」 곳곳에서 역설하였는데, 선시에서도 마찬가지로 화두를 차용한 화두시를 여럿 남기고 있다. 오랜 전부터 선가에서는 게송을 통해 '화두'를 내리거나 게송을 이용한 '화두문답'을 방편적으로 해왔다. 엄밀한 의미에서 화두시란 화두를 직접 제시하는 화두시와 화두을 통해 법의 핵심을 전하는 화두법시話頭法詩의 두 가지를 포함한다.

그렇다면 우리나라에서는 언제부터 화두시가 나타나기 시작하였을까. 화두를 차용한 선시를 지은 대표적 선사로 무의자 혜심이 있다. 한국 간화선과 한국선시의 개창자로 일컬어지는 무의자 혜심은 다수의 화두시를 남기고 있는데, 다음의 「법을 구함에 서암의 주인공 화두로 게를 지음(求法擧瑞巖主人公話作偈)」은 한국 선시사에 길이 남을 대표적 화두시로 꼽을 수 있다.

혜심의 「법을 구함에 서암의 주인공 화두로 게를 지음」[1]라는 선

---

1 무의자 선시 「求法擧瑞巖主人公話作偈」의 전문은 다음과 같다.
"해양의 불교 신자 십여 명이 암자에 와서 법을 구하기에 서암의 주인공 화두를 들어 이에 일곱 가지 게를 설하였다.// 주인공아! 예./ 내 깨우침을 듣거라!/ 가장 좋은 것은/ 살생과 도둑질, 음행을 굳게 없앰이라.// 화취지옥, 도산지옥은/ 어느 누가 만들었나?/ 너의 잘못된 행실과 마음에서/ 모두 생겨나리라.// 주인공아! 예./ 내 가르침을 듣거라!/ 도처에서 사람을 만나거든/ 모름지기 입조심을 하거라.// 입이란 앙화를 부르는 문으로/ 더욱 막을 일이니,/ 유마거사 침묵한 취지에/ 참여하여 갖추어라// 주인공아!, 예./ 내 말을 들어라!/ 십악의 원수 같은 집안을/ 빨

시는 그 제목에서부터 '화話(화두)'와 '주인공'이란 단어[화두]를 직접적으로 구사하고 있다.

㈜1에서 보면 '주인공'이란 화두가 이 시의 핵심이다. 곧 이 시에서의 '주인공'이 누구인지만 안다면 이 시는 곧바로 독파되는 것이다.

그렇다면 과연 시에서 말하는 '주인공'이란 누구를 말하는가. 처음의 '주인공'은 목전의 서암을 이르는 듯 '살생, 도둑질, 음행'을 하

리 멀리 벗어나라.// 악이란 제 마음에서 생겨 나와/ 도리어 제 자신을 해치나니./ 나무에 번성한 꽃과 열매가/ 도리어 가지를 부러뜨리느니.// 주인공아!, 예./ 내 얘기를 들어라!/ 아침저녁 부질없는 목숨/ 능히 얼마나 되는고.// 어제를 허송하고/ 오늘도 그러하면,/ 나서 오고 죽어 가는/ 그곳이 어딘가를 알겠는가?/ 주인공아! 예./ 정신 바짝 차리거라!/ 열두 때를/ 항상 깨어 있으라.// 원래부터 인간 몸은/ 세상에 전혀 근거 없나니./ 꿈, 환상, 허공화를/ 잡아들려 하지 마라.// 주인공아! 예./ 너는 마음인가, 부처인가?/ 부처도 아니며 마음도 아니요/ 물건 또한 아니로다.// 필경에는 어떠한 이름으로/ 무엇이라 부르리까?/ 주인공이라 부르지만/ 일찌감치 틀렸도다.// 쯧!"(眞覺國師 慧諶, 劉永奉 譯, 「國譯無衣子詩集」, 을유문화사, 1997, pp. 239-243. "海陽信士十餘人到庵 求法 擧瑞巖主人公話 因說七偈. 主人公諾聽我箴 最好堅除殺盜淫 火聚刀山誰做得 都緣是汝錯行心 主人公諾聽我論 到處逢人須愼口 口是禍門尤可防 維摩默味參取 主人公諾聽我辭 十惡冤家速遠離 惡自心生還自賊 樹繁花菓返傷枝 主人公諾聽我語 日暮浮生能幾許 昨日慮消今日然 生來死去知何處 主人公諾惺惺着 十二時中常自覺 從來身世太無端 夢幻空花休把捉 主人公諾心耶佛 非佛非心亦非物 畢竟安名喚作誰 喚作主人早埋沒 咄").

지 말고 '늘 침묵하고 열두 때를 정신 바짝 차리고 깨어있으라'고 한다. 그러나 시 후반부로 가면서 '나고 죽는 곳이 어디인줄 알겠느냐'며 혜심은 좀 더 심층적인 '주인공'에게 물음을 던진다. 그러다 마지막 부분에 이르러서는 '주인공아, 너는 마음인가, 부처인가' 하며 아예 근원적인 물음을 던진다. 그리곤 스스로 대답하기를 '비록 내가 주인공이라 부르지만 이는 부처도 마음도 물건도 아니니 필경 무슨 이름으로 불러야 하는가' 하며, 다시 질문의 화살을 서암의 본래면목인 '주인공(本性, 自性)'에게 화두 아닌 화두로 되던지고 있음을 알 수 있다.

도입부에서는 서암이라는 미오迷悟의 인간 자체를 '주인공'이라 부르다가, 후반부에 이르면 본래면목인 각覺의 주체를 '주인공'이라 부른다. 여기서의 '주인공'이란 불성적 '본체本體(本性, 法性)', 내지 '일물一物', '본래자성本來自性'을 이르는 선종의 대표적 선어禪語이자 화두다. 이 시에서는 그 화두[주인공]를 무려 7번이나 직접적으로 부르며, 읽는 자로 하여금 자신의 본래면목을 바라보게 한다. 그렇게 주인공이란 화두를 통해 궁극적으로 자성自性을 밝힐 수 있도록 유도하고 있는 것이다. 이처럼 '화두'를 직접 혹은 간접적인 주제로 하는 선시가 바로 화두시다.

화두시는 경허 선시에서도 어렵지 않게 찾을 수 있다. 그러나 혜심과는 달리 경허의 화두시는 그 물음을 자못 슬며시 드러내는 경우가 대부분인데, 이는 평이하면서도 격조 깊은 경허만의 시 스타일과 관련이 깊은 것으로 보인다.

다음의 화두시 오언절 「우연히 읊다(偶吟 7)」[2]는 경허의 이러한 면

---

2   경허 선시에서 찾을수 있는 매우 두드러지는 특징은 '우연히 읊다(偶吟)'
    란 제목의 시가 아주 많다는 것이다. 1990년 極樂禪院, 釋明正 譯,『鏡虛
    集』자료에 의하면, 오언절구 우음시가 29수, 오언율 우음시 14수, 칠언
    절구 우음시 9수, 칠언률 우음시 9수가 있으며, 사육언 7수가 있다. 이는
    경허의 선시 중 매우 많은 분량을 차지하는 것으로써, 이를테면 오언절
    구 31수 중 무려 29수, 오언율시 18수 중 14수의 제목이 '우음'임을 알
    수 있다. 특히 경허는 오언절과 오언율, 칠언절구 등 비교적 단시에 '우
    음'이라는 제목을 더 많이 붙였다. 이는 그 주제나 소재가 분명하게 들어
    나는 장시와는 달리 많은 단시에서 지시하고자 하는 의도는 그 기표나
    물상에 있지 않음을 시사하는 것으로 볼 수 있다.
    그런데 현재 일부에서 경허 선시의 매우 중요한 특징이라 할 수 있는 '우
    음' 제목에 함부로 새로운 제목까지 친절하게 지어 갖다 붙여 세간에 유
    통시키는 안타까운 일이 벌어지고 있다. 그렇다면 과연 경허가 자신의 선
    시에 제목을 붙이지 못해서, 아닌 말로 많은 수의 선시 제목을 따로따로
    다 붙일 능력이 없어서 그렇게 많은 수의 제목을 '우음'이라 붙였을까. 당
    연히 그럴 가능성은 거의 없다. 주옥같은 그 많은 시를 지속적으로 지은
    경허의 시적 역량을 생각하더라도 그럴 가능성은 아주 희박하다. '시에서
    제목은 반'이라는 말이 있다. 짧은 운문의 경우 제목이야말로 매우 중요
    한 역할을 한다. 그래서 일반 시인들도 시제목을 짓는 데 시 한 편을 쓰는
    만큼의 정성을 기울인다. 아무리 실력이 없는 시인이라 할지라도 시를 지
    은 사람이 그 시제를 붙이지 못하는 경우는 없다. 세인의 경우도 그러할
    진대 경허의 선시야 말해 무엇하랴.
    비단 경허의 시가 아니더라도 일단 시인의 손을 떠난 시에 대해서는 그
    누구라도 함부로 손을 댈 수 없다. 다시 말해 일반 시인들의 경우에도 남

모가 빼어나게 잘 드러난 화두시에 해당한다.

山光水色裏 산빛 물빛 속에

面目自端的 본래면목이 명확하구나.

欲識箇中意 이 가운데 묘한 뜻 얻고자 한다면

八兩是半斤 여덟 냥이 원래 그대로 반근이로다.[3]

시 2행에서의 '면목面目'은 '본래면목本來面目'으로써 전술한 우리

의 시에 제목이나 내용을 제멋대로 바꾸는 사람은 없다. 한때 우리 시단
에도 '무제(無題)'와 같은 시제목이 크게 유행한 적이 있었다. 그때 많은
시인들이 '무제'류의 제목으로 시를 지었는데, 마찬가지로 그때 그 시인
들이 제목을 지을 능력이 없어서 그런 제목을 붙인 것은 결코 아니었으
며, 더군다나 발표된 시에 남이 새로운 제목을 붙이는 경우는 없었다.
더욱이나 경허의 선시 '우음' 대신 새롭게 붙여진 시제들이 '고독', '이
별' 등과 같이 경허 선시의 본질과는 아주 동떨어진 매우 세속적이며 감
상적인 제목들이 많은데, 이야말로 경허의 선시가 깨달음을 바탕으로
하는 '오도의 노래'임을 간과한 데서 야기된 난감한 사태가 아닐 수 없
다. 경허의 선시 '우음'은 반드시 애초에 경허선사가 붙인 번호제목 그
대로 「우연히 읊다 1(偶吟 1)」, 「우연히 읊다 2(偶吟 2)」 등으로 표기되어
야 한다. 그리고 번호의 중복을 피하기 위해 각 제목 앞에 '오언절구, 오
언율, 칠언절구, 칠언률, 사육언'을 정확히 기재하여 경허 우음시 전체를
원전 그대로 일목요연하고 확연하게 보존 구분하여야 할 것이다.

3 「鏡虛集」(『韓佛全』 11, p. 615a).

들의 자성自性, 본성本性을 가리킨다. 부모로부터 태어나기 이전의 진실하고 거짓 없는 인간의 본체(自性)를 이르는 본래면목은 선문답의 현장에서 질문자로 하여금 자신의 당체를 곧바로 직시할 수 있도록 화두적 역할을 하는 대표적 선어다.[4]

경허는 위의 시 4행에서 본래면목을 얻고자 한다면 "여덟 냥이 곧 반근"이라는 화두를 타파해야 한다는 이중의 화두를 시설하고 있다. 직접적으로 화두를 내리는 방식 대신, 해답을 미리 제시하고 그 답을 위한 화두를 은근히 제시함으로써 읽는 자로 하여금 스스로 의심에 직면케 하고 있는 것이다. 이와 같이 시 속에 교묘하게 화두를 담아 그야말로 눈 밝은 자만이 자구字句 중에 화두를 감지케 하는 방법은 경허 화두시만의 격조 높은 특징이 아닐 수 없다.

다음의 오언절구 「우음偶吟」 27, 28, 29 세 편도 그 행간에 화두가 오롯이 내제된 화두시로 볼 수 있다.

「우연히 읊다 27(偶吟 27)」

當處殞空虛 당처엔 허공도 무너졌는데
空花方結實 허공 사방으로 열매가 맺었구나.

---

4 宗寶本『六祖壇經』(『大正藏』48, p. 349b). "혜능이 '선이라 생각하지도 말고 악이라 생각하지도 마라. 바로 이럴 때 어떤 것이 혜명, 그대의 본래면목인가?'하자, 혜명이 言下에 크게 깨달았다(慧能云 不事善 不思惡 正與麼時 那箇是明上座本來面目 惠明 言下大惡)."

知此亦春光 알겠도다. 이것도 봄빛이라

幽香吹我室 그윽한 향기 내 방에 풍겨오네.[5]

「우연히 읊다 28(偶吟 28)」

喝水和聲絶 할을 하니 물소리 따라 끊어지고

豎山竝影非 저것을 가리키니 산 전체에 그림자 없다.

聲影通身活 소리와 그림자 모두 활로로 통하니

金烏夜半飛 금 까마귀 한밤중에 날아오르네.[6]

「우연히 읊다 29(偶吟 29)」

眼裏江聲急 눈 속엔 강물소리 급하고

耳畔電光閃 귓전에는 번갯불 번쩍이네

古今無限事 고금에 무한한 일들

石人心自點 돌사람이 스스로 아는구나.[7]

---

5   「鏡虛集」(『韓佛全』11, p. 616a).

6   「鏡虛集」(『韓佛全』11, p. 616a).

7   「鏡虛集」(『韓佛全』11, p. 616a).

앞의 경우와 마찬가지로 매우 쉬워 보이는 위의 오언절구 「우음」 연작시들의 주제와 내용이 사실 일반상식으로 이해하기 쉬운 것들은 아니다. 선시의 특징인 격외도리를 표현한 탓도 있겠지만, 이 짧은 선시들이 더더욱 어렵게 느껴지는 것은 바로 그 행간에 낱낱이 깔려있는 화두 때문이다. 「우음 27」에서의 '당처엔 허공도 무너졌는데/ 허공 사방으로 열매가 맺었구나'라는 구절이나, 「우음 28」에서의 '할을 하니 물소리 따라 끊어지고/ 저것을 가리키니 산 전체에 그림자 없다'란 표현, 그리고 「우음 29」에서의 '고금에 무한한 일들/ 돌사람이 스스로 짐작한다'라는 것들은, 이른바 일반상식으로는 이해와 해석이 불가능한, 그 자체 그대로 화두의 역할을 하기 때문이다.

담백한 선어禪語로 도道의 경지를 빼어나게 표현한 「우음 27」에서 드러나는 경허 깨달음의 경지란 독자에겐 그 자체 화두다. 그러므로 '당처엔 허공도 무너졌는데, 그 허공에 열매가 맺었다'는 시어를 머리로 이해하려거나 생각으로 따라가려거나 한다면 경허의 본의도와는 만만리로 벗어나게 될 뿐이다. 다만 즉각 마주치는 화두로 일체의 사량분별 없이 즉각적으로 응대하여야만 하리라. 이치로 헤아리는 일이 과거나 미래의 일이라면, 깨달음이란 언제나 '바로 이곳, 이 순간'에서 일어나는 현존의 일대사이기 때문이다.

사실 화두시는 분석자체가 불필요할뿐더러 본질적으로 불가능하다. 따라서 화두시를 접하는 순간, 도대체 이것이 뜻하는 바가 무엇인지 도저히 알 수 없는 놀람과 의문만이 남는 것이 옳다. 요컨대 각자의 근기根機에 따라 마치 망치로 머리를 한 대 얻어맞은 듯 놀라워지거나 혹은 알 듯 모를 듯한 가슴이 더욱 답답하고 곤혹스러워진다면, 그 자체 화두시가 우리에게 주는 역할은 다 한 셈이다.

그렇다. 화두란 다만 우리의 고정관념을 일시에 무너뜨리며, 온갖 상대적 개념과 호도된 견해를 부수는 도구로 작용할 뿐이다. 그러므로 화두시를 보고 눈앞이 깜깜하여 아무 것도 알 수 없거나, 그저 막막하여 현상적 인식으로는 더 이상의 생각을 이어갈 수 없어지는 것은 당연하다. 그렇게 상대적 관념과 단상적 사유의 길이 한 순간에 끊어져서, 그곳에 다시 붙을 인식의 알음알이가 하나도 없이 완전히 떨어져나갈 때야 비로소 우리는 화두시를 제대로 읽은 것이 된다.

다음의 칠언절 「송광사 육감정 우화각에서(題松廣寺六鑑亭―說羽化閣)」 역시 빼어난 화두시다.

靈境許多淸興慣 신령한 곳마다 맑은 흥 절로 일어
曠然遊戱付年年 광연한 유희는 해마다 끝이 없네.
喝開兎角風雷殷 할을 하니 토끼 뿔이 열리고 천둥소리 요란한데
無數魚龍上碧天 수많은 용들 푸른 하늘로 오르네[8]

---

8 「鏡虛集」(『韓佛全』11, p. 618a).

「송광사 육감정 우화각에서」는 '할을 하니 토끼 뿔이 열리고 천둥소리 요란하고 수많은 용들 푸른 하늘로' 오른다고 한다. '할(喝)'이란 말로 표현할 수 없는 체험의 경계를 나타내기 위해 토하는 단말의 외침을 말한다. 그러나 아무리 그렇다 하더라도, '악!'하고 지르는 그 단말마로 어찌 토끼 뿔을 열고, 천둥을 치고, 수많은 용들을 하늘로 오르게 할 수 있단 말인가. 그러나 실제 역대 조사들은 이 '할'로 그야말로 수행자들의 고정관념을 순식간에 베고, 천둥우뢰처럼 인식의 뿌리를 송두리째 뽑으며, 단박에 스스로의 본래자성을 보게 하였다. 토끼 뿔을 열고, 천둥을 치게 하고, 수많은 용들을 하늘로 오르게 하는 것과 무엇이 다를 것인가. 어쨌거나 「송광사 육감정 우화각에서」에서 비밀을 풀 중요한 열쇠는 경허가 우리에게 내리는 '할이 지시하는 바는 과연 무엇인가' 라는 또 다른 제3의 화두에 있을 터이다.

이렇듯 '할'을 주요 시어로 직접적으로 사용한 공전의 화두시로 다음의 오언절 「우연히 읊다 28(偶吟 28)」가 있다.

喝水和聲絶 할을 하니 물을 따라 소리가 끊어지고
聱山拉影非 저것을 가리키니 산 전체에 그림자가 없다
聲影通身活 소리와 그림자에 온통 활로를 여니
金烏夜半飛 해가 밤중에 날아오른다.[9]

9 「鏡虛集」(『韓佛全』 11, p. 606a).

여기에서도 경허는 할소리 한 번에 소리 끊어지고, 산에는 그림자마저 없다 한다. 그런데 바로 그 끊어진 소리와 사라진 그림자에서 활로가 열려 한밤중에 해가 불쑥 날아오른다고 한다. 아, 도대체 이 무슨 일이냐. 도대체 이 시의 '화두'라 할 수 있는 '할'이 과연 무엇이기에, 이런 불가사의한 일을 가능케 한단 말인가. 도저히 가늠할 수 없는 바로 그 자리에서 활로의 빛이 새어 나온다.

'일구一句'를 통달하면 대천세계에 통한다는 다음의 「마곡사에서 2(題麻谷寺 2)」 또한 대표적인 화두시라 할 만하다.

啞却爾耳聾我口 너는 귀머거리, 나는 벙어리지만
一句普應大千機 이 일구는 널리 대천세계에 통하는 것
莫言金剛棒不起 금강 방망이가 잠자코 있다 하지 마라.
蚯蚓吟雨下淸池 지렁이 울면 연못에 비 내리지 않던가.[10]

「마곡사에서 2」는 경허 제일의의 경지는 말할 것 없이, 그 시적 표현과 화두적 수사만으로도 빼어난 감흥을 주는 수작이라 하지 않을 수 없다. 위의 시에서 중요한 시어는 당연히 '일구一句'와 '금강봉'이다. 그런데 가만 보면 금강봉이 '일어나고' '일어나지 않는' 연유는 오직 경허의 '일구'에 달려있다. 과연 그 '한 마디'란 무엇인가.

---

10 「鏡虛集」(『韓佛全』 11, p. 618a).

귀머거리에게도 벙어리에게도 모두 적용되는 이 일구의 법法이란 과연 무엇이란 말인가. 아무리 궁금해도 어쩌랴. 삼천대천세계에 모두 통하는 이 일구의 화두를 깨쳐야만 알게 될 터. 깨닫거나 깨닫지 못한 모두에게 저절로 구비된 그것, 다만 분명한 것은 금강봉이 구태여 '일어나지(起)' 않아도 지렁이 울면 연못에 비가 내리듯 그렇게 그것은 온 천하에 두루한 그것, 시 속에 답은 다 보이지만 실제 그 답까지 가는 길은 요원하기만 하다.

「마곡사에서 2」와 더불어 경허의 매우 격외적인 화두시로써 사언절 「우연히 읊다 11(偶吟 11)」가 있다.

古路非動容 옛길은 움직여 조용하지 않거늘

悄然事已違 걱정해 보아야 이미 어긋난 일이로다.

少林門下事 소림굴 문아래 일이란

不意生是非 뜻밖에 시비.[11]

대도大道는 무문無門이다. 깨달음은 한 가지지만, 그 곳에 도달하는 방법은 무수히 많다. 그러나 어리석게도 중생은 '고로古路', 즉 이미 고인들이 보이신 길에만 집착하여 그 길을 부동의 진리로 인식하는 경향이 있다. 이 세상에 그 어떤 길도 영원한 것은 없다. 그러므로 고정화된 길을 찾는 것 자체가 이미 낭패인 것이다.

---

11 「鏡虛集」(『韓佛全』 11, p. 615b).

그 어떤 개념도, 이상도, 진리도 고정화된 길에서는 더 이상 살활의 길을 찾을 수 없다. 그러기에 경허는 이미 변한 옛길을 아무리 알음알이로 궁구(걱정)해 보아도 그런 식으로는 결코 깨달음에 이를 수 없다 한다. 깨달음이란 '근심(恄)'으로 얻어지지 않는다. 근심이란 욕심을 바탕으로 생기는 것이기 때문이다.

깨달음이란 오직 일체의 사량분별과 욕심을 버린 무심의 경계에서만 체득된다. 그러기에 경허는 고로古路따윈 제켜두라 한다. 그러면서 우리에게 새로운 화두를 내린다. 지금 소림굴(달마의 도, 정법안장) 밖에서는 '뜻밖의 시비'가 한창인데 도대체 이 무슨 도리냐고! 옛길은 진즉에 변했는데, 도대체 소림굴(달마의 도, 정법안장) 밖에서 무슨 '뜻밖의 시비'만 한창이냐고, 말이다.

마지막으로 단연 경허 화두시의 백미로 다음의 「천장암 홍주군에서(題天藏庵洪州郡)」를 빼놓을 수 없다.

世與靑山何者是 속세와 청산 어디가 옳은가
春城無處不開花 봄 성터 어디엔들 꽃 아니 피랴
傍人若問惺牛事 누군가 성우의 일을 묻는다면
石女心中劫外歌 돌계집 속 겁외의 노래라고.[12]

_____

12 「鏡虛集」(『韓佛全』11, p. 618a).

「천장암 홍주군에서」는 사실 한 가지로 뭐라 시의 분류를 나눌 수 없는, 빼어난 오도시요, 시법시요, 동시에 화두시라 할 수 있다. 시 제목에서 보듯 이 시는 경허가 확철대오 후 얼마 지나지 않아 천장암에서 쓴 시다. 경허에게 천장암은 정신적으로 매우 각별한 공간이었던 것으로 보인다. 경허는 서간 「자암에게 보내는 글(上慈 庵居士書)」에서 천장암에 대해 다음과 같이 서술하고 있다.

> 천장암이 좋다고 함은 한쪽은 산이요, 한쪽은 바다라 비록 그러하나, 경치 를 구경하려는 사람들만 올 수 없는 것이 아니라 통인달사通人達士도 교섭할 수가 없다. 통인달사들만 교섭할 수 없는 것이 아니라 부처와 조사도 오히려 그러하다. 괴롭고 괴롭도다. 이곳을 어찌 가히 말할 수 있으랴.[13]

경허에게 천장암은 그저 경치 좋은 암자가 아닌 바로 경허가 도 달한 제일의第一義의 세계요, 부처와 조사라는 분별지마저 여읜 최 상승지를 상징하는 곳이다. 이토록 완전무결한 일법一法의 세계이 자 일체지一切地인 그곳에서 읊어진 시가 바로 「천장암 홍주군에 서」이다.

부처와 조사마저 여읜 '이곳'에선 더 이상의 시비, 희락, 승속 따

---

13 「鏡虛集」(『韓佛全』11, p. 611b). "天藏庵好 一面山 一面海 然雖如是 非但翫 景者 不到處 通人達士 亦不交涉 非但通人達士 不交涉佛也祖也 猶較些 子 苦哉苦哉 是豈可言處."

원 없다. 그러기에 '속세와 청산 어디가 더 좋은가' 구태여 물어볼일도 없고 속세와 청산, 그 어딘들 봄빛(法)이 두루하지 않을 곳도없다. 그런데도 구태여 누군가 물어온다면, 일체의 분별이 사라지고 중중무진重重無盡의 실상만이 현현하는 본래지本來地에서의 말아닌 말 이를테면 '돌계집 마음속 겁외의 노래'라밖엔 할 수 없다는 것이다. 겁외劫外란 현상적 세계를 떠난 일체 무분별지의 실상계를 의미한다. 그 경지에서는 모든 인위적 유위有爲를 떠난 무사無事의 자유자재함만이 현전한다. 그러기에 경허는 그 무사겁외無事劫外의 삶, 오직 그것만이 일생의 남은 일이요, 본분사라고 노래하는 것이다.

극도로 자제되었으면서도 '석녀심중겁외가石女心中劫外歌'라는 한줄로 시 전체를 역동적인 총체성으로 환기시키는 「천장암 홍주군에서」는 경허의 깨달음과 그 깨달음의 근원적 실체가 빼어나게 시설된 공전의 수작이 아닐 수 없다.

초연초탈超然超脫의 격외시格外詩

　격외란 언어의 규정적 형식과 세간의 척도로 고체화된 일체의 격식을 초월함을 말한다. 선가에서는 붓다가 마음으로 따로 전한 도리인 '교외별전敎外別傳'과 일체 고정된 의리義理를 벗어난 '격외도리格外道理', 언어가 가지는 유형적 개념을 초월한 '불립문자不立文字'의 선을 일러 격외선格外禪이라고 일컫는다.

　『벽암록碧巖錄』에서는 언어란 초심자들을 위한 길잡이일 뿐 진정한 견성은 격외를 통해서만이 얻을 수 있다고 하였다.

언어의 의미를 담아 전하는 가르침은 견성에 이르지 못한 초심자나 후학을 위하여 방편으로 세운 것으로, 선종의 본질인 단전單傳의 취지에서는 이러한 것은 있을 수 없다. 격외格外는 바로 이러한 입장에서 언어의 방법을 끊어버리고 모든 방편을 초월한 것으로, 이를 통해 진리를 보고 견성을 성취하는 것을 말한다.[1]

1　「碧巖錄」(『大正藏』48, p. 149a-b). "爲初機後學 未明心地 未見本性 不得已

언어에 의미를 담아 전하는 교학적 가르침은 근기가 낮고 이해력이 부족한 초심자를 위한 방편일 뿐, 진정한 선의 세계에서는 일체의 현상적 언어개념을 초탈한 '격외의 말'로써 진리를 보인다는 것이다. 일반적 의미의 언어문자는 우리들의 분별의식을 더욱 가중시키는 도구로 작동된다. 언어문자로는 그것이 지시하는 본질을 다 드러내기 어렵기 때문이다.

더군다나 근본적으로 인지자의 언어체계 자체에 없는 이른바 선禪의 개념과 본질은 그와 유사한 기존의 철학개념과 병합되어 설명되어지는 과정에서 상상할 수 없을 만큼 왜곡 변형될 수 있다.

그래서 일찍이 선가에서는 '세간의 언어'를 떠난 이심전심以心傳心의 불립문자로 법을 전하거나, 아니면 '격외'를 사용한 불리문자不離文字로써 선의 비의를 내밀하게 전하였던 것이다.

이러한 격외구格外句는 깨달음을 얻은 선사가 그 깨달음의 세계에서 격외格外의 현지를 자기 활용으로 운용할 때만 참된 뜻을 가지게 된다.『오가어록五家語錄』에서는 "조사선에서는 격외를 향해 몸을 굴려 집착의 함정을 뒤집어 가장 빠른 방법으로 나아간다"[2]고 하였다.

而立箇方便語句 如祖師西來 單傳心印 直旨人心 見性成佛 那裏如此葛藤 須是斬斷語言 格外見諦 透脫得法."

2 『伍家語錄』(『卍續藏』119, p. 848a). "祖師禪 向格外轉身 打飜窠臼 直截痛快 是也."

여기에서 주의할 점은 선종에서 말하는 격외는 일반 언어에서 말하는 이를테면 부정이나 해체 등과는 그 의미가 본질적으로 다르다. 우리가 일상적으로 알고 있는 것처럼 모든 것을 부정하고 해체하는, 이른바 통상적으로 알아들을 수 없는 의미적 표현이 격외는 아니라는 것이다.

도리어 격외의 진실한 본뜻은 바로 조사선 특유의 '중도中道'적 태도에 있다. 중도란 공과 연기법緣起法을 확철함으로서 증득된다. 단멸斷滅과 상주常住, 유有와 무無, 고苦와 락樂 등 일체 대립적 견해에서 떠나 제법실상의 본성이 무자성공無自性空임을 바르게 아는 것이 중도적 태도인 것이다.

따라서 선가에서의 격외란 보기에 뭔가 특이하고 특별한 것을 의미하는 것이 아니라, 일체의 편견과 고정관념을 여의고 공성空性으로서의 참된 진실이 그대로 드러남을 의미하는 것이다. 비유하자면 '분명히 떠났건만 바로 이 자리요, 한 발짝도 떠난 적 없지만 이 자리를 완전히 떠난 경계' 그 최상승의 도리에, 바로 '격외'의 묘의妙意와 살활처가 있는 것이다.

경허의 일생은 선사로서 매우 특이한 행보를 보인 것으로 유명하다. 물론 원효나 이름을 숨긴 선사들이 승속을 떠난 행리를 보였던 적이 없었던 것은 아니나, 경허처럼 확고하게 자신의 마지막 삶을 중생과 함께 한 선사는 근래 드물었다 할 수 있다.

경허는 1899년 해인사 조실로 부촉되면서 이후 1904년까지 침체된 근대선을 부흥시키며 눈 푸르게 납자들을 가르쳤다. 그러나 그 화려했던 삶을 하루아침에 뒤로 하고 이름 없는 산골훈장이 되어 삼수갑산을 떠돌다 열반에 이르기까지 다시는 승려로서 모습을 드러내지 않았다. 선사로서 이러한 삶을 용단할 수 있었던 저변에는 무엇보다 경허의 투철한 중도적中道的 인식이 있었다고 할 수 있다. 경허의 이러한 중도불이적 의지는 오도 이후와 해인사 시절의 시 전반에서도 드러나고 있지만, 특히 승단을 떠나 비승비속의 자유인으로 살던 마지막 시기의 시 대다수에서 그야말로 출출세간出出世間의 대도인만이 빚을 수 있는 빼어난 격외의 할喝이 그 빛을 발하고 있다.

「심우송尋牛頌」으로 비유하자면, 도를 찾아 나서(尋牛) 도를 얻은(得牛) 뒤에, 다시 그 도를 버리고(牧牛), 도를 버린 사람마저 버림(忘牛存人, 人牛俱忘)으로써 근원으로 돌아온(返本還源) 도인이, 중중무진의 불이법계에서 비승비속의 모습으로 중생과 함께 하며, 진공묘유의 법을 보인 대자유의 완성(入廛垂手)이 그의 삶이었던 것이다.

따라서 이 시기의 행리가 의미하는 중도불이에 입각한 격외의 경계를 얼마나 올곧게 통찰할 수 있는가 하는 것이야말로 경허 선시분석에 있어 가장 중요하고도 어려운 지점이 될지도 모른다. 특히 경허의 격외시들이 많은 부분 최소한의 조사상은커녕 승려상마저도 거의 찾을 수 없는데다가, 그 소재나 표현에 있어서도 세속적 기물과 중생적인 감성을 그대로 차용한 경우가 많은 바람에 불이不二의 경지에서 읊어진 최상승의 선시로 비춰지기 보다는 감상적인 세간의 시로 오인될 수 있는 여지가 다분하기 때문이다.

다음은 경허가 북으로 몸을 감추기 전 1903년 가을 범어사에서 해인사로 가는 도중 남긴 시다.

「범어사에서 해인사로 가는 도중 읊음(自梵魚寺向海印寺道中口號)」

識淺名高世危亂 아는 것은 얕고 이름만 높으니 난세에 위태로워

不知何處可藏身 어느 곳에 이 한 몸 숨겨야 할지

漁村酒肆豈無處 어촌이나 술집 어느 곳엔들 없으랴만

但恐匿名名益新 이름을 감추려 하니 더욱 드러날 것 두렵네.[3]

1899년 해인사 조실로 주석하면서부터 1906년 승단을 떠날 때까지의 기간은 선사로서의 경허가 가장 활발발한 행화를 보여준 시기였다. 대개의 법문과 참선곡, 중노릇하는 법 등 주요 법문집과 서간, 기문, 영찬, 가송, 연작시[4] 등이 이 시기에 지어졌으며, 수선

---

3 「鏡虛集」(『韓佛全』 11, p. 617c).

4 이 시기의 중요한 저작은 다음과 같다.
   1899년-「海印寺修禪社芳衙引」, 「陜川郡伽倻山海印寺 修禪社創建記」, 「結同修定慧 同生兜率 同成佛果稧社文」, 「喪布稧序」, 「歸就自己」; 1900년-「梵魚寺總攝芳啣錄序」, 「南原實相寺百丈庵重修文」, 「南原泉隱寺佛糧序」, 「華嚴寺上院庵復設禪室定完規文」, 「桐裏山泰安寺萬日會梵鍾檀那芳衙記」, 「取隱和尙行狀」, 「震應講伯答頌」; 1901년-「錦雨和尙影贊」, 「茵峰和尙影贊」, 「大淵和尙影贊」, 「龍隱堂和尙眞」)影; 1902년-「梵魚寺鷄鳴庵

사 창립 후 영호남에 선원을 창설할 때에도 빼어난 문文과 시가詩歌로서 선풍을 진작하였다.

그러나 경허는 선사로서 최고의 명성을 날리며 교화를 펴던 그때 위의 시에서처럼 이미 스스로 이름을 감추고자 하였으며, 실제로 이후 미련 없이 승단을 떠나고 말았다. 왜 그랬을까. 그 해답으로 보이는 시가 다음의 오언절구 「우연히 읊다 22(偶吟 22)」다.

孰非無二法 누구에겐들 둘 아닌 법 없겠는가

秋日雁南飛 가을 되면 기러기 떼 남쪽으로 가는구나.

這箇眞消息 아, 이 진짜 소식이여!

春應向北歸 봄이 오면 응당 북쪽으로 가야하리.[5]

「우음 22」에서는 첫 행에서부터 곧바로 '둘 아닌 법' 곧 '무이법無二法'을 말한다. 앞서 '경허선의 요체'에서 거론하였듯이 '무이법'은 경허선의 핵심사상으로서 반야공관에 입각한 진속불이眞俗不二의

修禪社芳衛淸規」, 「梵魚寺鷄鳴庵創建記」, 「正法眼藏」, 「正法眼藏序」, 「瑞龍和尙行狀」; 주요 詩歌로는 해인사 조실로 있던 1903년 한글과 국한문 혼용인 「참선곡」, 「可歌可吟」, 「법문곡」, 「중노릇 하는 법」과 겨울 해인사에서 법제자 한암에게 준 서문 한편과 시 한 수, 그리고 1904년 여름 금강산을 유람하며 지은 「金剛山名句」 2편, 「題歇惺褸」, 국한문 혼용 연작시 「金剛山遊山歌」 등이 있다.

5   「鏡虛集」(『韓佛全』 11, p. 615c).

도道를 의미한다.

사실 경허는 이미 대오하는 순간 승과 속의 경계를 모두 떠났을 것이다. 그리하여 그때부터 이미 그에겐 승단이건 세속이건 아무 차별이 없었을 것이다. 그러나 당시 자신 말고는 단 한 분의 명안 종사조차 없이 지독하게 피폐하던 선가를 그대로 방치할 수는 없었기에 어쩌면 대승보살심으로 선가에 몸담고 있었을지도 모른다. 그러기에 영호남 등지에 수많은 선원을 창설하고 정법안장의 선풍을 진작시킨 후 걸출한 제자들에게 법을 부촉하자마자 미련 없이 승단을 떠날 수 있었을지도 모른다. 그리고 그렇게 떠나기 직전, 가을 되면 남쪽으로 가고 다시 봄이 오면 북으로 간다는 기러기의 비유를 들어, 자신이 떠날 마지막 종착지인 이류중행異類中行의 길을 암암리에 암시하였을지 모른다.

무이법을 통달하지 못했을 때는 세상을 떠나 출가를 하여 치열한 수행으로 법을 얻는 것이지만, 막상 법을 얻은 도인에게 출세는 세간과 다를 바 없기에 구태여 출세간만을 고집할 이유는 없어지고 만다. 이른바 강을 건넌 자에게 더 이상 필요 없는 뗏목처럼, 출가니 승가니 하는 것조차 각자覺者 경허에겐 쓸데없는 뗏목밖엔 되지 않았을 것이다. 이러한 승속무이僧俗無二의 경지에서는 아래처럼 당연히 범성의 분별도 없다.

「우연히 읊다 8(偶吟 8)」

佛與衆生吾不識 부처니 중생이니 내 알바 아니니
年來宜作醉狂僧 평생을 그저 취한 듯 미친 듯 보내려네.
有時無事閑眺望 때로는 일없이 한가로이 바라보니
遠山雲外碧層層 먼 산은 구름밖에 층층히 푸르네.[6]

　시에서 경허는 '부처니 중생이니 이제 내 알바 아니라서, 그저 취
한 듯 미친 듯, 때로는 한가로이 일없이 살겠다' 한다. 이 얼마나 놀
라운 대도인의 경계인가. 부처를 찾고 중생을 가리는 것은 아직도
도에 이르지 못한 중생 분별심의 발로일 뿐이다. 무생지無生地를 증
득한 조사에겐 부처도 중생도 하등 차별 없는 불일불이不一不二의
대상일 뿐이며, 일체 분별대상을 초극한 자에게 삶(有爲의 삶)의 형
식은 아무런 의미가 없다. 상식적으로는 취하거나 미친 이는 부처
와 다르지만, 절대평등의 불이법계에서는 부처건 중생이건, 성자
건 악인이건, 일말의 다름도 없다. 그렇다. 조사선에서 말하는 '부
처를 만나면 부처를 죽이고, 조사를 만나면 조사를 죽이라(殺佛殺
祖)'는 살활의 경지가, 바로 위의 시 '부처니 중생이니 내 알바 아니'
라는 표현에서 완벽히 드러나고 있다.
　그러나 정작 놀라운 것은, 경허는 시에서 말한 그대로 '취한 중,

6　「鏡虛集」(『韓佛全』11, p. 618c).

미친 중'이 되어 여생을 마쳤다는 것이다. 그야말로 부처나 중생이나, 정신이 온전한 사람이나 취하거나 미친 사람이나 그 본성에서는 한 치도 '다를 바 없다'는 이 엄혹한 진실을 경허는 비단 붓끝으로만이 아닌 그의 실존의 삶 전부를 통해 보여준 것이다. 바로 여기에서 경허 출출세간出出世間의 무분별지의 경지와 격외도리가 그야말로 섬뜩하게 다가오는 것이다.

다음의 칠언절구 「우연히 읊다 4(偶吟 4)」 역시 불이사상을 상징적으로 드러낸 대표적인 격외시라 할 것이다.

稱佛稱祖早謾語 부처니 조사니 하는 칭호 다 부질없는 말,

著龜未兆鬼猶眠 시초점[7] 치기 전에 귀신이 먼저 잠들었네.

松雲湛寂蘿月晩 솔 구름 고요하고 칡넝쿨 달 은은하니

泰華山下古今傳 태화산 아래 이제야 고금의 말씀 전해오누나.[8]

점을 친다는 것은 무언가를 미리 알아보려는 것이다. 무언가를 알아보려는 마음은 앞날이 잘될까 못될까 하는 두려움에서 오는 것이다. 잘되면 행복하고 못되면 괴로워하는 것은 인간의 인지상정이다. 그러나 이 인지상정이 다 '고苦'다. 인간은 '분별'로 인해 고통 받는다. 이것과 저것을 나누고 분별하면서 스스로의 마음에 지

---

7   들풀을 이용하여 치는 점.

8   「鏡虛集」(『韓佛全』 11, p. 618c).

독한 고통의 뿌리를 가져다 심는 것이다. 그렇게 세간사 분별도 모자라서 불도에 들어 부처니, 조사니, 중생이니 하며 다시 나누고 분별한다. 아닌 말로 중생놀음을 그치지도 못하면서 중생되기는 싫고 부처는 되고 싶다는 욕심이다.

비록 부처를 이루었다 하더라도 부처나 조사의 칭호는 의미가 없다. 부처나 조사란 분별심이 떨어져나간 중생이란 의미일 뿐, 본질적으로 중생과 다름없기 때문이다. 그러기에 경허는 아무 분별 망상없이 그저 솔 구름 칡넝쿨 아래 한가로이 앉아 있다. 그리고는 달빛 속에서 은은한 고금의 '사자후'나 들으며 고금의 진리 속에서 노닐 뿐이다. 그렇다. 위의 시에서 돋보이는 가열찬 격외의 눈은 당연히 '부처니 조사의 칭호 다 부질없다'는 1행이다.

그렇다면 경허가 이른 저 절대의 '무분별지'란 도대체 어떠한 경지인가. 『섭대승론석攝大乘論釋』에서는 "무분별이란 보살이 스스로 증득한 지혜로 아는 경지로서 범부가 분별할 수 있는 경계가 아니"라고 한다. 말로는 저리 쉬워보이는 저 경계가 실은 범부는 분간할 수 없는 경지라는 것이다. 그리고 우리 중생이 분별을 끊는다는 것은 마치 선천적 시각 장애우가 색을 분별하는 것만큼이나 불가능하다는 것이다. 그러나 바로 그 불가능의 경지에 경허는 올랐으며, 그 지고의 경지에서 뿜어져 나온 시가 아래 「불명산 윤필암을 지나며(過佛明山尹弼庵)」이다.

酒或放光色復然 술이 방광하고 여색 또한 그러해

貪嗔煩惱送驢年 탐욕 번뇌 보낼 기약 없네.

仗履無端化獅子 지팡이와 짚신이 사자로 변하여

等閑一踢孰能前 등한히 한 번 뛰니 누가 능히 앞서겠나.[9]

시 1, 2행에서 경허는 술과 여색 그리고 탐욕과 번뇌를 끊지 않았다고 한다. 그런데 갑자기 4행에서 이 모든 것을 등한히 뛰어넘었다 한다. 이 무슨 뜻인가. 주지하다시피 일체중생에게는 애초에 버릴 탐욕도 끊을 번뇌도 없다. 그런데도 중생은 탐욕번뇌를 억지로 끊음으로서 도를 얻고자 발버둥 친다. 그렇게 발버둥 치다가 어느 날 문득 번뇌의 파도가 잦아들면 이번엔 마치 도를 이룬 듯 착각하여 그 고요함 속에 영원히 머물고자 한다. 그러나 고요함에 집착하는 순간 다시 고요함과 시끄러움이라는 제2의 분별지에 빠지고 만다. 진정한 깨달음은 그렇게 억지로 구한다고 구해지지 않는다.

중도실상의 도란 번뇌와 탐욕을 억지로 끊어서 얻어지는 것이 아니다. 그래서 경허는 번뇌와 탐욕 속에서 무번뇌와 무욕을 실현한다. 번뇌와 탐욕이 발하는 메커니즘만 분명히 알면 다시는 허상에 속지 않는다. 이렇게 현상계란 다만 마음이 지어낸 공화空華임을 다 아는 경허는 그래서 구태여 술과 여색, 탐욕과 번뇌를 끊어 도를 구하지 않는다. 선이든 악이든, 성자든 여인이든 하등 상관없

9 「鏡虛集」(『韓佛全』 11, p. 617c).

이, 다만 그 어느 그물에도 마음 걸리지 않을 뿐이다. 바로 이러한 제일의의 경지를, 경허는 위 시에서 놀라우리만치 과감한 격외도리로 시설하고 있는 것이다.

경허는 시에서 '색色(여색)'이란 표현을 당당히 쓰고 있다. 선사들이 간혹 '술'에 관한 표현을 쓰는 경우는 있지만, 경허처럼 저리 대놓고 표현한 예는 한국선시에선 드물다. 일본의 경우 14세기 서민선庶民禪을 이끌었던 일휴종순一休宗純(1394-1481)에게서 이러한 경지를 엿볼 수 있다. 일휴는 허식과 위선을 철저히 떠나 빈부귀천이나 직업신분에 일체 차별 없이 천의무봉으로 일관했다. 그의 선시집 『광운집狂雲集』에는 그야말로 전설적인 남녀간의 '애정시'가 다수 전해지는데, 그 중에서도 다음의 두 수는 일휴 격외의 경계가 파격적으로 드러나는 대표작이라 할 만하다.

「진짜스승(淫坊頌以辱得法知識)」

舌頭古則長欺謾　입으로는 진리를 지껄여대는 이 속임수여

日用祈腰空對官　권력자 앞에서는 연신 굽신거리네.

勞衒世上善知識　이 막된 세상에서 진짜 스승은

淫坊女兒着金襴　금란가사를 입고 앉은 음방의 미인들이네.[10]

---

10 석지현, 『禪詩鑑賞事典』, 앞의 책, p. 634.

「음수(淫水)」

夢迷上苑美人森 꿈에 취한 꽃동산의 눈먼 미인이여

枕上梅花花信心 베개 위의 매화꽃, 갓 터지는 수줍음이여

滿口淸香淸淺水 입안 가득 맑은 향은 그대의 애액이니

黃昏月色奈新吟 황혼과 달빛 속에 번져가는 신음소리.[11]

일휴는 1456년 묘승사와 수은암을 부흥하고 이후 소실된 일본
의 대덕사의 부흥을 이루며 일본 동산문화 형성에 큰 영향을 미쳤
던 대선사. 그러한 선사가 위와 같이 참으로 상상치도 못할 파격
적인 시를 담담하게 읊고 있다. 감히 일반 시인들도 쉽게 표현하기
어려운 음란한 구절을 대선사가 당당히 읊고 있는 것, 바로 이것이
당대 최고의 선승만이 할 수 있는 최상승의 격외가 아니면 무엇이
랴.[12]

우리는 암암리에 승려나 선사들이 '술'이나 '고기' 더군다나 '여
인'에 대해 말하는 것을 금기시 하고 있다. 아니 어쩌면 승려 스스
로가 더욱 이러한 금기에 사로잡혀 있을지도 모른다. 청정함에 반

---

11 위의 책, p. 638.

12 일휴의 열반시(임종게)는 다음과 같다. "이 천지간에/ 누가 내 선을 알리/
    텅 빔이 온다 해도/ 반 푼어치 값어치도 없네(須彌南畔 誰會我禪 盧堂來也 不
    直半錢)"(같은 책, p. 631).

대되는 어떠한 실체나 개념들에 위의가 손상될까 경계하는 마음에서일 것이다. 그러나 선사 일휴는 우리들 가슴 속에 박혀있는 이러한 뿌리 깊은 편견과 분별심을 가차 없이 끊어버린다. 어쩌랴. 경허와 일휴의 저 격외시들은 바로 세세생생 벗어나지 못하는 우리의 독한 편견과 고정관념을 두 동강 내는 잔인하고도 예리한 활인검인 것을. 일체의 분별망상이 사라진 무생법인無生法忍의 경지에서 빛을 발하는 대도인大道人의 검술에 앞이 아득해질 뿐이다.

　경허의 격외시 중에는 특히 '술'을 소재로 삼은 것이 아주 많다. 경허의 시에서 유독 많이 보이는 '술'에 관한 시들은 모두 무위無爲의 법으로 이루어지는 '술이되 술 아닌' 격외도리라 할 수 있다. 그 어떤 법에도 집착하거나 끄달리지 않는 무념無念의 경지에 이른 경허에게 취했든 깨었든 사실 무슨 차이가 있을 건가.

　술에 관한 시들은 특별히 그 표현이 자유로운 칠언절구에서 많이 찾아진다. 그 중 직접 술[酒, 樽]이 나오는 부분들을 간추려보자.

松間一榻勝禪關 송림에 앉아 보니 선방보다 좋아
酤酒何妨去遠村 술을 사는데 마을이 멀다고 아니 가랴.[13]

13 「鏡虛集」(『韓佛全』 11, p. 619a). 「여러 벗과 함께 구중산에 올라(與諸益登九重山)」.

醉棄何妨世外眠 한 잔 술에 취했지만 홀랑 벗어 버렸는데야 어쩌랴.

樽酒未闌高士又 술잔을 비우기도 전에 벗이 또 권하니[14]

也有月明酒醒夜 술 깨인 밤에 달도 밝은데

那能詩話與君同 어찌해야 시 이야기가 그대와 같을 수 있을까.[15]

一樽相對靑山萬 술 한단지로 푸른 산을 대하고

千里歸來白髮雙 천리 돌아가는 길에 백발 날리네.[16]

一樽幸對泉雲境 한 잔 술에 구름 흐르는 폭포경치 대하니

千語何妨金玉音 천언만어가 어찌 금옥 같은 말이 아니랴[17]

如得東風花滿樹 동풍이 불어서 나무에 꽃은 만발하니

願醅樽酒若江波 원컨대 저 강물도 이 잔에 술처럼 괴었으면[18]

14 「鏡虛集」(『韓佛全』11, p. 619c). 「송광사 월화강백과 화엄사로 가는 길에 읊음 2(松廣寺月和講伯同行華嚴路中 口號 2)」.

15 「鏡虛集」(『韓佛全』11, p. 622b). 「김소산 서황에서(於金小山書幌)」.

16 「鏡虛集」(『韓佛全』11, p. 622b). 「공귀리 여러 벗들에게 화답 3(公貴里和諸益 3)」.

17 「鏡虛集」(『韓佛全』11, p. 623a). 「임상사에 화답함(和林上舍)」.

18 「鏡虛集」(『韓佛全』11, p. 624a). 「김담여에게 화답함(和金淡如)」.

好句詠來堪助興 좋은 시구 읊을 때는 흥이 절로 나고

淸樽雖乏足忘愁 맑은 술 넉넉지 않지만 근심 잊기 알맞네.[19]

屈指此生元是夢 인생살이 헤아려 보니 원래 꿈인 것을

何妨樽酒放詩歌 술동이 기울이며 시 읊고 노래 불러보세.[20]

遠客登樓雙鬓白 누각에 오른 먼 데서 온 나그네 수염이 흰데

萬家拜塚一樽紅 묘소에 절할 만가의 술잔 붉네.[21]

경허 깨달음의 마지막 종착역인 이류중사異類中事의 삶에서는 '깨어있는 것'과 '매한 것'의 차이를 찾을 수 없다. 참 마음을 통달한 도인에게는 밥을 먹든, 똥을 누든, 술을 먹든, 매 행위 그대로 진眞으로써 옳고 그름을 떠난다. 오직 진도眞道의 평상무사인平常無事人의 삶만이 실재할 뿐이다.

그러기에 경허는 소나무 숲이 선방보다 더 좋다며 선방에 집착하는 수좌의 집착을 슬며시 흔들어 놓기도 하다가, 아무리 멀고 술 사러 가지 않겠냐며 마음 가는 그대로 행하는 것이 도임을 은근

---

19 「鏡虛集」(『韓佛全』11, p. 624b). 「한학순에게 화답함(和韓鶴淳)」.

20 「鏡虛集」(『韓佛全』11, p. 628a). 「신해년 봄 우연히 만난 송남하에게(辛亥春偶逢宋南河)」.

21 「鏡虛集」(『韓佛全』11, p. 627b). 「청명일에 동일루에 올라(淸明日上東門樓)」.

슬쩍 시설한다. 나와 우주의 본래면목을 깨우쳐 진리와 하나 된 경허에게 술은 세간의 술이 아니다. 다만 인생살이 원래 꿈이라 술동이 기울여 시를 읊을 뿐이다. 세간을 떠나되 출세간에 머물지 않으며, 출세간을 떠나되 세간에도 머물지 않는 출출세간의 대자유의 경지를, 그저 '술'을 들어 비유하고 있을 따름이다.

이러한 경허 격외시의 선사상적 주체는 '무생無生'에 있다. 이 세상에 모든 것이 생겨나고 멸하는 것처럼 보이지만 실제로는 아무것도 생기거나 멸하는 것이 없다. 그 무엇도 영구적 실체를 갖지 못하므로 항구불변한 그 무엇이란 없다. 생겨난 것은 모두 사라질 것이기에, 생겨난 것은 생겨난 것이 아니다. 이렇게 제법의 생멸변화 속에서 그 생멸 없음을 바로 보는 것이 무생도리다.

『중관론소中觀論疏』에서는 "대승은 본성이 무생無生임을 밝힌다"[22]라고 하여, 대승의 깨달음이란 바로 무생을 체득하는 것임을 적시하고 있다. 무상공無常空의 실상이 법성法性이며, 이 법성을 체득하여 도달한 경지가 바로 경허가 도달한 무생열반無生涅槃인 것이다.

이러한 법성을 확철한 각자覺者는 일상생활에서 무엇을 하든 그 마음속에 일말의 흔적도 남기지 않는다. 이른바 선사의 막식막행에 관해 당황하고 시시비비하는 것은 끝 간 데 없는 분별심과 아직도 지독한 고정관념에서 벗어나지 못한 우리의 무장한 무명업 때

---

22 「中觀論疏」 권1(『大正藏』 42, p. 10b). "大乘 則明本性無生也"

문이다. 이러한 우리의 분별심에 철퇴라도 가하듯, '무생의 한 곡조' 길게 부르며 무연히 우주 만물의 진면목을 밝힌다.

「희천 두첩사에 앉아서(坐熙川頭疊寺)」

唱出無生一曲歌　무생의 한 곡조 목청껏 불러보니

大千沙界湧金波　대천세계가 찬란한 금물결이누나.

雖云大道不人遠　대도는 사람을 멀리하지 않는다 누가 말했나

其奈浮生如夢何　뭐라 해도 뜬세상 꿈인 걸 어찌하리

永日山光淸入座　온종일 산 빛은 맑게 비추고

遙村林影亂連坡　먼 데 마을 숲 그림자 언덕 위로 어리는데

拈來物物皆眞面　온갖 만물 모두가 진면목이니

何必雌黃辨佛魔　수컷, 암컷, 부처, 마구니는 가려서 무엇하랴.[23]

경허의 '무생일곡가無生一曲歌'는 일체 대천세계의 만물이 모두가 부처의 진면목이라는 오도의 인식에서 나온다. 대도大道는 사람을 멀리하지 않고 진흙 속의 연꽃처럼 다만 이 오탁의 세상에서 피고 질뿐이다. 이러한 무생법인의 세계에 애초에 수컷, 암컷, 남자, 여자, 성인, 마구니 등의 허망한 분별 따위가 어디 있을 것인가. 대오 이후의 경허 일생의 행적이란 '한 마음도 쓴 바 없고', '하되 한 바

___
23 「鏡虛集」(『韓佛全』11, p. 622a).

없는, '무생의 일곡가'였던 것이다.

경허 격외시에서 드러나는 지극히 인간적이고 감상적인 표현도 실은 이와 같은 최상승 선의 경지에서 우러나오는 격외도리에 근거한다. 그러나 안타깝게도 현재 경허의 선시 일부가 매우 감상적으로 해석 내지 주석되는 경우가 적지 않게 있다. 물론 경허 선시 일부에서 슬픔이나 회환 등이 노골적으로 드러나는 경우가 아주 없는 것은 아니다. 그러나 거기에서 드러나는 경허의 슬픔과 한탄조차 이 세인들의 슬픔이나 한탄과 꼭 같다고 본다면 오산이다.

선시란 오도한 선사의 경지에서 보는 세상 그 자체다. 선시가 읊어지는 자리는 그래서 대개 세간의 인간사다. 물론 선시에서 세간을 초월한 경지를 드러내거나 도인의 선풍을 안빈낙도적安貧樂道的으로 그려내는 경우도 있다. 그러나 도리어 빼어난 선시들 중에 세간 인간사의 희노애락의 감정이 놀라우리만큼 과감하고 리얼리티하게 그려진 수작들이 많은데, 그 대표적 선시가 바로 조주종심趙州從諗(778-897)의 「십이시가十二時歌」다. 결론적으로 말하자면 조주의 「십이시가」는 선시 중의 선시요, 최상승 선시의 백미 중 백미다.

조주의 선시 「십이시가」[24]의 내용을 간략히 살펴보자. 「십이시

---

24 십이시가 전문: 닭 우는 丑時// 깨어나서 추레한 모습을 근심스레 바라본다./ 裙子도 褊衫도 하나 없고/ 袈裟는 형체만 겨우 남았네./ 속옷에는 허리 없고 바지에는 주둥아리가 없다./ 머리에는 푸른 재가 서너 말/ 도 닦아서 중생 구제하는 이 되렸더니/ 누가 알았으랴! 변변찮은 이 꼴로

변할 줄을.// 이른 아침 寅時// 황량한 마을 부서진 절은 참으로 형언키
조차 어려운데/ 재공양은 치워버리고 죽 끓일 쌀 한 톨 없다/ 무심한 창
문과 가는 먼지만 괜스레 바라보나니/ 참새 지저귀는 소리뿐, 친한 사람
아무도 없다./ 호젓이 앉아 때때로 떨어지는 낙엽소리 듣는다./ 누가 말
했던가, 출가인은 애증을 끊는다고/ 생각하니 모른 결에 눈물 적신다.//
해뜰 녘 卯時 //청정함이 뒤집혀 번뇌가 되고/ 有爲功德은 俗塵에 덮이
나니/ 無限田地를 일찍이 쓸어본 바 없어라./ 눈썹 찌푸릴 일만 많고 마
음에 맞는 일은 적나니/ 참기 어려운 건 東村의 거무튀튀한 늙은이/ 보
시 한번 가져가져온 일이란 아예 없고/ 내 방 앞에다 나귀를 놓아 풀을
뜯긴다. //공양 때의 辰時 //사방 인근에서 밥 짓는 연기만 부질없이 바
라보노라./만두와 찐떡은 작년에 이별하였고/ 오늘 생각해보며 공연히
군침만 삼킨다./ 생각을 지님은 잠깐이요 잦은 한탄이로다./ 백 집을 뒤
져봐도 좋은 사람 없어라 /찾아오는 사람은 오직 마실 차를 찾는데 /차
마시지 못하고 가면서는 발끈 화를 낸다.// 오전의 巳時// 머리 깎고 이
지경에 이를 줄을 그 누가 알았으랴./ 어쩌다가 청을 받아 촌중 되고 보
니/ 굴욕과 굶주림에 처량한 꼴, 차라리 죽고 싶어라./ 오랑캐 장가와 검
은 얼굴 이가는/ 공경하는 마음은 조금치도 내지 않고/ 아까는 불쑥 문
앞에 와서 한다는 말이/ 차 좀 꾸자, 종이 좀 빌리자고 할 뿐이네.// 해가
남쪽을 향하는 吾時// 차와 밥을 탁발하여 도는 데는 정한 법도가 없으
니/ 남쪽 집에 갔다가 북쪽 집에 다다르고/ 마침내 북쪽 집에 이르러서
는 그 수를 헤아릴 수 없다./ 쓴 가루소금과 보리 초장/ 기장 섞인 쌀밥
에 상추무침/ 오로지 아무렇게나 올린 공양이 아니라며/ 스님이라면 모
름지기 도심이 견고해야 된다고.// 해 기우는 未時// 이때에는 양지 그
늘 교차하는 땅을 밟지 않기로 한다./ 한번 배부르매 백번 굶주림을 잊
는다더니/ 오늘 이 노승의 몸이 바로 그렇도다. / 禪도 닦지 않고 經도
논하지 않나니/ 헤진 자리 깔고 햇볕 쐬며 낮잠 잔다./ 생각커니, 저 하

늘의 도솔천이라도/ 이처럼 등 구워주는 햇볕은 없으리로다.// 해 저무는 申時// 오늘도 향 사르고 예불하는 사람은 있어/ 노파 다섯에 혹부리 셋이라./ 한 쌍의 부부는 검은 얼굴이 쭈글쭈글/ 유마차라! 참으로 진귀하구나./ 금강역사여, 애써 힘줄 세울 필요 없다네./ 내 바라보노니, 내년에 누에 오르고 보리 익거든/ 라훌라 아이한테 돈 한 푼 주어 봤으면.// 해지는 酉時// 쓸쓸함 밖에 무얼 다시 붙들랴./ 고상한 운수납자 영영 끊기고/ 절마다 찾아다니는 사미승은 언제나 있다./ 격식을 벗어난 말 입에 오르지 않나니/ 석가모니를 잘못 잇는 후손이로다./ 한 가닥 굵다란 가시나무 주장자는/ 산에 오를 때뿐만 아니라 개도 때린다.// 황혼녘 戌時// 컴컴한 빈방에 홀로 앉아서/ 너울거리는 등불을 영영 보지 못하고/ 눈앞은 온통 깜깜한 金州의 옻칠일세./ 종소리도 듣지 못하고 그럭저럭 날만 보내니/ 들리는 소리라곤 늙은 쥐 찍찍대는 소리뿐./ 어디다가 다시 마음을 붙여 볼까나./ 생각다 못해 한번 바라밀을 뇌어본다.// 잠자리에 드는 亥時// 문 앞의 밝은 달, 사랑하는 이 누구인가./ 집안에서는 오직 잠자러 갈 때가 걱정이어라./ 한 벌 옷도 없으니 무얼 덮는담./ 유가 維那와 조가 伍戒는/ 입으로는 덕담하나 정말 이상하구나./ 내 걸망을 비게 하는 건 그렇다 하더라도/ 모든 인연 물어보면 전혀 모르는구나.// 한밤중의 子時// 마음경계가 잠시라도 언제 그칠 때 있더냐./ 생각하니 천하의 출가인 중에/ 나 같은 주지가 몇이나 있을까./ 흙자리 침상 낡은 갈대 돗자리/ 늙은 느릅나무 목침에 덮게 하나 없다네./ 부처님 존상에는 안식국향 사르지 못하고/ 잿더미 속에서는 쇠똥냄새만 나는구나.(「趙州語錄」 7, 「日續藏」 118, pp. 333a-334a. "十二時歌 雞鳴丑愁見起來還漏逗裙子褊衫箇也 無袈裟形相些些有褌無腰褲無口頭上靑灰三伍斗比望修行利濟人誰知變作不啁溜//平旦寅荒村破院實難論解齋粥米全無粒空對閑窗與隙塵唯雀噪勿人親獨坐時聞落葉頻誰道出家憎愛斷思量不覺淚沾巾//日出卯淸淨卻翻爲煩惱有爲功德被塵幪無限田地未曾掃攢眉多稱心少耐東村黑黃老供利不曾將得來放驢喫我堂前草//食時辰 煙火徒勞

가」에서 조주는 그 첫 행에서부터 자신의 처지를 가슴치며 한탄한다. "머리 깎고 이 지경이 될 줄 그 누가 알았으랴"[25] 스스로 반문하는가 하면, "굴욕과 굶주림에 처량한 꼴, 차라리 죽고"[26] 싶다 한다. 명색이 선사가 굴욕과 배고픔에 '죽고 싶다'니, 참으로 상상할 수 없다. 더군다나 그 마음을 선시로 이리 당당히 읊고 있으니 황당해도 보통 황당한 일이 아니다.

望四鄰饅頭子前年別今日思量空嗟津持念少嗟歎頻一百家中無善人來者祇道覓茶喫不得茶去又嗔//禹中巳削髮誰知到此無端被請作村僧屈辱飢悽受欲死胡張三黑李四恭敬不曾生些子適來忽爾到門頭唯道借茶兼借紙//日南吾茶飯輪還無定度行卻南家到北家果至北家不推註苦沙鹽大麥醋蜀黍米飯薑荁唯稱供養W不等閑和尙道心須堅固//日昳未者回不踐光陰地曾聞一飽忘百飢今日老僧身便是不習禪不論義鋪箇破蓆日裡睡想料上方兜率天也無如此日炙背//晡 時申也有燒香禮拜人伍箇老婆三箇瘦一雙面子黑皴皴油麻茶實是珍金剛不用苦張筋願我來年薑麥熟羅兒與一文//日入酉除卻荒涼更何守雲水高流定委無歷寺沙彌鎭常有出格言不到口枉續牟尼子孫後一條拄杖䶂梨藜不但登山兼打狗//黃 昏戌獨坐一間空暗室陽餤燈光永不逢眼前純是金州漆鐘不聞虛度日唯聞老鼠鬧啾唧憑何更得有心情思量念箇波羅蜜//人定亥門前明月誰人愛向裡唯愁臥去時勿箇衣裳著甚蓋劉維那趙伍戒口頭說善甚奇怪任你山僧囊罄空問著都緣總不會//半夜子心境何曾得暫止思量天下出家人似我住持能有幾土榻床破蘆老楡木枕全無被尋像不燒安息香灰裡唯聞牛糞氣." 한글 번역은『조주록』, 백련선서간행회 역, 1991, pp. 181-187에서 원용하였음.)
25 『趙州語錄』(『日續藏』118, p. 333a). "誰知變作不啁溜."
26 『趙州語錄』(『日續藏』118, p. 333a). "屈辱飢悽受欲死."

그러나 과연 조주가 아니라면 감히 누가 이런 황당무개한 시를 지을 수 있을까. 남들 눈치 보느라 스님으로써 선사로써 도저히 할 수 없었던 인간적인 감정표현을 아무렇지도 않게 하는 것, 바로 그 견처見處에서 조주 최상승의 격외도리는 눈부신 빛을 발하고 있는 것이다.

그렇다. 조주는 하고 싶은 대로 한다. 되먹지 못한 신도들에겐 실컷 욕도 하고, 제 스스로 맘껏 자괴도 한다. 그렇게 대덕선승의 위대한 법어를 기대하던 우리에게 조주는 어이없으리만큼 놀라운 한 인간의 진실한 육성을 가감 없이 들려준다. 그렇게 조주는 우리의 고정관념을 철저히 배반한다. 그리고 스스로 성스러움이란 굴레를 박차고 속俗으로 걸어 나와, 우리의 이 돌 같이 딱딱하게 굳은 인식의 정수리를 가차 없이 후려갈겨 버린다. 그러면서 종국에는 "한번 배부르매 백번 굶주림을 잊는다더니 오늘 이 노승의 몸이 바로 그렇도다. 선禪도 닦지 않고 경經도 논하지 않나니, 헤진 자리 깔고 햇볕 쬐며 낮잠 잔다"[27] 한다. 그야말로 승속僧俗의 굴레 따윈 진즉에 다 버린 무사도인無事道人의 그 끝 모를 경계가 눈부신 묘용妙用으로 번득이고 있는 것이다.

이것이 바로 그 엄혹하기로 유명한 조주의 선시다. 최상승의 선시란 이렇게 철저히 우리의 오해와 선입관을 깨뜨리는 격외의 선

---

27 『趙州語錄』(『日續藏』 118, p. 333b). "曾聞一飽忘百飢 今日老僧身便是 不習禪不論義 鋪箇破蓆日裡睡."

적 방편성을 지닌다. 그러므로 선시에서 보인 기물이나 표현양상 등에 먼저 마음으로 걸렸다간 그 선시의 진의를 파악하기란 불가능해진다. 빼어난 선시란 오직 우리의 통념을 깨부수는 데 그 궁극의 목적을 둘 뿐이다. 전술한 바, 선시의 본질은 시적 표현에 있는 것이 아니라 그 깨달음에 있으며 선시를 이해하는 관건은 '시의 이해'에 있는 것이 아니라, '깨달음의 이해'에 있다.

경허의 '탄식'과 '회환', '슬픔'도 마찬가지다. 중생이 아프므로 내가 아프다는 유마의 말처럼 중생이 아프기에 경허도 아픈 것이다. 중생이 이별을 슬퍼하기에 경허도 이별을 슬퍼하고, 중생이 늙음을 탄식하기에 경허도 늙음을 서러워하는 것이다. 이 불이不二의 경지를 놓치고 경허의 희비가 중생의 희비와 같다고 생각하면 큰 오산이다.

조사와 범부의 차이는 같은 일을 하고도 그 뒤에 착着이 남는가 남지 않는가에 있다. 한 마디로 범부든 성인이든 맞으면 아프고, 못 먹으면 배고프다. 인연이 떠나면 슬프고, 홀로 남으면 외롭다. 그러나 다만 그럴 뿐, 성인은 그 모든 행위 뒤의 집착과 애착으로 인한 고통을 받지 않는다. 일체의 집착에서 벗어나 다시는 생사에 매昧하지 않는 것, 이것이 최상승의 선시에서 보이고자 하는 진실한 격외다.

경허의 이 아름다운 무착은 다음과 같은 곳에서 더욱 빛을 발한다.

「전송하며(贈別)」

爲君賦遠遊 그대 멀리 떠나보내는 내 마음

使我涕先流 눈물이 흐르누나.

百歲如逆旅 인생이란 한 백년 나그네

何方竟首邱 어디에 묻힐지 아득하구나.

片雲生遠岫 먼 산에 조각구름 일고

落日下長洲 해는 기울어 물가로 저무는데

屈指人間事 인간사 손꼽아 보니

悠悠摠是愁 그저 모두가 시름일 뿐이어라.[28]

이 얼마나 당연한 사람의 인정인가. 깨달은 자는 인간의 감정을
아주 떠난다는 것은 착각이다. 애착의 원인과 결과를 알기에 다만
그 애착과 감정에 매하지 않을 뿐이다. 인생사의 무상함과 일체제
법의 무항상성無恒常性을 누구보다 절실히 알기에 깨달은 자의 감
정은 도리어 매 순간 더욱 순수하고 또렷해진다. 그리고 바로 이
느낌을 경허는 그대로 표현하고 있을 따름이다.

사실 어떤 것에 깊이 집착하고 있는 사람은 그 사실을 지나치게
드러내거나 혹은 본능적으로 아주 감추게 되는 경향이 있다. 아직
그것(집착의 대상)에 대한 집착을 벗어나지 못했기 때문이다. 그러나

---

28 「鏡虛集」(『韓佛全』11, p. 616b).

경허는 슬프면 슬픈 감정 그대로, 취하면 취한 감정 그대로 드러낸다. 어떨 때는 서슬 푸른 법을 설하고, 어떨 때는 술주정뱅이 촌노인이 되어 눈물 흘린다. 바로 이 곳이 각자覺者와 중생의 닿을 수 없는 종이 한 장의 간극이다.

다음의 오언율 「우연히 읊다 5(偶吟 5)」 역시 철저히 중생의 입장에서 고해의 슬픔을 노래한 대표적 시이다.

> 鐺前九節草 가마솥에 달이는 구절초는
>
> 病者之所須 환자에게 필요한 것이거늘
>
> 不知諸小兒 어린 아이들은 그걸 모르고
>
> 無病欲相求 병도 없는데 서로 구하려 하네.
>
> 居然還自思 가만 돌이켜 생각해보면
>
> 不病其有誰 병 없는 자 누가 있겠나.
>
> 可惜百年事 슬프다 인생 백년
>
> 爾我同一丘 너와 내가 한 무덤이네.[29]

중생은 무명無明이란 병이 있어서 불법佛法의 약을 달여 먹어야 한다. 그러나 본질적으로 보자면 중생이 병이 있다는 것도 사실은 중생 스스로 만든 관념에 불과하다. 본각本覺의 입장에서 보자면 일체중생도 부처와 진배없다. 그러나 문제는 중생은 제 속에 스스로 구족되어 있는 무구한 본성을 깨닫지 못한 채, 애초에 있지도 않은

---

29 「鏡虛集」(『韓佛全』11, p. 616c).

병의 약을 구하느라 끝없는 집착과 윤회에서 벗어나지 못한다는 것에 있다. 곧 없는 병을 스스로 만들어 병들어 있는 중생, 그런 중생에게 경허는 말한다. 인생은 중생과 부처 모두에게 같은 한 덫이요, 한 무덤에 다름 아니다라고. 위의 오언율 「우음 5」에는 이처럼 결코 쉽지 않은 법문이 '병病'과 '병아님(不病)', '어린아이'와 '환자'라는 이중의 페이소스로 장치되어 있다.

전술한 바와 같이 경허의 선시 중에서 직접적으로 슬픔을 표현한 시는 아래의 「임상사에 화답함(和林上舍)」 외에 막상 몇 편 되지 않는다.[30]

---

30 직접적인 슬픔이 드러나있는 대표적인 시들이다. 「청암사 조실 만우당과 작별하며(靑岩寺祖室與萬愚堂話別)」, "귀뚜라미 우는 벽산루의 비 오는 밤/ 은근히 고향생각 머리를 쳐드네/ 세상만사 뜬 구름인데 무엇이 참됨이며/ 백년이 흐르는 물 부평 같은 삶일세/ 억지로 모이기 힘들어 오늘도 늦었고/ 무단히 모였다 헤어진 지 몇 해나 되었던고/ 백발도 슬프거니 이별 또한 어이하며/ 그대 가고나면 나 혼자 어이하리"(蛩吟夜雨碧山樓 暗地鄕愁欲重頭 萬事是雲何者實 百年如水此生浮 團圓難强遲今日 契闊無端閱幾秋 白首已悲飄梗又 那堪君去我仍留); 「벌레소리(喞喞)」, "찌르르 찌르르 벌레소리 여기 저기 들리는데/ 벌판에도 책상에도 창문밖에도 온통 네 소리/ 달 밝은 집에 울리는 처량한 벌레소리/ 단풍 숲 산들바람이 너를 울렸나 보다/ 백년 과부의 님 그리는 한이요/ 천리 뜨내기의 꿈에도 헤매는 고향일세/ 어찌 뜬 세상에 슬픈 탄식 없겠는가/ 슬픈 탄식만이 가장 잊히지 않는구나"(一聲喞喞亂西東 於野於床於戶通 悲語政多深院月 動機又可晩林風 百年孀婦思君裏 千里遊人做夢中 何事浮生無感歎 感歎於爾最難空); 「육삼정에서(六三亭)」, "장맛비 잠깐

萬事悠悠雪映簷 세상만사 유유함이 눈이 나리는 듯

不材於世病相侵 쓸모없는 이 몸 병고에 시달리네

一樽幸對泉雲境 한 잔 술에 구름 흐르는 폭포경치 대하니

千語何妨金玉音 천언만어가 어찌 금옥 같은 말이 아니랴

日暖江村軟柳曳 날씨가 화창하니 강마을에 버들가지 하늘거리고

春生林嶂怪禽吟 봄날 숲속에는 기이한 새 지저귀네

與君同科情交切 그대와 근본이 같기에 사귄 정 절실한데

怊悵關河去住心 타향길로 떠도는 서글픔 어이 다 말하랴[31]

임상사란 인물은 경허가 북녘을 떠돌 때 알았던 지인으로 짐작
된다. 모든 것을 내려놓고 비승비속의 선비로 살았던 말년의 경허
는 그들과 인간사 감정도 나누며 함께 하였던 것 같다.

그러나 경허의 시에서는 전술한 이별의 슬픔과 늙음과 회환의
관한 시, 그리고 망국의 아픔을 표현한 몇 편의 시를 제외하곤 대
부분 다음과 같이 산천경계에서 활달하고 유유자적하는 격외시가

개자 또 다시 찾아오니/ 외로운 정자 맑은 경치 상쾌한 시상 떠오르네/
옛 국경 강물소리 조석으로 변함없고/ 깊은 산 송뢰는 어제도 오늘도/ 아
득한 가을하늘 풀벌레소리 구슬픈데/ 관서의 나그네 빈털털이로세/ 석양
도 어두워지고 술동이도 비었는데/ 만국의 풍진 내 마음에 젖어드는 이
감회"(六三亭子又今朝 宵雨乍晴水滿橋 過檻雲影看世態 吹箆松籟聽寒潮 許多炎海人
相苦 驀地仙山路不遙 上帝亦知遊子興 故飛風雨鎖烟條).

31 「鏡虛集」(『韓佛全』11, p. 622a-b).

대다수를 이루고 있다.

「공귀리 여러 벗들에게 화답 2(公貴里和諸益 2)」

話來襟抱與君同 팔짱 끼고 그대와 이야기 하네
半世炎涼萬慮空 반평생 겪은 좋고 나쁜 일들과 온갖 생각 오락가락
數夜夢魂塵累外 며칠 밤 꿈길 속진 밖에 노닐고
孤村烟藪朗吟中 외로운 마을 연기 숲에서 낭랑히 읊조렸네
興亡有感思遼鶴 흥망이 유감 되어 먼 곳에 학이 그립고
禍福難知懷塞翁 화와 복을 알 수 없으니 새옹이 생각나네
君子安心先聖戒 군자의 안일함은 성현들의 경계함이라
元無求達更何窮 원래 구할 게 없으니 무엇이 궁색하겠나[32]

경허에게 반평생은 세간이든 출세간이든 다름없어서, 속진 밖에서 자유로이 노닐며 외로운 마을에선 아이들도 가르치며 화광동진으로 살았다. 경허는 말한다. '원래 구할게 없으니 무엇이 궁색하리냐'고. 새삼 애통하고 안타까울 일이 뭐 있겠느냔 말이다.

이처럼 세상 그 어디에선들 두려울 것 없는 경허의 대담한 경지가 걸출하게 표현된 또 다른 격외시가 바로 칠언율시 「공귀리 여러 벗들에게 화답하다 5(公貴里和諸益 5)」다.

---

32 「鏡虛集」(『韓佛全』11, p. 622b).

新文舊式兩依微 새 문화나 구식 둘 다 마음에 안 들어

痛飮一忘是或非 통음하여 한번 잊으니 옳은 것도 같고 틀린 것도 같은데

渴腸堪止輪輪轉 목마르던 창자에 훈훈히 술기운 돌고

瘦腋怳如翼翼飛 야윈 겨드랑이에 날개 돋아 날아갈 것 같구나

爲傷病檗經霜老 상한 병이 들어 어느덧 늙었는데

也喜靈芽得雨肥 기쁘다 영묘한 싹 비를 맞아 싱싱하네

誰識囊中藏寶訣 누가 내 주머니 속에 보배비결 감추어진 걸 알랴

有時輕着六銖衣 어떤 때는 가벼이 가사 장삼 입어 보노라[33]

비록 술에 취해 병들어 늙고 말았지만, 경허의 영묘한 싹은 아직도 싱싱하고 겨드랑이사이에서는 다시 날개 돋는다. 늙어도 늙지 않고, 병들어도 상하지 않는 보배. 그러나 누가 알겠는가. 오직 경허 주머니 깊은 속에 감추어진 불이不二의 무상도리無上道理, 보배비결을. 그렇게 제법공성의 반야도리를 철관한 경허이기에 그곳이 어디든 수처작주隨處作住로 무위의 가사장삼을 자유자재로 입고 벗을 수 있는 것이다.

이처럼 경허의 격외시는 하나를 말하면서 둘과 셋을 보이고, 그런가 하면 그 셋을 한 순간에 하나로 응축시킨다. 그렇게 중생으로서의 마음과 성인으로서의 마음이 중첩적으로 오버랩 되면서 경허의 격외시는 더욱 더 묘수의 깊이를 더해가는 것이다.

---

33 「鏡虛集」(『韓佛全』 11, p. 622c).

다음의 「하청동 오하천과 만나(河淸洞與吳荷川團會)」 1과 5는 경허
의 호탕함이 한껏 드러나는 멋진 격외시다. 물론 한 손에 술잔을
높이 든 채 말이다.

荷川高士枕山頭　높은 선비 하천이 산머리를 베개했네

五月窮村水自流　오월의 궁한 마을 물만 절로 흐르누나

得失人間誰塞馬　인간의 득실에서 누가 새옹의 말을 알리

浮沈十載我江鷗　십년을 떠돌다 나는 강의 갈매기와 벗했네

懶雲飛屋閑將午　구름 떠도는 한가로운 정오

亂木翳窓爽欲秋　나무 그늘 창에 가려 상쾌한 가을에

琴了而詩詩了酒　거문고 퉁기다 시 읊고 시 읊다 술 마시니

庶忘遊客暫時愁　뜨내기의 시름 잠시나마 잊겠네[34]

不覺鞦韆五五新　어느덧 그네 뛰는 단오절이라

深山黃鳥與之隣　깊은 산 꾀꼬리와 이웃 했네

臥犢始醒芳草夢　누운 송아지는 비로소 방초언덕의 꿈을 깨고

啼禽猶訴落花春　새들은 우짖으며 꽃 떨어지는 봄을 호소하네

大荒散步樽前住　흉년에 산보하며 술통 앞에 머무니

浮世淸襟物外親　뜬세상 맑은 금도 물질 외에 친하네

詩歌夏夏琴絃咽　시가에 장단 맞춰 거문고줄 간드러지고

---

34 「鏡虛集」(『韓佛全』11, p. 623b).

塵海忙忙此日賓 티끌세상 바쁜데 오늘은 손님이라네[35]

경허는 스스로를 나그네라 한다. 그곳이 어디든 한 잔 술이 있으면 그만이요, 좋은 풍광에 마음 맞는 벗과 좋은 시까지 있으면 금상첨화다. 그야말로 경허의 일이란 술 마시고 시 읊는 일밖엔, 다른 일 없다.

그러나 경허는 분명 속세에 있되 속세에 물들지 않는다. 경허에게 천하의 분주한 일이란 모두 꿈밖의 일이다. 그래서 아무리 세상을 떠돌지언정 실은 그 어느 곳에도 마음 두지 않는다. 누가 새옹의 말을 알고 갈매기와 벗한 마음을 짐작이나 할 것인가. 삼천대천의 본래면목을 여실히 깨쳐 세상 모두와 하나 된 경허에게는 두두물물頭頭物物이 진면목이요, 본래 고향이라 새삼 따로 갈 곳도 없다. 누운 송아지가 비로소 꿈을 깨고 새들은 우짖으며 꽃 지는 봄을 고하지만 경허는 오늘도 손님 아닌 손님으로, 그저 술 한 동이 들이키고 '무생의 격외노래 한 곡조' 크게 부르고 마는 것이다.

경허는 일찍이 「덕유산 송계암을 복원하는 권선문(德裕山松溪庵回祿後成造勸善文)」에서 "조용한 방장실에서 봄꿈이 깊었는데 새들의 요란한 소리에 기지개를 펴고 깨어 보니, 훨훨 나는 나비는 가물가물 잦아들고 이 몸은 완연히 환화공신幻化空身이로다"[36]라고 송하

---

35 「鏡虛集」(『韓佛全』11, pp. 623b-c).

36 「鏡虛集」(『韓佛全』11, p. 608a). "依依上方 春睡閑夢 要圓因 剝啄欠伸而悟

였다.

승속이 불이요, 범성이 하나라 모두 말하지만, 그러나 막상 자신이 환화공신임을 사무치게 깨닫고 승僧을 떠나 미련 없이 속俗으로 수수입전垂手入廛한 선사는 과연 몇이나 될까. 그야말로 보장된 미래와 하늘같이 따르는 제자들을 한 순간에 버리고 철저한 가난과 굴욕 속으로 떠난 선자는 드물다. 법상에 앉아 아무리 승속이 불이라 하여도, 경허처럼 완벽한 무분별지의 삶을 온몸으로 보여준 선사는 아무리 찾아도 드물다. 무슨 사족으로 그 위없는 경지를 그릴 수 있을 것인가.

그렇게 경허는 화광동진의 삶을 무연히 살다, 다음의 열반시 한 편을 남기고 홀연히 입적한다.

心月孤圓 마음달이 외로이 둥글어
光呑萬像 그 빛이 만상을 삼켰도다.
光境俱忘 빛과 경계 함께 잊으니
復是何物 다시 이것이 무슨 물건인고.[37]

1912년 4월 25일, 세수 67세 법랍 59세였다.

栩栩者蝶 杳入前塵 蘧蘧者身 宛是幻化"

37 「鏡虛集」(『韓佛全』11, p. 620a).

이상 경허의 선시를 크게 '견성오도의 개오시', '무문일법의 전법시', '조사활구의 화두시', '초연초탈의 격외시'의 네 가지로 분류하고 그 선시학적 특징을 고찰하였다. 이러한 경허 선시의 근간에는 무생無生, 무사無事의 오도의 경지와 진속불이眞俗不二의 선관, 그리고 이류중행異類中行으로서의 평상무사인平常無事人의 행行이 그 대골격을 이루고 있음을 살필 수 있었다.

VI

경허 선시의 특징과
표현양상

무생無生, 무사無事, 진속불이眞俗不二라는 선관을 토대로 하는 경허 선시에서는 그 표현양상에서도 이러한 선적요소가 뚜렷이 드러난다. 그 중에서도 단연 돋보이는 활용은 직관을 통해 이룩한 적조寂照의 경지라 할 수 있다. 직관과 적조는 경허 선시에서 그의 선적 관점과 인식이 투철한 깨달음의 경지에서 파생되고 있음을 생생하게 보여주는 기법으로 유용하게 활용되고 있다.

더불어 말로는 드러낼 수 없는 제일의第一義의 경계를 전하기 위해 경허는 심층적 아이러니와 역설적 기법을 많이 구사하였는데, 특히 화두시와 격외시 등에서 이러한 표현양상은 돋보인다. 모든 언어적 활동은 그 자체 진리를 지시하는 것이 아니라 다만 형상을 빌어 나타내는 표의表意임이 이러한 역설과 아이러니의 기법을 통해 효과적으로 전달되고 있는 것이다.

대다수 선사들과는 달리 비승비속의 무사인無事人으로 생을 마감한 경허는 특별히 그의 말년 선시에서 모든 구속과 속박으로부터 탈피한 대자유인의 면모를 다분히 보이고 있다. 이른바 중도회통적 불이의 어울림과 무위의 경지에서 뿜어 나오는 미美는 그런 의미에서 경허 선시의 독보적 특징으로 간주할 수 있다.

고준담백高峻淡白한 직관과 적조寂照

선禪에서 말하는 일심一心이란 만법의 근원으로서의 마음 혹은 만유의 참마음이라는 의미로, '절대 진리'의 의미와 '오직 마음'이라는 두 가지 개념을 함의한다. 절대개념으로서의 일심은 사물과 구별되는 마음이 아니라 통상적인 사물이나 대경도 함께 포함된 마음으로써 진여자성眞如自性과 같은 진리개념을 뜻한다. 그러나 '오직 마음'이라는 의미의 일심은 유심唯心과 다름없는 범부의 마음을 이른다. 그러나 「대승기신론大乘起信論」에서는 절대 진리개념으로서의 일심과 유심으로서의 일심 모두를 포섭하여 일심법一心法이라 정의하였다.

한마디로 선에서는 '일심(一心)'을 깨달아 견성見性함을 목표로 한다. 나의 심心이 곧 보편자의 마음이며, 나아가 세상 전체가 공유하는 마음이라는 깨달음의 체험이 득오得悟, 돈오頓悟다.

깨달음의 순간은 초시간적이다. 그런 의미에서 깨달음의 순간이란 '초시간에의 찰라적 운용'이라 할 수 있다. 이때 깨달음을 위한, 또는 깨달음의 작용 중에 일어나는 초시간적 정신 활동이 '직관'이다.

판단이나 추론 등 인위적인 사유나 매개 없이 대상을 직접 인식하는 작용인 직관은 이를테면 '도가 무엇인가?' 하고 묻는 수행자의 질문에 '똥막대기'라는 그야말로 아무런 개연도 추론도 불가한 어이없는 선문답의 뜻을 단박에 꿰뚫게도 한다. 구족된 본각本覺에의 깨침이 직관의 힘으로 드러날 때 인간의 근원적인 모순은 한 순간에 파기될 수 있기 때문이다.

이러한 구조는 시에서도 예외가 아니어서, 직관은 시를 최고의 경지에 이르도록 하는데 매우 중요한 요소로 작동된다. 무명에 따라 흐르는 세간경계 속에서 제법공성諸法空性의 실상을 파악하는 힘이 직관이다. 선에서의 직관이란 마음과 경계의 비실체성을 초월적으로 감지하며 알아차리는 기저로 작동되는데, 이러한 직관의 메커니즘은 선시에서도 그대로 적용된다.

경허 선시에서 두드러지게 드러나는 또다른 내적 표현양상은 '적조寂照'다. '적寂'이란 인간의 의식으로 표상되는 대상세계의 단멸을 지시한다. 여기에서 단멸이란 무無의 의미가 아닌, 현전하는 세계 속에서 능소能所와 주객主客이라는 대립적 의식이 지양되고 멸진된 상태를 의미한다. 그런 의미에서 적조란 사념思念으로 부침하는 대상사물에 대한 주관의식의 소멸이라 할 수 있다. 이렇듯 일체의 대상을 심의식心意識으로 의식하지 않을 때 적연 속에서 비로소 온전히 현전하는 본성의 작용이 조용照用이다.

이렇듯 돈오적 직관으로 현세계를 떠나지 않으면서 분별지分別

知를 벗어난 상태를 의미하는 적조는 경허 선시를 그야말로 선시답게 하는 무엇보다 중요한 기저로 작동된다. 다음의 오언절구 「우음 6」은 오도적 직관에서 구현된 경허 적정의 경계가 어떻게 시에서 구체적으로 구현되고 있는지를 여실히 보여주는 좋은 사례의 선시라 할 수 있다.

「우연히 읊다 6(偶吟 6)」

低頭常睡眠 머리를 끄덕이며 늘 졸고 있네
睡外更無事 조는 일 외에 별일이 없어
睡外更無事 조는 일 외에 별일이 없어
低頭常睡眠 머리를 끄덕이며 늘 졸고 있네.[1]

경허는 자고 있다. 시도 때도 없이 졸고 있다. 깨어 특별히 볼 것도 없으니 졸 일밖에 따로 일 없다. 그러나 제법의 실상을 여실히 아는 자에겐 꿈속도 꿈밖도 다르지 않아서 꿈속에서도 오매寤寐는 적정하고 여여하다. 그러기에 경허의 잠은 분명 잠이되, 잠 아닌 잠이다.

뿐이랴. 인생이 허공에 핀 한 송이 공화임을 직관한 자의 일상이란 다음 오언절구 「우연히 읊다 18(偶吟 18)」과 같이 깨어 있어도 적

---

1 「鏡虛集」(『韓佛全』 11, p. 615a).

정삼매에 젖어 밥 먹는 것조차 잊기 일쑤다.

燕頷雪衣下 연암산 눈 덮인 아래
白花日已曛 흰 눈꽃에 황혼이 지는데,
書童來我告 서동이 와서 아뢰기를
飯鼓已鳴云 공양북은 이미 울었다고[2]

눈 덮인 연암산 하얀 눈꽃 위로 붉디붉은 황혼이 지고 있다. 무아적정의 순간, 마치 한 폭의 그림처럼 희고 붉은 빛만이 아스라이 흩날린다. 그때 서동이 와서 아뢴다. 공양북은 이미 울었다고. 이 시에서의 백미는 단연 '서동이 아뢰는 공양북은 이미 울었다'는 구절일 것이다. 정신과 사물의 일치에서 수준 높은 시가 탄생하는 것은 당연한 이치지만, 마음과 대경마저 초월한 무아의 경계가 초논리적 직관으로 빚어져 연암산의 눈꽃은 더욱 고고하고 적정寂靜하다.

사실 직관으로 이룬 돈오의 세계에서는 그 어떤 추상적 개념도 관념적 놀음도 허용되지 않는다. 깨달음의 세계에서 현전하는 실상을 담담히 구술할 뿐이다. 그래서 경허의 선시는 대개 쉽고 담박淡泊하다. 그렇다고 물론 그 비의秘意와 묘사의 깊이마저 쉽다는 뜻은 아니다.

---

2 「鏡虛集」(『韓佛全』11, p. 615c).

다음 오언절구 「우연히 읊다 2(偶吟 2)」를 살펴보자.

喧喧寧似默 시끄러움이 어찌 입 다물만 하랴
攘攘不如眠 요란스러움이 어찌 잠만 하랴
永夜空山月 고요한 밤 빈산의 달이여,
光明一枕前 그 광명으로 한바탕 베개 하였네.[3]

그렇다. 수다 떪이 어찌 침묵만 할 것이며, 요란스러움이 어찌 잠만 하랴. 공무자성空無自性이 체득된 오悟의 세계에선 아무 말도 필요 없다. 수선 떠느니 차라리 잠자는 게 나으리라. 그러나 그것도 말이 그럴 뿐, 본질적으로 보자면 시끄러움이 침묵보다 못할 것도 없고 요란스러움이 잠에 못미길 바도 아니다. 경허는 다만 시에서 자신의 깨달음의 세계, 적조寂照의 세계를 직관적으로 드러내고 있을 뿐이다.

직관은 다른 말로 '직지直指'다. '직지인심直指人心'에서처럼 진리를 곧바로 가리키는 '직지[직관]'는 언어문구를 통하지 않고 직접 사안의 핵심으로 질러 들어가는 촌철살인적寸鐵殺人的 효용성을 가진다. 선에서는 직지로 오롯이 진리 그 자체에 집중하여 마음의 진상을 깨치는 일을 대사大事라 한다.

선시에서도 마찬가지다. 모든 물상과 대경, 구조와 개념 등의 이

___
3   「鏡虛集」(『韓佛全』 11, p. 615a).

분성이 직지로 투과되어 그 본체가 실체적으로 요해될 때 시의 '대사'는 완성된다. 그렇게 제법실상이 체득된 직절과 적정무구의 세계에서는 아무리 밖이 시끄러운들 내적 평온이 깨질 리 없다. 그야말로 "이 마음 다 측량키 어려워 다만 곤하면 잠잔다는 고금의 구절이 이 문전에 분명"[4]할 뿐이다. 이처럼 경허 시 곳곳에서는 초절적 직관으로 빚어 올린 무생법의 진리가 곳곳에서 빛을 발한다.

어쨌거나 선시도 시이기에 시적 장치가 없을 수 없다. 시와 선시의 궁극의 경계가 같을 수는 없겠지만, 함축적이며 상징적이며 간결한 시의 특징은 경허의 선시에서도 대부분 그대로 수용된다. 다음 오언절구 「우음偶吟」 13과 15는 그 간결한 직관적 상징이 두드러지는 수작이라 할 수 있다.

驥兒見此頌 뛰어난 수재여, 이 게송을 보라
我指碧山層 내가 가리키는 저 층층한 푸른 산[5]

可惜香山仙 애석타, 향산의 신선
恨未聞獅吼 사자후 못들은 것 한스럽구나[6]

---

4   「鏡虛集」(『韓佛全』 11, p. 615a). "有事心難測 困來卽打眠 古今傳底句 秖在此門前."

5   「鏡虛集」(『韓佛全』 11, p. 605b).

6   「鏡虛集」(『韓佛全』 11, p. 605b).

첫 번째 오언절 「우음 13」에서 경허는 벽산을 가리켜 게송이라 비유한다. 푸른 저 산이야말로 제법의 실상이요, 자연에서 펼쳐지는 생주이멸의 현상이야말로 그대로 팔만대장경의 게송에 다름 아니라는 것이다. 그러나 만고의 게송으로 늘 우리 앞에 펼쳐져 있는 청산을 바라보면서도 사실 저 산이 의미하는 실상을 요해한 자는 많지 않다.

그런 줄 알기에 경허는 저 산이 바로 진리 그 자체인 '게송(시)'이니 한번 제대로 보라 한다. 그러나 아무리 눈을 들어 본다한들, 저 산이 게송임이 직관으로 꿰뚫어지지 않는 한, 경허가 지시하는 '일체경계一切境界 본래일심本來一心'의 경계를 파악하긴 힘들어질 것이다. 초절에의 직관은 선시에서 이와 같이 언어의 논리성을 깨뜨리며, 인식의 고정 관성을 타파하는 중요한 내적 도구로 작동된다.

두 번째 오언절 「우음 15」의 경우도 크게 다르지 않다. 경허는 아무리 세상과 천상의 신선이라 하더라도 붓다와 역대조사의 진법인 '사자후獅子吼'를 듣지 못했다면 최후의 깨달음은 얻지 못했을 터이므로 참으로 애석할 노릇이 아닐 수 없다고 한다. 아무리 인천의 왕과 천상의 신선이라 할지라도 위없는 무상도無上道를 깨우치지 않는 한 언젠간 다시 유위의 세상으로 떨어져 윤회에서 벗어나지 못할 것이기 때문이다. 이렇게 단 2행에도 불구하고 그 것이 전하는 것은 장문의 법문과 같다. 다른 말로 하자면 이처럼 긴 법문을 날랜 직관으로 경허는 단 두 줄의 시로 함축하였다는 것이다. 제일의第一義의 경계에서 이루지는 경허의 직관이 아니라면, 감히 누가 이리도 당당히 신선을 욕보일 수 있으랴.

이처럼 경허의 직관은 논리와 비논리, 인식과 비인식마저 넘어 매 순간 섬광 같은 초논리로 본질과 계합하며 빛을 발한다. 다음의 오언율 「운달산을 지나며(雲達山途中口號)」에서 이러한 운용은 더욱 뚜렷해진다.

獅王雖晦迹 비록 사자가 자취를 감추었다고

衆獸豈能同 뭇 짐승과 어찌 같으랴.[7]

「운달산을 지나며」에서 경허가 비유한 '사자'란 깨달음을 성취한 사람, 곧 '법왕(覺者)'을 의미한다. 비록 법왕이 속세를 떠나 세상을 등졌다하더라도 법왕의 도까지 사라지는 것이 아니다. 경허는 세상을 등진 각자(覺者)를 사자라 비유하며, 사자가 자취를 감추었다 하더라도 깨닫지 못한 '뭇 짐승(중생)'과 같을 수는 없다고 한다.

세상에 출현했든 사라졌든, 각자의 깨달음은 영원하다. 한번 깨달음을 얻는 자는 다시는 물러남이 없다. 일초직입으로 여래지에 이른 각자(覺者)는 다시는 인과에 떨어져 고통 받지 않는다. 그렇다. 여기에서 말하는 사자는 당연히 경허 자신이다. 비록 승단을 떠났어도, 어찌 그 깨달음이 빛을 잃으랴. 이리도 당당하게 '사자'와 '뭇 짐승'을 과감하게 대비하며 일말의 거리낌 없이 그 둘 사이의 '다

---

7   「鏡虛集」(『韓佛全』11, p. 606a).

름'을 단정적으로 표현할 수 있는 힘은 선사로서 경허가 이룬 깨달음에 있다.

다음의 칠언율 「우음偶吟 2」 역시 그 촌철살인적인 직관이 빼어난 시다.

踐紅枯骨春深笑　꽃을 밟은 마른 해골 깊은 봄에 웃고
戴白嬰兒劫石尤　백발 어린 아이 영원히 사누나.[8]

경허는 봄날 아름다운 꽃 속에서 해골을 보고 있다. 천진난만하게 뛰어노는 마치 봄 같은 어린 아이도 언젠가 마른 해골이 될 것을 경허는 직관의 눈으로 보고 있는 것이다. 아니, 어쩌면 봄날 꽃밭에 뒹굴고 있는 어린 아이의 백골을 보고 있는지도 모른다. 뭐 어느 쪽이든 어떠랴. 다만 이 아름다운 봄날을 무상한 죽음과 대비함으로써 빚어지는 그 서늘한 무상성만이 가슴 철렁하게 감지되었다면 그 뿐이다. 경허는 이 시에서 더 이상의 자신의 감정을 표하지 않는다. 다만 그렇게 밝고 환한 봄 배경 속에서 낱낱한 생의 비정을 고요하고 잔인하게 그릴 뿐이다. 덕분에 푸릇푸릇 빛나던 봄의 생기가 한 순간에 얼어붙는다. 그런데 이 어인 일인가. 그 적정 속에서 생의 비애가 어쩔 수 없이 눈물처럼 출렁이는 것은.

8　「鏡虛集」(「韓佛全」 11, p. 612b).

이렇듯 매 순간의 상황을 총체적으로 인식하며 진리와 계합하는 초절의 직관과 그로부터 비롯되는 적정의 경지는 경허 선시 전반에서 발견되는 매우 중요한 내적 표현양상이다. 그리고 바로 그 고준담백한 직관과 적조는 경허의 선시를 선으로도, 시로도 더욱 눈부시게 하는 살활의 검이 되고 있다.

심층적深層的 아이러니와 역설

일반적으로 아이러니(irony, 反語)는 겉으로 드러난 말과 실질적인 의미 사이에 생긴 괴리나 혹은 진술된 또는 외면상의 내용과는 상이한 의미를 제시하는 화술의 한 유형이다. 고대 그리스어 para(over, 초월)와 doxa(dogma, 윤리, 의견)의 합성어인 역설逆說도 이와 유사한 개념으로 특정한 경우에 논리적 모순을 일으키는 논증을 말한다. 다른 말로 배리背理, 역리逆理, 이율배반 등으로 불리는 역설은 겉으로 볼 때는 매우 모순되고 부조리해 보이지만 그 내면에는 바른 뜻이 함축되어 있다는 특징이 있다. 아이러니가 문장 자체에 상반된 언어를 직접 구사한다면, 역설은 말 속에 모순을 가지며 사람들을 곤혹케 한다. 역설이 직설적인 화법으로는 다 드러내기 어려운 의미를 전달하기 위해 사용되는 기법이라면, 아이러니는 화자의 세계를 바라보는 시각까지도 드러낸다는 의미에서 좀 더 넓은 의미라고도 할 수 있다.

이러한 역설과 아이러니는 표상과 진의의 거리가 멀면 멀수록, 외관과 현실의 상반성 내지 부조화의 대조가 크면 클수록 그 효과는 더욱 커질 수 있다. 아이러니와 역설은 일상적인 반어법을 넘어 보다 정교하고 지성적인 것을 드러내기 위한 기법으로 혹은 작가가 전하고자 하는 뜻을 직접적으로 말로 전할 수 없는 상황에서 반어적, 혹은 낯설게 하기 등의 기법으로 문학에서 폭넓게 쓰인다.

선에서의 언어, 즉 선어禪語는 단순한 언어가 아닌 특정의 목적을 수행하기 위한 선의 방편적 매개이자 도구로 활용되어 왔다.

불립문자를 표방하는 선에서는 기본적으로 '언어에 의지하지 않는다'는 대 전제가 있다. 그러나 전술한 바와 같이 선의 본체를 언어로 전할 수는 없지만 그렇다고 언어를 완전히 떠나서도 전하기 어렵다. 그래서 불입문자不立文字와 불리문자不離文字는 서로 떨어질래야 떨어질 수 없이 서로의 문제점을 보완해 왔다.

'불립문자'에서의 이른바 '사용할 수 없는 문자'란 전술한 고정 관념화된 세간 언어문자, 실체를 지시할 수 없는 비실체적 언어문자, 추상적 인식개념으로 빚어진 언어문자들을 말한다. 그러나 사실 언어 그 자체가 문제되는 것은 아니다. 문제는 비실체적 고정관념화 된 언어문자를 통해 우리가 가지게 되는 허상과 불변적 인식태도에 있는 것이다. 이에 선종에서는 기존의 일상 언어관을 전면적으로 타파하는 새로운 형식의 선언어를 재창조하기에 이르는데, 그것이 바로 선문답에서 쓰이는 초논리, 초합리의 선어禪語다.

사실 많은 경우 화두를 참구하거나 선지식과의 선문답 중에 대오한 선사들이 많았다. 다시 말해 언어言語가 온전히 임재하는 가운데 오도를 체험하는 경우가 비일비재하였던 것이다. 이렇게 선어란 오도를 직접적으로 이끄는 선적 도구이자, 일상 언어관이 가진 기존의 관념이 완전히 타파된 '활구'를 뜻한다.

전통적으로 선가에서는 방할과 같은 격외의 말, 선문답과 같은 '활구의 사용'을 매우 중시하였다. 그리고 역대 선사들은 우리가 일반적으로 구사하는 일상 언어나 화법과는 근본적으로 다른 격외성과 생소성을 더욱 의도적으로 발전시켜 우리의 고정관념을 타파하는 선적 도구로 활용해왔다.

경허 선시에서 드러나는 아이러니와 역설, 파격도 기본적으로 전통적으로 선가에서 쓰였던 바로 그 선어관의 운용에 다름 아니며, 그런 의미에서 경허의 역설과 아이러니는 '선적禪的 아이러니와 역설'이라 해야 정확할 것이다.

어쨌거나 경허의 선시 중에서 이러한 아이러니와 역설이 매우 유용하게 쓰인 대표적 시가 아래 오언절 「우음 9」다.

打睡粥飯事　잠 깨면 죽이건 밥이건 먹네.

此外夢幻吟　그 밖엔 모두 꿈같은 헛소리.

山庵何寥寂　산골 암자 어찌 이리도 고요한가.

霜葉滿庭心　단풍잎만 마음 뜰에 가득 차누나.[1]

1　「鏡虛集」(『韓佛全』 11, pp. 615a-b).

이 시를 보면 전술한 조주의 「십이시가」가 떠오른다. 한 마디로 우리가 대선사 조주에게 기대했던 성스러움이 「십이시가」에서 와 장창 깨진 것과 같이, 「우음 9」도 우리가 가진 법에 대한 환상을 가차 없이 부셔버린다.

배고플 땐 밥 먹고, 졸리면 자는 것이 무위도인無爲道人의 일상이란 것은 내심 짐작하지만, '그 밖에 것은 모두가 꿈같은 헛소리'라면 이건 좀 달라진다. 우리 중생들이 지어낸 사량 분별적인 말과 글이야 그렇다 치더라도, 그렇다면 부처님의 경전과 역대조사들의 수많은 어록의 말씀들도 모두 다 헛소리라는 것 아닌가. 정말 그 모든 것이 다 꿈같은 소리라면, 과연 우리는 앞으로 어떤 등불에 의지하여 이 어둔 생사의 밤길을 지나야 한단 말인가. 물론 안다. 경허가 말하는 그 일체개공一切皆空의 진리와 이 업식業識뿐인 무상한 현존을. 그러나 아무리 이치로는 안다 해도, 도피안에 이르지 못한 범부의 인식으로는 결코 다 안다 감히 말할 수 없는 경계이기에 이토록 가슴이 답답해 오는 것이다.

그러나 더 큰 문제는 다음에 있다. 매우 쉬워 보이는 저 평이한 말끝에 숨은 경허의 진의가 의심스럽다. '먹고 자는 일 외엔 모두 헛소리'라는 그 말은 어쩌면 그저 역설이 아닐 지도 모른다. 그렇다. 저 소리는 역설이 아닌 '진설眞設'일지도 모른다. 경허의 역설은 그야말로 그 속이 다 들여다보이는 문학작품처럼 그렇게 만만하지 않다. 경허의 역설은 바로 선의 세계를 이중적 모순으로 장치한 선적 패러독스이기 때문이다. 어쨌거나 경허는 저 한 행을 통해 원론적으로 우리가 가진 모든 고정관념을 쳐부수는 일에 전력을 다한다. 그렇게 2행에서 남의 마음의 평화를 홀러덩 뒤집어 놓고는 갑자기 3행에 이르러 이번엔 한없이 '적寂(고요함, 평온함)[2]하다 한다. 과연 저 손가락이 지시하는 달은 어디에 숨어있는 것인가. 이것을 말하는 듯하면서도 저것을 드러내는 역설과 아이러니를 중첩적으로 오버랩하여 우리를 곤혹스럽게 하는 시가 바로 「우음 9」다.

전술한 바와 같이 역설과 아이러니는 드러난 말과 실제 의미 사이의 간극이 크면 클수록 괴리가 깊으면 깊을수록 그 이율배반적인 시적 효과는 극대화된다.

앞장에서 이미 고찰한 「불명산 윤필암을 지나며」를 다시 한 번보자. '술이 방광하고 여색 또한 그러해/ 탐욕 번뇌 보낼 기약 없네/ 지팡이와 짚신이 사자로 변하여/ 등한히 한 번 뛰니 누가 능히 앞서겠나' 라는 시 1, 2행에서, 경허는 술과 여자 탐욕번뇌를 보낼 기약 없다고 해놓고선 3, 4행에선 단숨에 '지팡이와 짚신이 사자로 변하여 등한이 뛴다' 한다. 그런가 하면 사자로 변한 지팡이와 짚신 중에서 누가 앞서겠냐며 도무지 알 수 없는 최난이도의 화두를 갑자기 우리에게 덥석 던진다. 그야말로 이쯤 되면 앞뒤 문맥의 일

---

2 선가에서의 '寂'이란, '寂靜'의 의미로 매우 고요하고 평화로운 삼매의 상태를 이른다. 따라서 산골 암자에 홀로 있어 외롭고 쓸쓸하다는 의미가 아닌, 心路가 다 끊긴 覺者가 느끼는 편안하고 고요한 상태 즉 적정삼매, 열반의 상태로 보아야 할 것이다.

관성도, 동질성도 영원히 찾을 길 없다. 어쩔 것인가. 물론 저 물음의 답은 오직 경허만이 알리라. 제대로 꿰뚫지 못했다면 일구도 입 밖으로 내어선 안 되는 일. 다만 말로는 도저히 전할 수 없는 최상승의 법法을 전하기 위해 경허가 시설한 전광석화와 같은 심층적 역설이란 것만 짚어낼 뿐이다.

이미 전술한 다음의 오언절 「우음 29」 역시 그 날카로운 아이러니와 역설이 가히 만만치 않은 걸작이라 할 수 있다.

> 眼裏江聲急 눈 속에 강물소리 급하고
> 耳畔電光閃 귓전에 번갯불 번쩍이네
> 古今無限事 고금의 무한한 일들
> 石人心自點 돌사람이 스스로 아는구나[3]

「우음 29」는 그 내용도 내용이지만 무엇보다 반배중률적反排中律的 구조가 돋보이는 시라 할 수 있다. 1, 2행에서의 눈 속엔 강물이 흐르고, 귓전엔 번갯불이 친다는 비유는 사실 시에서 일반적이다. 그러나 문제는 3, 4행이다. 경허는 고금의 무한한 일들을 석인이 스스로 안다 한다. 과연 돌사람이 어떻게 '고금의 무한한 일들' 이른바 '진리'를 알 수 있단 말인가. 「우음 29」에서는 내면적으로는 심층적 역설, 표상적으로는 혼재된 아이러니가 복합적으로 시설

---

3 「鏡虛集」(『韓佛全』11, p. 616a).

되어 있다.

특별히 종교적 진리를 드러낼 때 주로 많이 쓰이는 심층적 역설 기법은 논리적으로 증명할 수 없는 것의 비약과 반전 등을 통해 상황의 모순을 극복하는데 활용된다. 그러나 이러한 심층적 역설은 대상 언어에 대한 깊은 인지능력과 그 표현을 직관적으로 통감할 수 있는 고도의 언어통찰능력을 지니지 않는 한 쉽게 이해하기 어렵다는 단점이 있다. 게다가 선禪에 대한 이해까지 요구되는 선시에서 이러한 기법이 쓰여질 때면 그 원관념을 간파하기는 더욱 어려워질 수 있다. 이를테면 '고금의 무한한 일' 즉 '정법안장正法眼藏'을 누가 가르쳐주지도 않았는데도 석녀는 이미 스스로 다 알고 있다는 이것의 비의는 과연 무엇이란 말인가.

다음 칠언절 「우음 6」도 그 아이러니와 역설이 대담하게 표출된 멋진 시다.

石人乘興玩三春 돌사람 타고 흥겹게 춘삼월 희롱하니

不成虎畫更看新 범을 그려도 되지 않아 다시 그려 보네

林壑在天星月下 숲과 굴형은 하늘에 있고 별과 달은 아래 있어

死鷄捕鼠祭亡人 죽은 닭이 쥐를 잡아 죽은 사람 제사 지내네[4]

시에서는 그 첫 행에서부터 문장의 표면의미상 모순이 드러난

---

4 「鏡虛集」(『韓佛全』11, p. 618c).

다. 돌사람을 타고 봄에 흥겹게 노닌다는 묘사에서부터 모순형용
과 역설이 역력하다. 마지막 4행에서는 죽은 닭이 쥐를 잡아 죽은
사람을 제사를 지낸다니, 가히 그 모순과 역설이 초수준급이다.
이치에 맞지 않는 구조상의 반어적 모순을 통해 그 내면의 절실한
뜻을 전하는 방법이 심층적 아이러니의 기법인 줄은 알겠지만, 이
처럼 처음부터 마지막까지 모순과 역설이 최고조에 이르면 그 기
의를 가늠하기란 참으로 난감해질 뿐이다. 당연히 땅에 있어야 할
숲과 벼랑(굴형)은 하늘에 있다하고, 하늘에 있어야 할 별과 달은
땅에 있다한다. 게다가 죽은 닭이 어찌 쥐를 잡을 것이며, 그 닭이
또 어찌 쥐를 영정 앞에 높고 제사를 지낸다는 말인가. 그 본뜻이
야 제켜놓고라도, 역설과 아이러니가 빼어나게 구사된 시임은 확
실하다.

다음의 「영명당과 함께 불령을 가는 도중 2(與永明堂行佛靈途中 2)」
도 그 상징과 역설이 만만치 않는 수작이다.

任是妄兮任是眞 허망은 허망대로 참됨은 참됨대로 그냥 두어라
張瘋醉打李翁眞 장 노인은 취했는데 이 노인은 멀쩡하구나
懸羊賣狗年來事 양고기를 개고기로 팔아온 것은 오래전부터 하던 짓
識得分明認得眞 이 도리를 분명히 알면 비로소 참됨을 알리라[5]

시 첫 행에서 경허는 '허망은 허망대로 참됨은 참됨대로 그냥 두

5 「鏡虛集」(『韓佛全』p. 11, p. 617c).

라'는 답과 화두를 동시에 내린다. 참된 것은 참된 그대로 두라는 말은 충분히 이해가 간다. 그러나 허망한 것, 잘못된 것도 그대로 두라는 1행의 도리는 2행과 3행을 깨침으로서만이 확연히 체득하게 되리라.

2행에서는 같은 술에 누구는 취하는데 누구는 멀쩡하다 한다. 더 황당한 것은 3행이다. 오래전부터 양고기를 개고기로 팔아왔다는데, 과연 그렇게 고기를 속여 팔아온 자는 누구란 말인가. 언뜻 보기엔 장 노인이나 이 노인으로 보이지만, 사실 경허 손가락이 지시하는 달은 '고인古人' 즉 부처와 조사다. 그런데 도대체 부처와 역대조사들은 왜 우리를 속여 왔단 말인가. 이 화두 아닌 화두를 뚫었을 때만이 저 시는 완벽히 이해되리라.

어쨌거나 문제는 3행의 뜻을 알아차려야 할 터이다. 사족을 그리자면 개고기를 개고기라 주어도 그것이 개고기인지 모르는 우리에게, 차라리 양고기를 주어 그것이 개고기가 아님을 먼저 알게 한 옛 도리가 아닐까. 어쨌거나 경허가 우리에게 던져주는 천 근 같은 저 화두는 다중의 상징과 중첩적 역설로 인해 그 궁금증이 더욱 배가 되는 것만은 사실이다.

이처럼 경허의 선시에는 많은 부분에서 선적 파격과 일탈로 빚어진 아이러니와 역설이 중첩적으로 드러나고 있음을 살필 수 있다. 그러나 경허의 아이러니와 역설을 다만 시적 표현양상으로만 보기에는 개운치 않은 무언가가 가슴에 남는다. 과연 저 모든 것이 그저 다 역설이며 상징일까. 혹시 어쩌면 경허가 본 세계의 실상 그 자체는 아니었을까. 영혼의 깊은 잠에서 깨어난 경허의 시와 삶에는 그 어떤 수사로도 설명할 수 없는 그 무엇이 있다. 종교도 시도 발붙일 수 없는, 그러나 분명 실재하는 그 무엇 말이다.

중도회통적中道會通的 어울림과 무위無爲의 미美

일반적으로 시는 그 시적 사유 내지 형식과 내용에 따라 서정시敍情詩·서사시敍事詩·극시劇詩 혹은 산문시散文詩·정형시定型詩·생활시生活詩·종교시宗敎詩·풍자시諷刺詩 등으로 구분되기도 한다. 그러나 과연 시를 이러한 한 카테고리로 정의하고 분류한다는 것이 원론적으로 가능한 일인가. 사실 고대 주술적 개념에서 인간의 가장 원초적인 외침과 노래였던 시가 세월이 흐를수록 압축된 단문의 도구로 고정화되면서 어쩌면 그 본래의 의미는 상실되고 자유로움은 보다 위축되었을지도 모른다.

선시 역시 마찬가지다. 선시를 일정한 틀에 가두고 거기에서 어떤 정형을 파악하려거나 교훈성을 찾으려는 태도는 애초부터 잘못된 것이리라. 그렇다면 선시에서 우리가 느껴야 할 것은 한 인간의 존재성인가, 혹은 세계와 실상에 관한 진리성인가. 물론 이 역시 한마디로 규정할 수는 없다. 그러나 한 인간이 이 혼돈의 생에 전존재를 투신하여 체득한 그 깨달음의 내용은 결코 간과할 수 없을 것이다. 동시에 거의 모두가 유위有爲의 삶을 사는 이 세상에서 오도 이후 홀로 무위無爲의 삶을 살 수밖에 없는 참으로 고독하고 엄혹한 각자覺者로서의 한 인간의 파노라마 역시 놓쳐서는 안 될 것이다.

한 마디로 오도한 자의 선시는 그 어떤 내적 정형도 가지지 않는 일탈과 파격의 초자연적 하모니다. 특별히 경허 말년의 선시에서 돋보이는 '중도회통적 어울림'과 '무위행無爲行에서 우러나오는 초정형의 미美'야말로 이러한 초자연적 하모니를 잘 보여주는 사례라 할 수 있다. 시인은 한 편의 시를 통해 그의 절대적 세계관과 존재자체를 드러낸다. 아무리 중첩된 비유와 상징, 알레고리와 역설로 시적 본질을 은폐시켰다 하더라도, 종국엔 한 편의 시가 바로 시인의 실존적 세계임엔 틀림없다. 따라서 이를 얼마나 눈 밝게 가려내고 공감하는가에 따라, 선시는 하나의 생명체로서의 그 불멸의 존재가치를 지니게 된다.

경허 말년의 행화가 입전수수의 묘용妙用의 펼침이라고 할 때 그의 시 전반에서도 이러한 묘용은 무한히 펼쳐지고 있다. 그 중에서도 다음의 칠언절구 「우음 2」는 중도와 무위의 깊이가 그야말로 거대한 침묵으로 전해지는 걸작이 아닐 수 없다.

「우연히 읊다(偶吟) 2」

龍汀江上野叟之 용정강 낚시 늘인 노인장에게
回首唔問路分岐 고개 돌려 길의 갈라지는 곳 묻네

野叟無語山又晚 노인장 말이 없고 산 더욱 저무나니

何處滄浪韻凄遲 어디서 물소리만 차게 전해오네[1]

'용정강가에 앉아 낚싯대 늘인 노인장'으로부터 시는 시작된다. 마치 한 폭의 동양화가 그대로 옮겨진 듯한 배경을 뒤로 하고, 한 노인이 앉아 있다. 강물 속의 고기들이야 어찌 흘러가든 그저 하염없이 낚시 드린 곳만 응시하는 노인, 경허는 이 노인에게 갈림길을 묻고 있다. 그러나 노인은 아무 대답이 없다. 사실 경허는 노인에게 길을 묻지 않았을 지도 모른다. 다만 노인에게서 느껴지는 무사인無事人의 기풍에 이끌려 홀로 그리 말이라도 걸어보고 싶었을지 모른다.

그렇다. 다만 노인의 침묵 속에서 산도 마침 그에 맞춰 저무는 모습만 생각해 보자. 노인도, 경허도, 강도, 길도 모두 사라지고, 대상과 경계마저 사라져 몰아일여沒我一如의 침묵만이 오롯이 현전하는 그곳, 이 장엄한 실상. 마지막 행의 물소리 차게 들려오는 '하처何處'가 이 시의 백미다. 그곳은 과연 어디일까. 탄식도, 고적도 사라진 생의 블랙홀, 태고 적 바람소리만 초연히 들려오는 바로 그곳에 경허가 있다.

경허 말년의 선시에서는 이렇게 사람과 사람, 사람과 사물, 혹은 사물과 사물 사이의 어울림이 강하게 드러나고 있는데, 이로서 선

---

1   「鏡虛集」(『韓佛全』11, p. 618b).

적禪的 아름다움은 더욱 배가 된다. 이러한 어울림은 경허의 선관에서도 뚜렷이 드러나는 무위無爲의 경지에서 구가된다. 경허가 북방을 떠돌 때 지은 아래의 시 「김영항과 김담여에게 화답함(和金英抗與金淡如)」에서 경허는 스스로 무위의 세계에서 노닌다고 읊고 있다.

千年遼塞此城臺　천변의 먼 변방 이 성루에서
散客襟懷一放開　떠돌던 나그네의 감회 한꺼번에 푸네
舊契已深新志在　옛 친구 정들자 지인이 또 생겨
紅香雖謝綠陰回　붉은 꽃향기 스러져도 녹음은 푸르러
靑山滿目堪爲句　눈에 가득한 저 청산 무슨 싯구던가
白髮閑心更進杯　백발의 한가한 마음으로 한잔 더 드니
悠亮歌謠多緬邈　청아한 노래 소리 아득히 들려오고
無何鄕裏去忘來　무위의 세계에서 가고 옴을 잊노라[2]

비승비속의 말년의 경허는 발길 닿는 대로, 인연 닿는 대로, 자유자재한 생활을 하였다. 필생의 노력 끝에 얻은 본래지本來地(고향)란 말년에 그가 발 담고 있는 세속의 저자거리에 다름 아니어서, 그저 먼 변방 성루에서 나그네의 감회나 풀고, 붉은 꽃향기 스러지는 푸르른 녹음 아래서 지인들과 더불어 술 한 잔할 뿐이다. 그러나 이 모든 것도 사실은 그저 꿈같은 경계일 뿐, 종국엔 친구건 꽃향기건

2　「鏡虛集」(『韓佛全』11, p. 624c).

술이건 경허에게 다 소용없다. 그러므로 앞의 7행 모두는 다만 마지막 행의 '거망래去忘來'를 강조하기 위한 시적 구성일 뿐, 실제 백발의 경허가 도달한 곳은 무주無住, 무분별지無分別地의 세계다. 경허 스스로도 밝히고 있듯이 시에서 드러내고자 하는 궁극은 다만 중생의 장에서 실현되는 무위無爲의 도道일 뿐이다.

무위는 무소주심無所住心에서 오며, 무소주심은 또한 무소구처無所求處를 안심입명처安心立命處로 삼는다. 『섭대승론석』에서는,

보살은 생사와 열반의 차이를 보지 않으니, 반야로 말미암아 생사에 머물지 않으며, 자비로 말미암아 열반에도 머물지 않는다. 만약 생사를 분별한다면 생사계에 머물 것이나, 보살은 무분별지를 얻었기 때문에 분별하는 대상이 없고 따라서 머무는 곳이 없다.[3]

라고 하여, 무분별지를 얻은 보살은 생사와 열반의 차이를 보지 않으므로, 생사와 열반 그 어디에도 머물지 않는다[無所住]고 한다. 이렇듯 무분별지에 이른 도인은 "집착하는 것이 없으므로 모든 번뇌가 고요해지고, 번뇌가 없으므로 능히 방편을 이끌어 유有와 교섭하여도 걸림이 없게"[4]된다. 집착과 번뇌가 소멸된 상태에서는

---

3 「攝大乘論釋」 권13(『大正藏』31, p. 247b). "菩薩不見生死涅槃異 由般若不住生死 由慈悲 不住涅槃 則住涅槃 菩薩得無分別智 無所分別 故無所住."

4 「大乘玄論」 권4(『大正藏』45, p. 54a). "以無所著 衆界寂然 以無累故 能導方

세상 그 어떤 대상과도 걸림 없이 다 함께 어우러지는 것이다.

이렇듯 무생의 안심입명처에서는 두두물물과의 원융한 조화 속에서 일체 세간의 능能과 소所를 여읜다. 이러한 원융일체의 경지가 자연과 더불어 고즈넉한 아름다움으로 한껏 드러나는 시가 바로 다음의 오언절 「우음偶吟 14」다.

遊翫未歸路 노닐기에 취해 돌아갈 일 잊고

悠然憩石林 돌 숲에서 넉넉히 쉬고 있네

落花流逝水 꽃잎은 져 아득히 물 따라 흘러가는데

明月上孤岑 명월만 높이 봉우리에 오르네[5]

「우음 14」에서 돋보이는 것은 '낙화'와 '명월'의 절묘한 대칭이다. 꽃잎은 져서 아득히 아래로 흘러가는데, 명월은 거꾸로 높은 봉우리로 오른다. 높고 낮음의 대비, 붉은 꽃잎과 노란 빛의 어울림, 이들을 통해 경허는 언젠가 떨어진 꽃잎은 다시 피어오르고, 높이 솟은 달은 결국 기울리라는 대자연의 이치를 담담히 보여준다. 그러나 차분하면서도 격조 높게 전해오는 쓸쓸함이 더욱 경허한 소식 후의 살림살이처럼만 느껴져 읽는 이의 가슴을 아스라이 저리게 한다.

便 令涉有無染."

5   「鏡虛集」(『韓佛全』11, p. 615b).

중도의 삶과 무위의 아름다움은 이처럼 시끄럽지 않다. 해지면 달뜨고, 만나면 헤어지는 일처럼, 이 세상의 천리天理는 그저 담담하고 교교하다. 달마 이입사행의 무소구행無所求行이 그러한 것처럼, 오후悟後의 일이란 심심하고 무미無味하다.

다음의 오언절 「우음 25」 역시 최상승 경허의 무위無爲의 도가 한껏 우러나는 절창이다.

鐵樹花開一 무쇠나무에 꽃 한 송이 피었나니
根株勿處尋 뿌리와 가지는 찾을 길 없네
草堂春睡稔 초가에는 봄잠이 무르익는데
百鳥費淸音 온갖 새들은 맑은 소리로 울고 있네[6]

경허는 1, 2행에서 무쇠나무에 꽃은 피었지만 그 뿌리와 가지는 찾을 수 없다고 한다. 기실 무쇠나무에 꽃이 핀 것도 불가사의 하려니와, 그 꽃에 뿌리와 가지가 없다는 것은 더욱 어이없다. 그러나 바로 이곳에 이 '시의 눈'이 있다. 이른바 '무쇠나무[중생]'는 본래 나무인 줄도 모르고 꽃 피울 줄 모르는 무쇠로 평생을 산다. 세세생생 자성自性을 보지 못하는 우리의 무지를 무쇠나무로 빗대고 있는 것이다. 어쨌거나 그 '무쇠나무'에 경허는 기어이 '한 송이 꽃(깨달음)'을 피웠다. 그런데 깨닫고 보니 실로 우리의 자성[本來性

6   「鏡虛集」(『韓佛全』 11, pp. 615c–616a).

空]에는 애초부터 세상을 윤회할 '뿌리와 가지' 따윈 없더란 것이다. 그렇다. 만약 1, 2행의 그 뛰어난 묘수妙手가 없었더라면 이 시는 일반 서정시와 다를 바 없었으리라.

이렇듯 경허 말년의 많은 선시에서는 이 세상 모든 단견을 포섭하여 원융일체로 회통시키는 중도적 특징을 다분히 보이고 있다. 이른바 무無와 유有, 진眞과 속俗, 이理와 사事, 소승小乘과 대승大乘, 아我와 법法 이 모든 것들이 '일즉다 다즉일多卽一多卽一'로 융합되는 원융일체의 도리가 시 편편마다에 단단하게 자리하고 있는 것이다.

경허말년의 선시는 그래서 그 주제나 소재에서 훨씬 자유롭고 홀가분하다. 다음의 「바둑(圍棋)」이란 시는 매우 재미난 소재의 시다. 더욱이나 이와 같은 소재의 선시는 찾아보기 어려워 그 희귀성만으로도 가치가 매우 크다.

賭棋之樂勝看書　바둑 두는 즐거움 글 읽기보다 낫거니

何特仙山四皓居　어찌 신선들만 그랬겠는가

拓地千兵閑似鶴　땅을 뺏는 병사들은 학처럼 한가롭고

潰圍一帶活如魚　포위망이 무너지니 잡혔던 고기 다 살아나네

指端黑點點江鴻下　손끝의 한 점 한 점은 강기러기 내림이요

枰上丁丁夜雨疎　판 위에 놓는 알 소리는 밤비 듣는 소리네

犄角連環君莫道　기묘한 책략과 공격 말도 말게나

消長夏計信紆餘 여름의 무더위 피하기에 넉넉한 놀이거니[7]

위의 시는 바둑 두는 모양을 자연현상과 비교하여 묘사한 절묘한 시다. 바둑알 놓는 모양을 '강에 점점이 내리는 기러기 모습'이라 한 것이나, 판 위에 바둑알 놓이는 소리를 '밤비 듣는 소리'로 표현한 것에서 경허의 시적 기량이 가차 없이 드러나고 있다.

그러나 과연 경허가 신선들의 놀음이나 따라 하기 위해 바둑을 두었을까. 더군다나 당시의 상황이 백성들이 극심한 고난을 당하는 일제 강점기임을 상기할 때 정말로 바둑 두는 것이 한 여름 무더위에 글 읽기보다 나아서 그러했을까. 경허의 구도 시절 온몸에 벌레가 슬고 뼈가 앙상하도록 문밖을 나서지 않고 용맹정진하였다는 사실은 유명하다. 비승비속의 시절에도 십여 년을 단 한 벌의 누더기로 살았다는 것은 스스로도 자설한 바 있다.

그랬던 경허가 어찌 저리도 허랑한 시를 읊었단 말인가. 짐작컨대 이 나라가 평화로워져서 우리 땅을 지키는 병사들이 학처럼 한가롭기를, 그래서 싸움이란 강 기러기 내리는 모양이요, 밤비 듣는 소리처럼 따스하고 재미난 놀이였으면, 하는 경허의 내적 바람을 슬며시 바둑에 빗대어 비유한 것이 아닐까. 참으로 사람살이가 한 판의 바둑에서 벌어지는 고통 없는 놀이와 같다면, 꿈이되 그 얼마나 아름다운 꿈이랴. 첫 행과 마지막 행에서 바둑 두는 즐거움이

---

7 「鏡虛集」(『韓佛全』 11, p. 627a).

책 읽는 것보다 낫고, 한 여름 무더위 피하기 좋은 놀이라며 아무렇지도 않은 듯 가볍게 처리한 그것에서, 도리어 세상 사람들의 고통과 이를 안타까워하는 경허의 마음이 더욱 아프게 전해온다.

다음 오언절구 「우음偶吟 2」는 선정삼매에 든 모습을 빼어난 기법으로 그려낸, 그야말로 경허의 수승한 경지가 가감 없이 드러나는 걸작 중 걸작이라 할 수 있다.

書到紙面空 붓을 들어 빈 종이에 이르렀나니
盡得一線通 그 종이 위를 선 하나로 끝없이 가네
一線還不盡 선의 흐름 아직도 다하지 않았는데
紅日禪慫東 어느샌가 붉은 해가 창에 비치네[8]

일반적으로 문학에서 '붓'은 상념이나 생각을, '종이'는 마음에 비유하는 경우가 많다. 그러나 경허는 '생각 아닌 생각[無心, 붓]'으로 '마음 아닌 마음밭[心地, 종이]'에 선 하나를 그린다. 그렇게 생각 아닌 생각과 마음 아닌 마음이 하나로 합쳐져 불이의 '일획一劃'으로 몰입된다. 그렇게 몰입되어 선정삼매에 든, 그 '한 마음(一心)'은 밤이 지나 붉은 해가 창에 비치도록 종이 위를 끝도 없이 가고 있다. 삼매에 든 각자覺者의 모습을 이렇게나 빼어나게 묘사한 선시가 또 있을까.

---

8   「鏡虛集」(『韓佛全』 11, p. 615b).

이것이 어찌 하룻밤 붓을 들었을 때만의 일이랴. 오도 이후의 경허의 삶 전부가 단 하루도 그치지 않은 '무위삼매無爲三昧의 한 획'이었을지도 모르리라. 위의 오언절 「우음 2」는 시작도 끝도 없는 무상無常 속에서 현현하는 무생無生의 진리를 '종이'와 '선' 하나로 빼어나게 그려낸 공전의 격외시다.

마지막으로 중도회통의 경지가 뛰어나게 표현된 시로서 다음의 「허주장자에게(寄虛舟長者)」를 들 수 있다.

因筆及此心緖亂 붓을 들어 이에 이르니 마음이 착잡하네

遮箇境界共誰伊 이 경계를 뉘와 더불어 함께 하리

鵠白烏黑心言外 따오기 희고 까마귀 검은 것은 마음과 말 밖이니

無生佛兮有山水 중생과 부처는 없고 산과 물은 있네[9]

위 시에서는 제3, 4구가 주제구다. 따오기는 희고, 까마귀가 검은 것은 세상이 다 아는 일이다. 그런데 경허는 그것을 마음과 말 밖의 일이라 한다. 그리고는 난데없이 중생과 부처는 없는데 산과 물은 있다 한다. 그렇다. 이 시는 전형적인 격외시이자, 일체의 단견을 타파하는 활구시다. 따오기와 까마귀를 분별하는 것은 우리의 고정관념일 뿐이다. 따라서 희다, 검다, 있다, 없다 하는 분별심을 떠나 중도의 불이관으로 이 세상을 볼 것을 경허는 주문한다. 그리고 그렇

---

9   「鏡虛集」(『韓佛全』11, pp. 617c-618a).

게 견성한 뒤에야 산은 산대로, 물은 물대로 자재하게 된다한다. 그러나 이 경계를 누가 알까 경허의 말대로 가슴 답답할 뿐이다. 경허가 아무리 붓을 들어 말해도 그 말의 심층에 깔린 비의秘意를 갈파하지 못하는 중생에게는 그저 한낱 하얀 종이 위에 검은 점에 불과할 것이기 때문이다. 그러기에 '산과 물'은 우리의 눈앞에 늘 있어도 그것을 알아보는 '중생과 부처'는 없다 한다. 그렇다. 궁극의 실상을 체득하지 못한다면, 백 번을 보았어도 한 번도 보지 못한 것이며, 만 번을 들었어도 들은 기억도 없는 것이 되는 것이다.

스스로가 공겁의 주인공임을 알아차린 불이의 삶에서 발현되는 중도회통의 도道는 사실 일상의 삶 속에서 누구에게나 그대로 적용된다. 그러나 피안을 돌아 다시 생의 저자거리로 돌아온 경허가 아니라면, 과연 뉘라서 가히 '중생과 부처는 없는데 산과 물은 있다'는 구절을 선연히 들 수 있을 것인가.

중생의 본래성품 진여자성은 늘 그대로 참되고 분별없이 세상에 두루하다. 그러나 다만 중생 스스로가 일으킨 망념이 구름처럼 해를 가려 정작 본래의 자기정체성을 보지 못하고 있는 것이다. 그러나 보았든 보지 못했든, 사실 오불오悟不悟가 한 가지다. 본각의 세계에서는 이 세상은 본질과 형상이 서로 장애되지 않는 '이사무애理事無碍'로 늘 무구하고 원융하기 때문이다. 바로 이러한 이사무애로 발현된 중도회통적 어울림과 무위의 미美는 경허 선사상이 그의 선시에 구체적으로 현현된 것으로, 특별히 경허말년 선시에서 돋보이는 중요한 선시학적 특징으로 규정할 수 있다.

경허 선시의
선시학적禪詩學的 의의

본 연구는 기본적으로 '시'가 아닌, '선'을 위주로 한 선시연구다.

경허의 선시를 본격적으로 분석하기 이전에 선시의 정의와 분류체계에 대해 살펴본 결과, 현재 학계에서 큰 비판 없이 받아들여지고 있는 선시의 개념 및 구분에서 문제가 있을 수 있다는 결론에 도달하게 되었다. 이에 본고 Ⅱ장에서 '선시구분의 문제, 선시주제의 문제, 선시어의 문제' 세 가지에 대해 다음과 같은 의견을 제시하였다.

첫째, 선시는 선의 영역에 속하는 선적 표현도구로 볼 수 있다는 것이다. 이른바 대기설법, 방할과 같은 격외적 지도법과 마찬가지로 깨달음의 경지를 선적으로 표현한 방식 중 하나가 게송(선시)이라는 것이다.

둘째, 선시에서의 '오도'는 주제를 넘어선 본질이라는 것이다. 이른바 선시란 오도의 세계를 직접적으로 나타낸 깨달음의 노래로서, 오도는 비단 선시를 이루는 내적 주제일 뿐 아니라 선시자체를 성립시키는 본질이 된다는 것이다. 그러므로 선시판별의 기준은 일반적인 시적詩的 기교 혹은 차용한 선적禪的 소재나 독특한 수사법이 아닌, 작자가 성취한 깨달음의 경지에 달려 있음에 주목해야 한다는 것이다.

셋째, 선시어는 선어적 활구방편에 속한다는 것이다. 한 마디로 선시어는 인간의 모든 편견과 고정관념을 타파하는 활구로 작용한다. 따라서 깨달음의 세계와 그 경계를 드러내는 "법法의 보임'이라는 선시어의 본질적 쓰임에 보다 그 초점을 맞추어야 한다는 것이다.

경허의 선시는 그의 선사상과 분리하여 생각할 수 없다. 경허 선사상의 요체는 '정혜쌍수와 간화선 수행', '반야공관에 입각한 진속불이의 도', 그리고 '즉사이진으로서의 무사인의 삶'으로 도출되었다.

특별히 경허는 스스로가 체득한 오도의 방법만을 주장하지 않고 돈점頓漸은 물론 당시 유행하던 정토관마저 끌어안으며 결사를 추진하였다. 이는 반야공관에 입각한 진속불이의 도를 온몸으로 보여준 중생구제의 보살도로써, 기사구명己事究明의 개인적 대오大悟를 넘어 대사회적인 자비행의 궁극을 보여준 사례라 할 수 있다.

경허의 선시는 '견성오도의 개오시', '무문일법의 전법시', '조사활구의 화두시', '초연초탈의 격외시'의 네 가지로 그 선시학적 고찰을 진행하였다.

경허의 「오도가」는 기야 형태로서 그대로가 법문이자, 게송이며 동시에 개오시라 할 수 있다. 경허는 두 편의 전법시를 남겼는데, 전법게는 오로지 확철대오를 이룬 제자에게만 스승이 내릴 수 있다는 의미에서 매우 중요한 의미를 가진다. 특별히 경허는 '무문無文의 일법一法'으로 제자들의 깨달음을 인가하고 있는데, 이로써 운율이나 격식마저 뛰어넘은 새로운 형식의 전법시를 창조한 것으로 평가할 수 있다. 그런가 하면 경허 선시의 전반을 아우르는 초연초절의 격외시는 특별히 말년의 선시에서 더욱 더 그 빛을 발하였는데, 그 사상적 근간에는 무생, 무위에 바탕 한 평상무사의 행이 대골격을 이루고 있음을 알 수 있었다.

마지막으로 경허 선시의 표현양상과 특징으로 '고준담백한 직관과 적조', '심층적 아이러니와 역설', '중도회통적 어울림과 무위의 미'의 세 가지를 도출할 수 있었다.

본 연구는 무엇보다 문학의 입장이 아닌 선사상을 위주로 한 선시연구라는데 그 변별성이 있다. 특히 도가道家나 유가적儒家的 시선으로 선시를 한시처럼 해석하려는 경향을 경계하였는데, 바로 이러한 이유로 양쪽의 입장을 통섭적으로 아우르지 못한 결함도 있을 것이다.

그러나 이러한 난제에도 불구하고 본 고에서 강조하고자 한 것은 선시란 본질적으로 '오도'를 바탕으로 한다는 것이다. 따라서 일반 시와의 이러한 본질적인 차이점을 완벽히 고려하지 않는 상태에서 진행되는 선시의 이해는 문제를 초래할 수도 있으며, 더욱이 유가나 도가적 입장 내지 문학적 관점 위주의 선시연구는 선시의 본질자체를 호도할 수 있는 위험을 떨칠 수 없다는 것이다.

그러나 현재 문학을 주로 하는 선시연구의 활발함에 비해 선학 위주의 선시연구는 그 양과 질에서 비교조차 할 수 없도록 뒤떨어진 실정이다. 일천한 우리나라 선시연구사에 선가의 명안종사들과 제반 선학자들의 선시에 대한 깊은 관심과 애정이 절실한 이유가 여기에 있다.

■ 참고문헌

1. 원전

- 『江西馬祖道一禪師語錄』(『卍續藏』119)
- 『景德傳燈錄』(『大正藏142)
- 『鏡虛集』(『韓佛全』11)
- 『金光明經玄義』(『大正藏』39)
- 『金剛三昧經論』(『大正藏』34)
- 『南宗頓敎最上大乘摩訶般若波羅蜜經』(『大正藏』48)
- 『壇經』(『大正藏』48)
- 『大般涅槃經』(『大正藏』12)
- 『大乘起信論』(『大正藏』32)
- 『大乘玄論』(『大正藏』45)
- 『大智度論』(『大正藏』25)
- 『摩訶止觀』(『大正藏』46)
- 「碧巖錄」(『大正藏』48)
- 「攝大乘論釋」(『大正藏』31)
- 『仁王經疏』(『大正藏』33)

- 『五家語錄』(『卍續藏』119)

- 『雜阿含經』(『大正藏』2)

- 「曹溪眞覺國師語錄」(『韓佛全』6)

- 『祖堂集』(『高麗藏』45)

- 『趙州語錄』(『日續藏』118)

- 「中觀論疏」(『大正藏』42)

- 『中論』(『大正藏』30)

2. 단행본

| 1차 자료 |

- 鏡虛 저, 漢岩 필사본, 『鏡虛和尙集』, 1931.

- 鏡虛 저, 『鏡虛集』, 中央禪院, 1934.

- 鏡虛 저, 宋東旭 편, 『鏡虛集』, 中央禪院, 1943.

- 鏡虛 저, 『鏡虛堂法語錄』, 大東佛敎硏究所, 1970.

- 鏡虛 저, 『鏡虛法語』, 龍華寺, 1984.

- 鏡虛 편, 『禪門撮要-上·下』, 梵魚寺, 1934.

- 東國大學校 韓國佛敎全書編纂委員會 편, 『韓國佛敎全書11-朝鮮時代』, 東國大學
  校出版部, 1992.

- 오대산 월정사, 『漢岩禪師 肉筆本 鏡虛集 影印本』(500부 한정판), 대한불교 조계
  종 제4교구본사 오대성지 월정사, 2009.

| 2차 자료 |

- 鏡虛, 『鏡虛集:全』, 대한불교조계종제4교구본사, 2009.

- 鏡虛 저, 金眞性 역,『鏡虛法語』, 人物研究所, 1981.
- 鏡虛 저, 釋明正 역,『鏡虛集』, 通度寺 極樂禪院, 1990.
- 鏡虛 저, 釋明正 역,『무심: 경허스님의 마음의 큰 법어』, 고요아침, 2002.
- 鏡虛 저, 宋東旭 역,『(新刊懸吐)禪門撮要』, 梵魚寺, 1968.
- 鏡虛 저, 眞惺圓潭 역,『鏡虛禪師法語 진흙소의 울음』, 弘法院, 1990.
- 김덕근,『한국 현대선시의 맥락과 지평』, 박이정, 2005.
- 金雲學,『佛敎文學의 理論』, 一志社, 1981.
- 杜松柏 저, 朴浣植 · 孫大覺 역,『禪과 詩』, 民族史, 2000.
- 대한불교조계종 교육원 불학연구소 편,『경허·만공의 선풍과 법맥』, 서울, 조계종 출판사, 2009.
- 滿空 述, 滿空門徒會 編纂,『滿空法語』, 能仁禪院, 1982.
- 法頂,『진리의 말씀—法句經』, 佛日出版社, 1984.
- 불교신문사 편,「鏡虛禪師—傳燈법맥 이은 近代禪」의 중흥조」,『한국불교인물사상사』, 민족사, 1990.
- 석명정, 정성욱,『마음꽃』, 고요아침, 2002.
- 석지현,『禪詩』, 玄岩社, 1975.
- ────,『禪詩鑑賞事典』, 민족사, 1997.
- 沈載烈 講說,『普照法語』, 普成文化社, 1992.
- 嚴羽 저, 郭紹虞 교석,『滄浪詩話』, 金海明 · 李宇正 역, 소명출판, 2001.
- 이능화 편, 동국대학교 불교문화연구원 조선불교통사역주편찬위원회 편찬,『역주 조선불교통사6—하편 이백품제(三)』, 동국대학교출판부, 2010.
- 李晉吾,『韓國 佛敎文學의 研究』, 民族社, 1997.
- 李鍾燦,『韓國의 禪詩· 高麗篇』, 二友出版社, 1985.
- ────,『韓國禪詩의 이론과 실제』, 이화문화출판사, 2001.
- 이흥우,『경허선사: 空性의 피안길』, 서울, 민족사, 1996.

- 일지, 『삼수갑산으로 떠난 부처: 새로운 경허읽기』, 민족사, 2001.

- 정의행, 『한국불교통사』, 한마당, 1991.

- 眞覺國師 慧諶, 劉永奉 譯, 「國譯無衣子詩集」, 을유문화사, 1997.

- 종호, 『臨濟禪 研究』, 경서원, 1996.

- 태진, 『경허와 만공의 禪思想』, 서울, 민족사, 2007.

- 漢岩大宗師法語集編纂委員會, 『定本漢岩一鉢錄−上卷(法語篇)』, 漢岩門徒會, 1995.

- 韓龍雲, 韓種萬 편, 『現代韓國의 佛敎思想』, 한길사, 1988.

- 한중광, 『경허, 부처의 거울 중생의 허공』, 한길사, 2001.

- 현담, 『경허선사 일대기』, 도서출판 禪, 2010.

3. 논문

- 김경집, 「鏡虛의 禪敎觀 研究」, 『韓國思想史學』 9, 韓國思想史學會, 1997.

- 金知見, 「경허선사散考」, 『禪武學術論集』 5, 國際禪武學會, 1995.

- ───, 「경허선사 再考」, 『德崇禪學』 창간호, 한국불교선학연구원 · 무불선원, 1999.

- ───, 「鏡虛先師考」, 『德崇禪學』 1, 한국불교선학연구원 · 무불선원, 2000.

- 김영태, 「鏡虛의 韓國佛敎史的 위치」, 『德崇禪學』창간호, 한국불교선학연구원 무불선원, 2000.

- 金芿石, 「佛陀와 佛敎文學」, 『東國思想』, 東國大學校哲學會, 1968.

- ───, 「佛陀와 佛敎文學」, 『韓國佛敎文學研究(上)』, 東國大學校出版部, 1988.

- 고영섭, 「鏡虛惺牛의 佛事와 結社」, 『한국불교학』, 한국불교학회, 2008.

- 高翊晋, 「鏡虛堂 惺牛의 兜率易行과 그 時代的 意義」, 『韓國彌勒思想研究』, 동국

대출판부, 1987.

- 목정배, 「日帝時代의 韓國佛敎」, 『釋林』 16, 東國大學校 釋林會, 1982.

- 박재현, 「구한말 한국 선불교의 간화선에 대한 한 이해: 송경허의 선사상을 중심으로」, 『철학』 89, 한국철학회, 2006.

- ───, 「송경허의 선사상을 통해 본 간화선 수행의 입각점과 지향점」, 『동방학』 15, 한서대 동양고전연구소, 2008.

- 서경수, 「鏡虛硏究」 2, 『釋林』 4, 東國大學校 釋林會, 1970.

- 석지현, 「鏡虛와 滿空의 사이」, 『월간중앙』, 中央日報社 出版局, 1973.

- 이달춘, 「朝鮮後期 禪門의 法統考─鏡虛의 法脈系譜를 중심으로」, 『한국불교학』 22, 韓國佛敎學會, 1977.

- 이덕진, 「경허의 법화와 행리, 그 빛과 어둠의 이중주」, 『불교평론』 10, 불교평론사, 2002.

- 이법산, 「看話禪 수용과 한국 看話禪의 특징」, 『普照思想』 23집, 보조사상연구원, 2005

- 李性陀, 「鏡虛의 禪思想」, 『朴吉眞博士華甲紀念 韓國佛敎思想史』, 원광대원불교 불교사상연구소, 1975.

- ───, 「鏡虛禪師의 禪世界」, 『韓國佛敎學』 22집, 韓國佛敎學會, 1997.

- ───, 「鏡虛時代의 禪과 結社」, 『震山韓基斗博士華甲紀念, 韓國宗敎思想의 再照明』, 원광대학교 출판국, 1993.

- 李鐘燦, 「韓國文學에 있어서 佛敎文學의 位置」, 『개교 80주년 기념 韓國佛敎文學 學術會議發表要旨』, 동국대학교 한국문학연구소, 1986.

- 인권환, 『高麗時代 佛敎詩의 硏究: 禪詩를 中心으로』, 高大民族文化硏究所出版 部, 1983.

- ───, 「韓國禪詩의 形成과 展開」, 『韓國佛敎文學硏究(下)』, 東國大學校出版部, 1988.

- 종호, 「중국선사들의 돈점론과 그 이해」, 『돈점사상의 역사와 의미』, 동국대학교 불교학술원 종학연구소 학술대회 · 성철스님 탄신 100주년 기념 5차 학술포럼, 2012.
- 崔東鎬, 「鏡虛의 禪的 系譜와 話頭의 詩的 解釋」, 『德崇禪學』창간호, 한국불교선학연구원무불선원, 2000.
- 최병헌, 「朝鮮時代 佛敎法統說의 問題」, 『韓國史論』19, 國史編纂委員會, 1988.
- ———, 「近代 禪宗의 復興과 鏡虛의 修禪結社」, 『德崇禪學』창간호, 한국불교선학연구원·무불선원, 2000.
- 최종진, 「鏡虛惺牛의 禪淨觀에 對한 硏究」, 『한국종교사연구』 11, 한국종교사학회, 2003.
- 한중광, 「鏡虛의 禪思想: 頓漸觀을 중심으로」, 『백련불교논집』 5·6, 백련불교문화재단, 1996.